ERIK GAWEL / CHRISTOPHER SCHMIDT

Finanzwissenschaftliche Probleme der Gebührenfinanzierung von Verkehrsinfrastruktur nach dem Fernstraßenbauprivatfinanzierungsgesetz (FStrPrivFinG)

Finanzwissenschaftliche Forschungsarbeiten

Finanzwissenschaftliches Forschungsinstitut an der Universität zu Köln

Begründet von Günter Schmölders
Herausgegeben von Clemens Fuest, Wolfgang Kitterer
und Klaus Mackscheidt

Neue Folge Band 75

Finanzwissenschaftliche Probleme der Gebührenfinanzierung von Verkehrsinfrastruktur nach dem Fernstraßenbauprivatfinanzierungsgesetz (FStrPrivFinG)

Von

Erik Gawel und Christopher Schmidt

Duncker & Humblot · Berlin

Gedruckt mit Unterstützung des Instituts für angewandte Wirtschaftswissenschaften e.V. (IaW) am Fachbereich 3: Wirtschaft und Recht der Fachhochschule Frankfurt am Main – University of Applied Sciences

Bibliografische Information der Deutschen Nationalbibliothek

Die Deutsche Nationalbibliothek verzeichnet diese Publikation in der Deutschen Nationalbibliografie; detaillierte bibliografische Daten sind im Internet über http://dnb.d-nb.de abrufbar.

Fotoprint: Berliner Buchdruckerei Union GmbH, Berlin
Printed in Germany

ISSN 0720-7387
ISBN 978-3-428-11794-9

Gedruckt auf alterungsbeständigem (säurefreiem) Papier
entsprechend ISO 9706 ♾

Internet: http://www.duncker-humblot.de

Vorwort

In Deutschland ist die Beteiligung des Privatsektors an der Bereitstellung der überregionalen Straßeninfrastruktur traditionell gering. Stattdessen finanziert der Staat Planung, Bau, Erhaltung und Betrieb des Straßennetzes im Wesentlichen über das Steuersystem. Private Unternehmen werden nur nach staatlicher Vorgabe mit der Leistungserstellung auf einzelnen Stufen der Wertschöpfungskette beauftragt; die Allokationsverantwortung liegt jedoch in der Hand des Staates, und die Finanzierungslast verteilt sich – weitgehend an den Nutzern vorbei – nach Maßgabe der Inzidenz des allgemeinen Steuersystems.

Mit dem 1994 in Kraft getretenen Fernstraßenbauprivatfinanzierungsgesetz (FStrPrivFinG) wurde der traditionelle deutsche Ansatz zur Bereitstellung von Straßeninfrastruktur zum ersten Mal systematisch durchbrochen. Projekte nach dem FStrPrivFinG (sog. F-Modelle) folgen dem BOT-Schema (build – operate – transfer): Ein privates Unternehmen erhält vom Staat eine Konzession, die die Rechte und Pflichten beinhaltet, zunächst die Straßeninfrastruktur zu bauen, zu unterhalten und zu betreiben sowie sich über Nutzergebühren zu refinanzieren. Nach Ablauf der vereinbarten Konzessionslaufzeit fällt das Bauwerk zurück an die öffentliche Hand, der dann die Entscheidung offen steht, das Bauwerk in eigener Regie zu betreiben oder diese Leistung mit einer Folgekonzession erneut auszuschreiben. Die bisherigen Erfahrungen mit F-Modellen sind ernüchternd: Nach über zehn Jahren sind bisher erst zwei Projekte auf der Grundlage des FStrPrivFinG durchgeführt worden, die zudem beide bereits kurz nach Inbetriebnahme der Strecken mangels Auslastung in finanzielle Schieflagen gerieten; die private Finanzierung der Strelasundquerung nach Rügen ist darüber hinaus spektakulär gescheitert. Auch die als F-Modell geplante Hochmoselquerung Wittlich/Bernkastel wurde 2009 in rein öffentliche Finanzierung überführt. Da F-Modelle laut FStrPrivFinG derzeit auf den Bau von Brücken, Tunnel und Gebirgspässen begrenzt sind, kann der Ansatz bisher auch nicht die Grundlage für eine umfassende Beteiligung des Privatsektors an der Bereitstellung des nötigen Fernstraßennetzes bilden.

F-Modelle verknüpfen erstmals eine direkte Äquivalenzfinanzierung durch die Nutzer mit der Erstellung neuer Verkehrsinfrastrukturobjekte aufgrund privatwirtschaftlichen Engagements. Sie sind daher finanzwissenschaftlich von besonderem Interesse. Im Gegensatz dazu unterwerfen die Lkw-Maut auf deutschen Bundesautobahnen seit 2005 und die diversen im Ausland eingeführten oder geplanten City-Maut-Modelle eine bereits vorhandene staatliche Verkehrsinfrastruktur nunmehr einer Nutzerfinanzierung. Ebenfalls abzugrenzen sind die F-Modelle von sog. „A-Modellen“ – Betreibermodellen zum Ausbau von Bundesautobahn-Strecken –, die sich gerade nicht durchgängig nach dem Äquivalenzprinzip ausrichten: A-Modelle refinanzieren sich aus den Einnahmen der allgemeinen Lkw-Maut, d. h. nur aus dem Schwerlastverkehr; diese Maut wiederum ist nicht projektspezifisch, sondern bundeseinheitlich. F-Modelle hingegen unterwerfen die gesamte Wertschöpfungskette – von Planung über Bau, Erhaltung und Betrieb von Straßeninfrastruktur – den Bedingungen einer projektbezogenen, nutzerspezifischen Äquivalenzfinanzierung und binden Private umfassend in die Bereitstellungsrisiken ein. Sie spiegeln damit – neben den übrigen Nutzerfinanzierungssystemen im Straßenverkehr – zugleich eine Tendenz zum „Gebührenstaat“ wider, der seine staatlichen Leistungen zunehmend über Äquivalenzfinanzierungen (z. B. Studiengebühren, Polizeigebühren, Forstgebühren) und in korrespondierend geringerem Maße nach dem für den Steuerstaat typischen Leistungsfähigkeitsprinzip finanziell absichert. Abgesehen von den fiskalischen Entlastungseffekten durch Nutzerfinanzierung, die zahlreiche Straßenbauprojekte angesichts knapper öffentlicher Kassen erst möglich machen, verspricht sich die ökonomische Theorie hiervon zugleich weitreichende Effizienzverbesserungen bei der Infrastrukturbereitstellung. Umso misslicher erscheint vor diesem Hintergrund das faktische Scheitern des FStrPrivFinG.

Die vorliegende Untersuchung analysiert die bisherige Erfolglosigkeit der Modelle und lotet Spielräume für eine Verbesserung der Rahmenbedingungen für privatwirtschaftliche Betreibermodelle im Fernstraßenbau aus. Dabei spielen Fragen der effizienten Risikoallokation zwischen Staat, Konzessionären und Nutzern sowie die Restriktionen des Gebührenrechts zur Kalkulation auskömmlicher Nutzungsentgelte eine zentrale Rolle.

Die Untersuchung wurde als Forschungsprojekt am Fachbereich 3: Wirtschaft und Recht der Fachhochschule Frankfurt am Main – University of Applied Sciences aus Forschungsförderungsmitteln der Fachhochschule Frankfurt am Main finanziert. Die Arbeiten wurden im Wesentlichen 2005 abgeschlossen und – soweit erforderlich – bis Ende 2009 aktualisiert. Für die Fragen der Gestaltung der Konzessionsverträge und des Gebührenhebels konnte die Untersuchung in Kooperation mit den Praxispartnern der Entwicklungsgemeinschaft Strelasundquerung durchgeführt werden. Die Autoren danken Bilfinger-Berger BOT GmbH und Hochtief Projektentwicklung für ihre Unterstützung.

Für die überaus hilfreichen Zuarbeiten beim Layout möchten die Autoren zudem Sabine Linke vom Helmholtz-Zentrum für Umweltforschung – UFZ (Leipzig) herzlich danken.

Frankfurt am Main / Leipzig, im Januar 2010 *Erik Gawel*

Inhaltsübersicht

Inhaltsverzeichnis

Abbildungs- und Tabellenverzeichnis

A. Einführung

I. Ausgangslage und Problemstellung

Mobilität gilt als Grundlage für Wachstum und Beschäftigung. Die Nachfrage nach Mobilität – dies gilt für Personen und Güter gleichermaßen – hat in den vergangenen Jahrzehnten erheblich zugenommen. Spätestens mit der Wiedervereinigung Deutschlands, der Ost-West-Öffnung Europas und der Verwirklichung des Europäischen Binnenmarktes ist Deutschland zu einem der Haupttransitländer in Europa geworden.[1]

Die Verfügbarkeit von qualitativ und quantitativ guten und vernetzten Verkehrswegen ist damit ein wichtiger Standortfaktor für Deutschland.[2] Straßentransportwege waren in der Vergangenheit und werden auch in Zukunft in der ganzen Welt die dominante Form für den Transport von Gütern und Personen darstellen.[3] Dies dürfte wohl auch vor dem Hintergrund der Bemühungen um Internalisierung externer Kosten des Straßenverkehrs und um Verkehrslenkung zugunsten schienengebundener Transporte gelten.

Aus der Verwirklichung der deutschen Einheit ist die dringende Notwendigkeit erwachsen, die Infrastruktur der neuen Länder an das Niveau der alten Länder heranzuführen. Eine Finanzmittelverteilung zugunsten der neuen Bundesländer – wie derzeit praktiziert mit den „Verkehrsprojekten Deutsche Einheit“ (VDE) – bringt zwangsläufig Einschränkungen bei den entsprechenden Investitionsmöglichkeiten des Westens mit sich. Wie der derzeit noch aktuelle Bundesverkehrswegeplan 2003 zeigt, bedarf der Standortvorteil Deutschlands der verkehrspolitischen Pflege – erstmals zeichnet sich darin ab, dass der Finanzbedarf für die Erhaltung von Fernstraßen annährend den Neubaubedarf erreicht hat und in Zukunft sogar deutlich übersteigen wird.[4]

Die Bundesautobahnen (BAB) bilden zusammen mit den Bundesstraßen das deutsche Bundesfernstraßennetz. Dieses Straßennetz des überörtlichen Verkehrs umfasste im Jahr 2002 insgesamt 230.848 km, wobei die BAB mit einer Länge von 11.786 km rund 5 % ausmachten und mehr als 33 % der gesamten

---

[1] Vgl. BMVBW (2003, S. 1).

[2] Vgl. *Alfen / Mayrzedt / Alfen* (2004, S. 5).

[3] Vgl. *Estache / Estache / Strong* (2000, S. 2).

[4] Vgl. *Alfen / Mayrzedt / Alfen* (2004, S. 5).

jährlichen Kfz-Fahrleistungen (Pkw und Lkw) übernahmen.[5] Dabei konzentriert sich insbesondere der Güterverkehr auf die Bundesautobahnen.[6] Zum 1.1.2008 umfasste das Netz der Bundesautobahnen 12.594 km bei insgesamt 53.010 km Bundesfernstraßen.[7] Nach den Prognosen für den Bundesverkehrswegeplan 2003 sind bis zum Jahr 2015 weitere deutliche Steigerungen im Verkehrsaufkommen zu erwarten: Der Personenverkehr wird demnach um voraussichtlich rund 20 Prozent, der Güterverkehr um rund 64 Prozent zunehmen.[8]

„Zur Bewältigung des Verkehrswachstums ist es somit unverzichtbar, dass Maßnahmen der Unterhaltung und Erneuerung der Verkehrsinfrastrukturen verstärkt werden."[9] Gleichzeitig ist jedoch festzuhalten, dass der Ausbau der Straßeninfrastruktur bei weitem nicht mit dem Verkehrswachstum mitgehalten hat. Dies gilt für Deutschland in besonderem Maße. So expandierte der Kraftfahrzeugverkehr auf Deutschlands Straßen zwischen 1980 und 2001 um rund 70 %, während die realen Bruttoanlageinvestitionen im Straßenbau im gleichen Zeitraum leicht zurückgingen. Auch die Nettoinvestitionen haben damit nicht mit der Nachfrage Schritt halten können. Bei fast einem Drittel aller Straßen und Brücken wurden die letzten Investitionen vor mehr als 30 Jahren getätigt. Nur 25 % der Investitionen in diesem Bereich sind in der vergangenen Dekade in Angriff genommen worden. Dieses negative Gesamtergebnis ergibt sich trotz der umfangreichen Neu- und Ausbaumaßnahmen in den neuen Bundesländern nach der Wiedervereinigung.[10]

Die zentrale Herausforderung für den Verkehrssektor und die Verkehrspolitik ist ein durch Wirtschaftswachstum und vielfältige gesellschaftliche Veränderungen ausgelöstes nach wie vor ungebrochenes Wachstum im Güter- und Personenverkehr mit hohen Steigerungsraten. Die daraus erwachsenden Ansprüche an die Verkehrsinfrastruktur sind beträchtlich.[11] Neben dem reinen Erhaltungsbedarf gibt es demnach einen wachsenden Neu- und Ausbaubedarf. Dies alles steht vor dem Hintergrund extrem ungünstiger finanzpolitischer Rahmenbedingungen: Die Finanzierung der notwendigen Investitionen ist angesichts der derzeitigen Kassenlage aller öffentlichen Haushalte (Bund, Länder, Kommunen) nicht gesichert, eine Besserung der Finanzsituation derzeit nicht absehbar. Es droht die Gefahr, dass wichtige Investitionen in die öffentliche Infrastruktur unterbleiben, wirtschaftliche Wachstums- und Entwicklungs-

[5] Vgl. Statistisches Bundesamt (2004).

[6] Vgl. Deutscher Bundestag (2002b, S. 10); Deutscher Bundestag (2004, S. 13).

[7] Siehe Verkehrsinvestitions-Bericht des BMVBS 2008, http://www.bmvbs.de/Anlage/original_1068582/Verkehrsinvestitionsbericht-2008-Bundesfernstrassen.pdf, S. 204.

[8] Vgl. BMVBW (2003, S. 11); siehe auch PROGNOS (2002).

[9] *Kossak* (2004, S. 14).

[10] Vgl. Deutsche Bank Research (2003, S. 2).

[11] Vgl. BMVBW (2003, S. 6).

chancen vertan werden und Deutschland im internationalen Standortwettbewerb zurückfällt.[12] Damit liegt es auf der Hand, dass in dem Spannungsfeld von Investitionserfordernissen im Verkehr und dem eng begrenzten Finanzierungsspielraum der öffentlichen Haushalte ein erheblicher Druck zur Suche nach neuen unkonventionellen Finanzierungswegen resultiert.

Politik, Verwaltung und Wissenschaft haben diese sich zuspitzende Problematik frühzeitig erkannt und deshalb die Privatfinanzierung auch für Bundesfernstraßen zum Gegenstand weiterführender Überlegungen gemacht.[13] Auch in der verkehrspolitischen Diskussion werden immer wieder Initiativen gestartet, Straßennutzer durch Mautlösungen oder Privatisierungsmodelle beim Straßenbau stärker an den Kosten zu beteiligen. Auch eine allgemeine Bemautung von Bundesautobahnen, d. h. eine Ausdehnung der 2005 in Deutschland eingeführten Lkw-Maut auch auf Pkw, wird in regelmäßigen Abständen im politischen Raum gefordert. Die Bundesvereinigung Logistik (BVL) sprach sich sogar für eine generelle Straßenbenutzungsgebühr in Deutschland aus.[14] Bisher waren diese Vorstöße freilich ganz überwiegend erfolglos.

Der Ruf nach Public-Private-Partnership-Lösungen ist jedoch in den letzten Jahren immer lauter geworden. Die Verkehrspolitik hat bisher nur zögerlich regiert und erste Ansätze für einen breiteren Einsatz von PPP-Lösungen geschaffen: Ein erster, bislang immerhin 27 Bundesfernstraßenmaßnahmen mit 2,6 Mrd. Euro Bauvolumen umfassender Versuch, privates Kapital zur Finanzierung von Straßenverkehrsinfrastruktur zu nutzen, war die sog. „Vorfinanzierung".[15] Vorteil war der raschere Beginn von Projekten, die ansonsten mangels Haushaltsmitteln erst später hätten realisiert werden können. Dieses Modell bestand in der Übertragung von Planung, Bau und Vorfinanzierung auf den Privatsektor sowie der anschließenden Refinanzierung in 15 Jahresraten aus Haushaltsmitteln. Es beinhaltete also keine zusätzliche Integration von Erhaltung und Betrieb in ein Lebenszyklusgesamtpaket. Wegen des Vorfinanzierungscharakters kann das System außerdem nicht zu nachhaltigen Haushaltsentlastungen beitragen, sondern führt durch die zukünftigen Zahlungsverpflichtungen im Gegenteil zu einer erheblichen Einengung der Haushaltsspielräume. Daher wurde das Modell auch inzwischen wieder eingestellt.

Mit dem „Gesetz über den Bau und die Finanzierung von Bundesfernstraßen durch Private (Fernstraßenbauprivatfinanzierungsgesetz – FStrPrivFinG)" vom 30. August 1994 (BGBl. 1994 I, S. 2243), welches zwischenzeitlich 2002 und 2005 bereits zweimal novelliert wurde, hat der Gesetzgeber erstmals in

[12] Vgl. Bundesverband Deutscher Banken (2004, S. 7).

[13] Vgl. *Balthaus / Keppel* (2000, S. 258).

[14] Vgl. FTD (2004).

[15] Vgl. BMVBW (1997) und BMVBW (1998, S. 2).

Deutschland die Übertragung der mit der Straßenbaulast verbundenen Rechte und Pflichten im Bereich der Bundesfernstraßen auf private Investoren ermöglicht. Diese refinanzieren sich über laufende Straßenbenutzungsgebühren. Durch die direkten Zahlungen der Straßennutzer werden die öffentlichen Haushalte effektiv entlastet. Ziel und Zweck des am 6. September 2002 in Kraft getretenen FStrPrivFinÄndG (BGBl. 2002 I, S. 3442) ist die Schaffung eines höheren Maßes an Rechts-, Planungs- und Investitionssicherheit im Vergleich zur bisherigen Rechtslage für alle Betroffenen (Verkehrsteilnehmer, Konzessionsnehmer und Konzessionsgeber) durch einige Klarstellungen und Konkretisierungen, die auch die Gebührenkalkulation betreffen.[16] Die zweite Novelle durch das „Gesetz zur Beschleunigung der Umsetzung von Öffentlich Privaten Partnerschaften und zur Verbesserung gesetzlicher Rahmenbedingungen für Öffentlich Private Partnerschaften" (ÖPP-BeschleunigungsG) (BGBl. 2005 I, S. 2676) vom 1. September 2005 eröffnet im Wesentlichen neben der Gebührenfinanzierung ein Wahlrecht des Betreibers zugunsten eines privatrechtlichen Entgelts; zudem wird eine Option zur periodenübergreifenden Kostengestaltung bei der Verzinsung eröffnet.[17]

Das FStrPrivFinG stellt somit die Grundlage für eine hoheitliche Gebührenerhebung bei den Nutzern von Verkehrsinfrastruktur und somit für eine Refinanzierung privaten Engagements bereit (§ 2 FStrPrivFinG).[18] Obwohl – wie bereits erwähnt – Politik und Verwaltung erkannt haben, dass in Zeiten leerer öffentlicher Kassen alternative Finanzierungsmöglichkeiten ausgenutzt werden müssen, sind bis zur zweiten Novelle überhaupt nur zehn Projekte (inkl. der im Vergabeverfahren gescheiterten Strelasundquerung; siehe dazu Abschnitt F.IV.3.) durch das Bundesverkehrsministerium und die zuständigen Länderministerien für Durchführung auf der Grundlage dieses FStrPrivFinG ausgewählt worden.[19] Von diesen ausgewählten Projekten sind bisher lediglich für zwei Projekte Konzessionen vergeben worden (siehe im Einzelnen Kapitel E. und Abschnitt G.III.).[20] Und auch diese Projekte befinden sich bereits kurz nach Inbetriebnahme in der Krise.

---

[16] Siehe Deutscher Bundestag (2002, S. 15). Näher dazu in den Abschnitten F.III.2. und G.II.4.

[17] Hierzu eingehend in den Abschnitten F.III.3., G.II.4. und H.VI.

[18] Vgl. *Tomas* (1997, S. 110).

[19] Vgl. BMVBW (2004). Seither wurden einzelne weitere Projekte diskutiert (Hafenquerspange in Hamburg, Neckarübergang Hochbrücke Horb), ohne jedoch bisher in ein Vergabeverfahren zu münden.

[20] Eine Tochter des französischen Unternehmens Bouygues erhielt 1996 den Zuschlag für die *Warnowquerung* bei Rostock, die Konzession für den Bau des *Herrentunnels* in der Nähe von Lübeck wurde 1999 an ein Joint Venture von HOCHTIEF Projektentwicklung und Bilfinger-Berger BOT GmbH vergeben.

Die Praxis zeigt daher, dass ungeachtet der nunmehr über zehnjährigen Rechtskraft des FStrPrivFinG noch kein Durchbruch im Bereich der privaten Infrastrukturfinanzierung gelungen ist. Diese vorliegende Monographie beschäftigt sich vor diesem Hintergrund mit der Analyse der Gründe, die zu einer Hemmung privaten Engagements im Bereich der Sicherung und Erweiterung der Verkehrsinfrastruktur geführt haben, und fragt nach entsprechenden Verbesserungsmöglichkeiten.

II. Gang der Untersuchung

Ausgehend von der zuvor aufgezeigten Problematik wird im nachfolgenden Kapitel B. zunächst den wachstums- und strukturpolitischen Begründungen sowie den rechtlichen Rahmenbedingungen für die öffentliche Bereitstellung von Verkehrsinfrastruktur nachgegangen. Kapitel C. erörtert die bisherige konventionelle Finanzierung von Bundesfernstraßen. Anschließend zeigt dann Kapitel D. die Bandbreite möglicher öffentlich-privatwirtschaftlicher Lösungswege im Rahmen eine Public-Private-Partnership auf. Im darauf folgenden Kapitel E. wird die Ausgestaltung von PPP-Modellen zwischen den Polen öffentlicher und privater Finanzierung näher analysiert. Kapitel F. fragt sodann nach den bisherigen Erfahrungen mit Mautprojekten im Ausland sowie den ökonomischen und rechtlichen Rahmenbedingungen, die das neue FStrPrivFinG in Deutschland geschaffen hat. Kapitel G. übernimmt die zentrale Hemmnisanalyse und zeigt auf, aus welchen Gründen das deutsche Modell in der bisherigen Form nicht erfolgreich war. In Kapitel H. wird anhand einer Fallstudie näher auf die Thematik des Gebührenhebels als Preissetzungsinstruments bei F-Modellen eingegangen. Empfehlungen, wie die künftige Umsetzung erleichtert werden könnte, sowie ein Ausblick (Kapitel I. und J.) beschließen diese Monographie.

B. Wachstums- und strukturpolitische Begründungen für Verkehrsinfrastrukturmaßnahmen

I. Vorbemerkung

Nachfolgend wird zunächst ein Überblick über die wachstums- und strukturpolitischen Begründungen für die (öffentliche) Bereitstellung von Verkehrsinfrastruktur gegeben. Neben der besonderen Rolle öffentlicher Güter wird dabei die Frage erörtert, welche Bedeutung Infrastruktur dieser Art für einen entwickelten Industrie- und Dienstleistungsstandort wie die Bundesrepublik Deutschland zukommt. Einige Hinweise auf verfassungsrechtliche Vorgaben für die Bereitstellung von Verkehrsinfrastruktur beschließen dieses Kapitel.

II. Wachstums- und Strukturpolitik als Zielfelder von Infrastrukturmaßnahmen

Die Bundesrepublik Deutschland hat in der Zeit nach dem zweiten Weltkrieg zunächst eine kräftige wirtschaftliche Aufwärtsentwicklung erlebt. Dies äußerte sich in einem starken Wachstum des Sozialprodukts und seiner Komponenten. Das wirtschaftliche Wachstum vollzog sich aber nicht stetig, sondern in überjährigen Schwankungen. Während konjunktur- und stabilisierungspolitische Maßnahmen auf die Beseitigung oder Abschwächung der Schwankungen der wirtschaftlichen Entwicklung abzielen, umfasst die Wachstumspolitik sämtliche Maßnahmen, mit denen ein bestimmtes, als langfristig optimal angesehenes wirtschaftliches Wachstum erreicht werden soll.[21] Die Wachstumspolitik hat somit das Ziel, das potentielle Angebot einer Volkswirtschaft zu erhöhen. Hierzu dienen die Erhöhung der mengenmäßigen Ausstattung der Volkswirtschaft mit Ressourcen sowie die Verbesserung ihrer Qualität und der Effizienz ihres Einsatzes.[22]

Demgegenüber umfasst die Strukturpolitik „alle Aktivitäten des Staates, welche als direkte investive oder investitionsfördernde Maßnahmen sowie als grundlegende rechtliche und organisationspolitische Regelungen die Markt-

---

[21] Vgl. *Müller* (1993, S. 20).

[22] Vgl. *Müller* (1993, S. 369).

strukturen und hieraus abgeleitet das Marktverhalten und die Marktergebnisse wesentlich beeinflussen."[23] Im Verkehrsbereich zählt hierzu insbesondere die Verkehrsinfrastrukturpolitik.[24] Die Verkehrsinfrastruktur ist in fast allen Staaten bislang weitgehend der öffentlichen Investitionspolitik zugeordnet worden.[25] Sie gilt als wesentliches Element der materiellen Infrastruktur einer Volkswirtschaft.[26]

Der Bereich, in dem öffentliche Sachinvestitionen vornehmlich getätigt werden, wird in der Literatur oftmals als „Infrastruktur" bezeichnet, ohne dass damit impliziert wäre, dass Infrastruktur nur im öffentlichen Bereich vorkommt.[27] Nach der Definition von *Jochimsen* (1966, S. 100) wird Infrastruktur verstanden als „Summe der materiellen, institutionellen und personellen Einrichtungen und Gegebenheiten [...], die den Wirtschaftseinheiten zur Verfügung stehen und mit dazu beitragen, den Ausgleich der Entgelte für gleiche Faktorbeträge bei zweckmäßiger Allokation der Ressourcen, d. h. vollständiger Integration und höchstmöglichem Niveau der Wirtschaftstätigkeit, zu ermöglichen." Infrastrukturinvestitionen werden als besonders „wachstumswirksam" für eine Volkswirtschaft angesehen, weil sie häufig erst die Voraussetzung für private Investitionen schaffen, d. h. sie stellen insoweit eine Produktion von Produktionsvoraussetzungen dar.[28] Oft handelt es sich um Bereiche, in denen aufgrund ihrer Merkmale (hohes Ausmaß an externen Effekten, Nichtanwendbarkeit des Ausschlussprinzips, fehlende oder nicht aufgedeckte Konsumentenpräferenzen) keine privaten Investitionen vorgenommen werden. Zur Infrastruktur kann somit im Allgemeinen auch der Bereich der Verkehrswege gezählt werden. Über die rein definitorische Zuweisung von Leistungsmerkmalen an das Gut Infrastruktur existieren insbesondere Versuche, ihren Beitrag zum wirtschaftlichen Wachstum zu beziffern.[29]

Nach *Stobbe* (1998, S. 197 ff.) werden fünf solcher Effekte genannt, die in Verbindung mit der Bereitstellung von Infrastruktur stehen. Diese werden in der nachfolgenden Tabelle 1 dargestellt:

---

[23] *Aberle* (2000, S. 119).

[24] Zu den durch die Infrastrukturinvestitionen ausgelösten gesamtwirtschaftlichen Produktivitätssteigerungen siehe *Willms* (1998).

[25] Vgl. *Aberle* (2000, S. 119).

[26] Vgl. *Jochimsen* (1966, S. 100).

[27] Vgl. *Zimmermann / Henke* (2001, S. 411).

[28] Vgl. *Zimmermann / Henke* (2001, S. 411).

[29] Vgl. *Ewers / Alfen* (2000, S. 15).

Tabelle 1

Effekte von Infrastruktur und deren Auswirkung

Effekt	Auswirkung
Kapazitätseffekt	Erhöhung der Produktionskapazität durch Beseitigung von Infrastrukturengpässen
Produktionseffekt	Senkung der Produktionskosten durch bessere Ausstattung mit Infrastruktur
Standorteffekt	Ermöglichung der Ansiedlung von Unternehmen
Beschäftigungseffekt	Faktornachfrage nach Arbeit, insbesondere in der Erstellungsphase
Dynamischer Wachstumseffekt	Induktion von sekundären Wachstums-prozessen, insbesondere durch externe Nutzen

Quelle: eigene Zusammenstellung, siehe auch *Ewers / Tegner* (2000, S. 15).

III. Theoretische Begründung für eine staatliche Bereitstellung von Verkehrsinfrastruktur

Aus welchen Gründen ist nun aber aus finanzwissenschaftlicher Sicht auch eine *staatliche Bereitstellung* von Verkehrsinfrastruktur sinnvoll? Theoretische Begründungen hierfür nehmen ihren Ausgangspunkt in der Gütercharakteristik von (Verkehrs-)Infrastruktur. Nach *Schmidt* (1994, S. 36 f.) lassen sich die technischen und ökonomischen Besonderheiten von Infrastrukturgütern wie folgt charakterisieren (Tabelle 2).

Tabelle 2

Technische und ökonomische Merkmale von Infrastruktur

Technische Merkmale	Ökonomische Merkmale
Weitgehende Unteilbarkeit	Scale (Ausmaß der Kapitalbindung) und zugehörige Risiken
Langlebigkeit	Kostendegression (Economies of Scale) / natürliches Monopol

Interdependenzen zwischen den einzelnen Bestandteilen eines Infrastrukturbereichs (Netzwerkexternalitäten)	Hoher Fixkostenanteil
Input-Charakter für die private wirtschaftliche Aktivität	Externe Effekte und Nutzendiffusion
	Unzureichende Exklusionsmöglichkeit und Nichtrivalität im Konsum (Öffentlichkeitsgrad)

Quelle: eigene Zusammenstellung, siehe auch *Schmidt* (1994, S. 36 f.).

Verkehrsinfrastruktur wird in der Praxis typischerweise vom Staat bereitgestellt und von öffentlichen Gebietskörperschaften betrieben. Dieses staatliche Angebotsmonopol ist allerdings nicht nur das Ergebnis von historischen Zufälligkeiten, sondern wesentlich aus den ökonomisch-technischen Merkmalen von Infrastruktur ableitbar. Die Verkehrsinfrastruktur weist dabei die klassischen Merkmale der materiellen Infrastruktur auf: Verkehrsinfrastruktureinrichtungen haben teilweise eine sehr lange Lebensdauer. Dies bedeutet u. a., dass die Kapazitäten dieser Einrichtungen auch auf die zukünftige Nutzung und deren Bedarf ausgerichtet sein müssen. Bedingt durch die lange Lebensdauer entsteht die Möglichkeit, die Finanzierungskosten auf mehrere Generationen zu verteilen. Zudem weisen Verkehrsinfrastrukturanlagen in der Regel eine hohe Kapitalintensität auf verbunden mit einer niedrigen Produktivität und sind durch ein hohes Maß an technisch-ökonomischer Unteilbarkeit gekennzeichnet.[30]

Die Nutzung von Verkehrsinfrastruktur hat „Vorleistungscharakter“ für die unterschiedlichsten Wirtschaftszweige und für die privaten Nutzer. So geht die Nutzung von „Verkehrsinfrastruktur“ in eine Vielzahl von Produktionsprozessen ein: So kommt Verkehrsinfrastruktur Vorleistungscharakter zu für den gewerblichen Güterverkehr, für den Berufs- und Ausbildungsverkehr sowie für private Haushalte.[31]

Darüber hinaus werden regionale Wachstumseffekte und Beschäftigungseffekte als Begründung für die staatliche Bereitstellung von Bundesfernstraßen angeführt. Regionale Erschließungs- und Wachstumseffekte erhofft man sich vor allem in den weniger besiedelten Regionen, die noch nicht über die übliche Anbindung an das Bundesautobahnnetz verfügen.[32]

[30] Vgl. *Scheele* (1993, S. 95).

[31] Näher dazu *Alfen / Mayrzedt / Alfen* (2004).

[32] Vgl. *Alfen / Mayrzedt / Alfen* (2004, S. 29 f.). Zu den regionalökonomischen Grundlagen siehe auch *Störmann* (2009).

Ferner sind Nutzenkomponenten denkbar, ohne dass sie sich im einzelnen Produktionsprozess niederschlagen. Häufig werden diese Nutzenkomponenten als externe Nutzen bezeichnet, z. B. Optionsnutzen für private Haushalte, die räumliche Integration von Märkten/Regionen sowie pekuniäre externe Nutzen.[33]

Die wichtigste theoretische Begründung für eine staatliche Bereitstellung von Verkehrsinfrastruktur liegt jedoch in deren Eigenschaft als Bündel (teil-) öffentlicher Güter. Die „Bereitstellung öffentlicher Güter" wird daher als bedeutendster Grund für eine staatliche Produktion im Rahmen einer marktwirtschaftlichen Ordnung angeführt.[34]

Reine öffentliche Güter werden üblicherweise durch die zwei Kriterien der Nicht-Rivalität und der Nicht-Ausschließbarkeit gekennzeichnet.[35] Der Staat legt bei solchen öffentlichen Gütern selbst die Produktion fest (Planungsfunktion); überwiegend werden diese mit Zwangsabgaben ohne Bezug auf die Verteilung des Nutzens öffentlicher Güter finanziert (Finanzierungsfunktion). Infolge des Marktversagens führt der Staat die Produktion selbst durch und kann diese nicht etwa privaten Unternehmen übertragen (Produktionsfunktion).[36]

Verkehrsinfrastruktur und Prinzip der Nicht-Ausschließbarkeit: Unter der Nicht-Ausschließbarkeit bei einem öffentlichen Gut versteht man, dass ein potentieller Nutzer von dem Konsum des Gutes auch dann nicht ausgeschlossen werden kann, wenn dieser den geforderten Angebotspreis nicht zu zahlen bereit ist. Diese Ausschlussmöglichkeit Zahlungsunwilliger ist eine notwendige Bedingung für die Möglichkeit eines Anbieters, sich über den Preis für die Nutzung eines Gutes zu refinanzieren.[37] Auf die Nutzung öffentlicher Straßen kann, wie die Praxis zeigt, zumindest teilweise das Ausschlussprinzip angewendet werden. Allerdings wären damit die verbundenen Kosten im Vergleich zum Allokationsgewinn prohibitiv hoch, wollte man sie auf alle Straßen übertragen. Sie wären nach *Brümmerhoff* (2001, S. 95) oft zu hoch zu Lasten des Fiskus, wenn im Rahmen der technischen Durchsetzung des Ausschlussprinzips hohe Aufwendungen für Personal und technische Einrichtungen anfallen; sie wären zu hoch zu Lasten der Benutzer, wenn der Fiskus im Interesse der Einsparung

[33] Vgl. *Alfen / Mayrzedt / Alfen* (2004).

[34] Vgl. *Wellisch* (2000, S. 58). Dazu auch *Bartsch* (2009, S. 39 ff.).

[35] Ein reines öffentliches Gut ist, sobald es für ein Individuum bereitgestellt wird, gemeinschaftlich nutzbar (= Nicht-Rivalität), d. h. die Nutzung durch bestimmte Wirtschaftssubjekte erlaubt die gleichzeitige Nutzung durch alle anderen Wirtschaftssubjekte. Des Weiteren kann aus ökonomischen oder technischen Gründen niemand von der Nutzung ausgeschlossen werden (= Nicht-Ausschließbarkeit). Siehe dazu statt vieler *Brümmerhoff* (2001, S. 95 f.).

[36] Vgl. *Andel* (1998, S. 421).

[37] Dazu statt vieler *Wellisch* (2000, S. 56).

eigener Kosten die Zahl der Zugänge beschränkt und damit die Ausschließungskosten in Form von Zeitaufwand oder Fahrtkosten für die Benutzer erhöht. Aus den vorgenannten Gründen wird insbesondere Verkehrsinfrastruktur ganz überwiegend vom Staat unentgeltlich bereitgestellt. Die Finanzierung folgt teils aus allgemeinen Steuern; zum Teil wird auch das Äquivalenzprinzip in pauschaler Form verwirklicht, indem spezielle Abgaben auf Tatbestände erhöhen werden, die als Indikator für die Nutzung angesehen werden können (z. B. Kfz- und Energie-, früher: Mineralölsteuer)[38] – sog. gruppenmäßige Kosten-Äquivalenz.

Verkehrsinfrastruktur und Prinzip der Nicht-Rivalität im Konsum: Nicht-Rivalität im Konsum unterscheidet als zweites konstitutives Merkmal öffentliche von privaten, marktfähigen Gütern.[39] Güter besitzen die Eigenschaft der Rivalität (im Konsum), wenn der Konsum des Gutes durch die gleichzeitige Nutzung der Gutseinheiten durch einen anderen Konsumenten beeinträchtigt wird. Güter, die zwar Ausschließbarkeit, aber keine Rivalität aufweisen, werden als „Mautgüter“ bezeichnet. Ein bekanntes Beispiel hierfür sind Brücken oder Straßen, die zwar wenig befahren werden, so dass keine Rivalität beim Konsum vorherrscht, für deren Nutzung jedoch ein Wegegeld durchgesetzt werden kann.[40] Der Großteil der öffentlichen Straßen in Deutschland ist aber nicht durch Mautbepreisung gekennzeichnet. Dennoch weist die Straßeninfrastruktur einen gewissen Grad an Rivalität auf: Eine Brücke, für deren Nutzung keine Maut bezahlt werden muss, mag in der Nacht unter dem Aspekt der Nutzungs-Rivalität ein reines öffentliches Gut darstellen, da weitere Fahrzeuge den Benutzer nicht beeinträchtigen. Mit Beginn der Arbeitszeit allerdings behindern sich die Nutzer gegenseitig. Somit wird das reine öffentliche Gut in der Nacht zu einem „unreinen“ öffentlichen Gut am Tag.[41] Im Schrifttum ist auch von einem öffentlichen Gut mit Kapazitätsengpass die Rede.

Bei reinen öffentlichen Gütern ist der Markt bei der Allokation überfordert. Die Bezeichnung „öffentliche Güter“ soll darauf hinweisen, dass die betreffenden Güter oder Dienstleistungen in kollektiver bzw. staatlicher Regie erbracht werden müssen, weil der Markt bei der Bereitstellung versagt.[42]

---

[38] Vgl. *Andel* (1998, S. 424).

[39] Vgl. *Scheele* (1993, S. 96).

[40] Vgl. *Wellisch* (2000, S. 56).

[41] Vgl. *Wellisch* (2000, S. 57).

[42] Vgl. *Fritsch / Wein / Ewers* (2000, S. 354).

Die Aufgabe einer Koordination von individuellen Entscheidungen wird in einem marktwirtschaftlichen System grundsätzlich von Preisen übernommen. Ihre Anpassung stellt sicher, dass Güter denjenigen verfügbar gemacht werden, die sie am dringlichsten wünschen. Dadurch wird die sog. „Pareto-Effizienz“[43] der Allokation knapper Güter und Faktoren gewährleistet. In einer solchen Marktwirtschaft erübrigen sich staatliche Aktivitäten unter dem Ziel allokativer Effizienz, da das Produktions- und Faktorlenkungs-Problem bereits gelöst sind. Gleichwohl kann in diesen Fällen eine staatliche Intervention unter dem Aspekt einer optimalen Verteilung der produzierten Güter unter den Wirtschaftssubjekten noch sinnvoll sein. Dabei ist allerdings zu berücksichtigen, dass es regelmäßig Konstellationen gibt, in denen die Bedingungen für eine effiziente Marktlösung gerade nicht erfüllt werden. Derartige Fälle des allokativen Marktversagens sind auch bei Mautgütern anzutreffen, im vorliegenden Untersuchungsobjekt bei öffentlich bereitgestellter Straßeninfrastruktur. In diesen Fällen können Preise ihre Koordinationsfunktion nicht vollkommen wahrnehmen: Entweder es existiert gar kein Markt oder er funktioniert nur unzureichend.[44] Marktversagen im Bereich der Verkehrsinfrastruktur wird ökonomisch aus vier Argumenten hergeleitet: [45]

- die besondere Bedeutung externer Effekte in der Transportwirtschaft;
- der Eigenschaft von Verkehrsleistungen als (teil-)öffentlichen Gütern;
- der den Verkehrsmärkten angeblich innewohnenden Tendenz zu ruinösem Wettbewerb;
- der Existenz von natürlichen Monopolen in der Transportwirtschaft.

IV. Verfassungsrechtliche Vorgaben für die Bereitstellung von Verkehrsinfrastruktur

Die rechtliche Grundlage zur Bereitstellung von Verkehrsinfrastruktur in Deutschland liefert das Grundgesetz: In Artikel 74 Nr. 22[46] weist das Grundgesetz der Bundesrepublik Deutschland den Bereich „Straßenverkehr […] sowie

---

[43] Eine Allokation ist dann Pareto-effizient, wenn es nicht möglich ist, mindestens eine Person durch eine Änderung der Allokation besser zu stellen, ohne eine andere schlechter zu stellen – siehe z. B. *Brümmerhoff* (2001, S. 52).

[44] Vgl. *Brümmerhoff* (2001, S. 65).

[45] Vgl. *Aberle* (2000, S. 92).

[46] Artikel 74 Abs. 1 GG: „Die konkurrierende Gesetzgebung erstreckt sich auf folgende Gebiete: [...] 22. den Straßenverkehr, das Kraftfahrwesen, den Bau und die Unterhaltung von Landstraßen für den Fernverkehr sowie die Erhebung und Verteilung von Gebühren oder Entgelten für die Benutzung öffentlicher Straßen mit Fahrzeugen“.

die Erhebung und Verteilung von Gebühren oder Entgelten für die Benutzung öffentlicher Straßen mit Fahrzeugen" der sog. „konkurrierenden Gesetzgebung" zwischen Bund und Ländern zu.[47] Ferner liegt „die Zuständigkeit für die Vorhaltung von Verkehrsinfrastruktur [...] für Bundesstraßen [...] beim Bund (Art. 90, 89, 87 GG)."[48] Dem Bund obliegt somit die Finanzverantwortung für die Erfüllung der Straßenbaulast (Sachaufgabe). In Artikel 90 Abs. 2 GG findet sich zudem die Regelung, dass die die Bundesautobahnen und sonstigen Bundesfernstraßen im Regelfalle durch die Bundesländer verwaltet werden (Verwaltungsaufgaben).[49]

Verfassungsrechtliche Vorgaben im Zusammenhang mit der Finanzierung der Bundesverkehrswege ergeben sich aus den Bestimmungen des Art. 104 des Grundgesetzes: [50]

- Art. 104a Abs. 1 GG statuiert den Grundsatz der Identität von Aufgabenkompetenz und Finanzverantwortung.
- Art. 104a Abs. 2 GG bestimmt, dass der Bund die Sachkosten der Verwaltungsaufgabe (Zweckaufgabe) trägt, wenn die Länder Gesetze im Auftrag des Bundes ausführen.

Mit der Zuweisung der Aufgabenträgerschaft an den Bundesfernstraßen gemäß Art. 90 GG wird zugleich die Verantwortung für deren ordnungsgemäße Bereitstellung verbunden.[51] Diese grundsätzliche Verantwortung kann Privaten nicht übertragen werden. Ein Modell „privater Straßen für den öffentlichen Verkehr" kann folglich nur dann eine rechtlich zulässige Form darstellen, wenn seine Ausgestaltung im Einzelnen diese aus Art. 90 GG resultierende Verantwortung des Bundes respektiert und die damit im Zusammenhang stehenden Aufgaben von einer Übertragung an Private ausnimmt.[52] Auch wenn die rechtliche Konstruktion der Einbindung Privater in der Gestalt des FStrPrivFinG als ungewöhnlich bezeichnet werden kann, lassen sich hieraus wohl keine ernsthaften rechtlichen Bedenken ableiten.[53] Eine nutzerseitige Gebührenfinanzierung von Verkehrsinfrastrukturmaßnahmen im Rahmen des Betreibermodells ist somit verfassungsrechtlich ohne weiteres denkbar. Die seit der Novelle des FStrPrivFinG 2005 eröffnete Möglichkeit zur alternativen Erhebung eines privatrechtlichen Entgelts wurde im Zuge der Föderalismusreform I auch im

---

[47] Vgl. *Schmidt* (1994, S. 75).

[48] *Gösta* (2000, S. 117). Art. 89 und 87 GG regeln die Bundeswasserstraßen.

[49] Vgl. BMF (2004, S. 46).

[50] Vgl. *Schmidt* (1994, S. 75) und Pällmann-Kommission (2000, S. 20).

[51] Vgl. *Bucher* (1996, S. 175).

[52] Vgl. *Bucher* (1996, S. 176).

[53] Vgl. *Bucher* (1996, S. 199).

Grundgesetz durch Ergänzung des einschlägigen Art. 74 Abs. 1 Nr. 22 GG abgesichert: Dort ist nun ausdrücklich von „Gebühren oder Entgelten" in (konkurrierender) Bundeskompetenz die Rede.

C. Traditionelle öffentliche Verkehrsinfrastrukturfinanzierung

I. Vorbemerkung

Vor dem Hintergrund der bisherigen Ausführungen und im Hinblick auf die noch anstehende Diskussion verschiedener Finanzierungsalternativen im Verkehrsinfrastrukturwesen ist ein Überblick über die bisherige Struktur und Entwicklung der Straßenbaufinanzierung von Interesse. Das folgende Kapitel gibt Aufschluss über die traditionelle Bereitstellung finanzieller Mittel für den Bau und die Unterhaltung der Bundesfernstraßen in der Bundesrepublik Deutschland.

II. Die traditionelle Finanzierung von Verkehrsinfrastrukturinvestitionen

In Deutschland wurde vor Einführung der A- und F-Modelle traditionell der gesamte Mittelbedarf für die Finanzierung der Verkehrsinfrastrukturinvestitionen sowie der Betriebs- und Unterhaltungsaufwendungen aus dem öffentlichen Haushalt gedeckt.[54] Dabei werden die Bundesfernstraßen durch den Bundeshaushalt über das allgemeine Steueraufkommen sowie über Kreditaufnahmen finanziert. Die bedeutsamsten staatlichen Einnahmequellen im Verkehrssektor sind die Energiesteuer (früher: Mineralölsteuer) und die Kfz-Steuer[55] (siehe auch Abschnitt C.II.2. und C.II.3.).[56] Hinsichtlich der Haushaltsfinanzierung der Verkehrsinfrastruktur ist in der Diskussion über die Finanzierung der Bundesfernstraßen das haushaltsrechtliche Non-Affektationsprinzip zu beachten.[57]

---

[54] Vgl. *Aberle* (2000, S. 125) sowie *Alfen* (1999, S. 19) und *Bartsch* (2009, S. 187 ff.).

[55] Vgl. *Laaser / Rosenschon* (2001, S. 20 f.).

[56] Erwähnenswert ist auch die 1995 eingeführte und 2003 abgeschaffte Eurovignette für Lkw, welche aber als weitere spezifische Einnahmekategorie mit ca. 400 Mio. Euro nur eine untergeordnete Rolle spielte und daher nicht näher in die Betrachtung einbezogen wird. Siehe dazu *Alfen* (1999, S. 19).

[57] Dieses Prinzip besagt, dass einzelne Einnahmen der Gebietskörperschaften nicht im Wege einer Zweckbindung für bestimmte Ausgaben reserviert werden sollen (Verbot einer Zweckbindung nach § 8 Bundeshaushaltsordnung); siehe dazu auch *Zimmermann / Henke* (2001, S. 479).

Danach gibt es keine unmittelbar ausgabenbezogene Zweckbindung staatlicher Steuereinnahmen, d. h. zur Finanzierung der Infrastruktur werden keine speziellen Steuern erhoben.[58] Zudem stand bis 2008 das Aufkommen aus der Kfz-Steuer in vollem Umfang den Bundesländern zur Verfügung und schied damit für die Finanzierung der Bundesautobahnen bereits aus diesem Grund aus.[59] Erst mit der Novellierung der Kfz-Steuer 2009 wurde die Ertragskompetenz der Kfz-Steuer auf den Bund übertragen (Art. 106 Abs. 1 Nr. 3 GG). Ungeachtet der haushaltsrechtlichen Non-Affektation gelten gleichwohl die Einnahmen zumindest aus der Energie-/Mineralölsteuer als eine äquivalenzorientierte Abgeltung der Wegekosten durch die Nutzer.

1. Haushaltsfinanzierung

„Die Finanzierung von Bundesfernstraßen erfolgt herkömmlicherweise über den Staatshaushalt."[60] Bis 1955 wurde die Finanzierung von Bundesfernstraßen allein aus allgemeinen Steuermitteln gespeist. Erst mit dem 1955 in Kraft getretenen Verkehrsfinanzgesetz änderte sich die Finanzierung aus allgemeinen Mitteln für Investitionen in das Bundesfernstraßennetz.[61] Grundsätzlich ergeben sich aber größtenteils auch heute diese Einnahmen aus den durch den Staat erhobenen Steuern. Deren Aufkommen wird gemäß Art. 106 GG aufgeteilt zwischen Bund, Ländern und Gemeinden. Neben diesen allgemeinen Deckungsmitteln gibt es aber auch besondere, auf die Ausgaben für den Fernstraßenbau bezogene Deckungsmittel. Die Deckungsmittel für den motorisierten Straßenverkehr bzw. Fernstraßenbau werden insbesondere durch die erhobene Energie-, früher: Mineralölsteuer sowie die Kraftfahrzeugsteuer eingenommen.[62] In der Bundesrepublik Deutschland gilt im Bundeshaushalt der schon oben beschriebene Grundsatz der Non-Affektation. Dieses Prinzip gilt, soweit eine Einnahme nicht durch Gesetz gesondert zweckbestimmt wird und somit als besondere Deckungsmittel anzusehen ist.[63]

Das Prinzip gilt zunächst grundsätzlich auch für den Verkehrsbereich. Dennoch lassen sich nach *Scheele* (1993, S. 100) die Abgaben auf den Verkehr aufgrund des engen Zusammenhangs im Grunde genommen nur mit den Kosten der Verkehrswege rechtfertigen und können daher als „spezielle Wegeentgelte" und „Äquivalenz-Abgaben" definiert werden. Aus diesem Grund werden auch

---

[58] Vgl. *Andel* (1990, S. 62).

[59] Vgl. *Beckers / von Hirschhausen* (2003, S. 8).

[60] *Schmitt* (1999, S. 21).

[61] Vgl. *Schmidt* (1994, S. 79).

[62] Vgl. *Schmitt* (1999, S. 27 f.). Siehe dazu auch *Aberle* (2000, S. 125).

[63] Vgl. *Schmidt* (1994, S. 78 f.).

spezifische Staatseinnahmen aus dem Besitz (Kfz-Steuer) und dem Betrieb von motorisierten Fahrzeugen (Energiesteuer auf Kraftstoffe) in Vergleichsrechnungen in ihrer Summe den Ausgaben für die Straßen gegenübergestellt.[64] Für die Finanzierung des Bundesstraßenwesens stehen dem Bund also prinzipiell alle Haushaltseinnahmen in voller Höhe zur Verfügung. Die Investitionen in die Bundesfernstraßen werden durch das (revolvierend geänderte) Bundesfernstraßenbaugesetz (welches den Bundesfernstraßenausbauplan enthält) und den verkehrsträgerübergreifenden Bundesverkehrswegeplan (jeweils durch den Beschluss der amtierenden Bundesregierung) festgelegt und mit entsprechenden Finanzierungsgrundlagen ausgestattet.[65]

Theoretisch wäre auch eine Finanzierung im Haushalt mittels Gebührenerhebung denkbar (Art. 74 Nr. 22 GG). Gebühren stellen vom Staat einseitig festgesetzte Abgaben dar, die als Gegenleistung für die Inanspruchnahme bestimmter individualisierbarer staatlicher Leistungen erhoben werden. Nach der Art der öffentlichen Leistungen lassen sich Benutzungsgebühren für die Inanspruchnahme einer öffentlichen Einrichtung (z. B. Abfallentsorgung) und Verwaltungsgebühren für die Inanspruchnahme einer Verwaltungsdienstleistung (z. B. Gerichtsgebühren) unterscheiden.[66] Eine Heranziehung von „Preisen" für die Nutzung von Verkehrsinfrastruktur für alle Verkehrswege und sonstigen Infrastruktureinrichtungen des Verkehrsbereichs wird als durchführbar angesehen. Somit könnte auch das Äquivalenzprinzip der Abgabenerhebung unmittelbar durch den Staat realisiert werden.[67]

Entgegen der Praxis vieler anderer EU-Mitgliedsstaaten, vor allem im Süden Europas, werden solche Gebühren – mit Ausnahme der 2005 eingeführten Lkw-Maut und der F-Projekte – in Deutschland jedoch nicht erhoben.[68] Aus diesem Grund soll in den beiden folgenden Unterabschnitten auch lediglich auf die Energie- und die Kraftfahrzeugsteuer näher eingegangen werden. Tabelle 3 zeigt die Entwicklung des Aufkommens der beiden Steuern in den vergangenen Jahren:

---

[64] Vgl. *Aberle* (2000, S. 125).

[65] Vgl. *Aberle* (2000, S. 126).

[66] Vgl. *Zimmermann / Henke* (2001, S. 104 f.).

[67] Vgl. *Aberle* (2000, S. 317).

[68] Vgl. *Schmidt* (1994, S. 86).

Tabelle 3

Entwicklung des Energie- bzw. Mineralöl- und Kraftfahrzeugsteueraufkommens in Deutschland

Jahr	Mineralölsteuer (bis 2006) bzw. Energiesteuer in Mrd. Euro	Kraftfahrzeugsteuer in Mrd. Euro
1999	36.444	7.039
2000	37.826	7.015
2001	40.690	8.376
2002	42.192	7.592
2003	43.188	7.336
2004	41.782	7.739
2005	40.101	8.673
2006	39.916	8.937
2007	38.955	8.898

Quelle: eigene Zusammenstellung nach Statistisches Bundesamt (2004b; 2008).

2. Energie- bzw. Mineralölsteuer

Die Mineralölsteuer geht zurück auf das Jahr 1930 und gilt als Verbrauchsteuer. Sie wird im Gebiet der Bundesrepublik Deutschland auf dort hergestelltes oder verbrachtes Mineralöl erhoben. Gemäß Art. 106 Abs. 1 Nr. 2 GG steht das Aufkommen dieser Steuer als Verbrauchsteuer dem Bund zu.[69] Bedeutung für den Straßenbau erlangte die Mineralölsteuer erstmals mit Verabschiedung des Verkehrsfinanzgesetzes von 1955. Das Gesetz erhob die Steuersätze für die Mineralölsteuer an und sah in Form einer Sollvorschrift vor, dass der Mehrertrag nach Maßgabe des Haushaltsplans für den Ausbau der Bundesfernstraßen zu verwenden sei. Ab 1969 erfolgte dann eine schrittweise Lockerung der Zweckbindung, indem immer größere Teile des Steueraufkommens für allgemeine Haushaltszwecke verwandt wurden. In bestimmtem Umfang jedoch ist die Mineralölsteuer immer noch zweckgebunden. Nach dem Gemeindeverkehrsfinanzgesetz aus dem Jahre 1971 und dem Haushaltsgesetz von 1973 ist das Mineralölsteuermehraufkommen aus verschiedenen Steuererhöhungen zweckgebunden und wird zur Förderung des kommunalen Straßenbaus und von

---

[69] Vgl. *Schmitt* (1999, S. 29).

Projekten des ÖPNV eingesetzt.[70] Die ursprüngliche hohe Bedeutung der Mineralölsteuer ist mit Verabschiedung des Haushaltsgesetzes 1973 für den Fernstraßenbau verloren gegangen.[71]

2006 wurde die Mineralölsteuer in die neue Energiesteuer überführt: Das Energiesteuergesetz vom 15. Juli 2006 hat das bis dahin geltende Mineralölsteuergesetz abgelöst. Eine Neufassung des Gesetzes wurde zur Umsetzung der Vorgaben der Richtlinie 2003/96/EG zur Restrukturierung der gemeinschaftlichen Rahmenvorschriften zur Besteuerung von Energieerzeugnissen und elektrischem Strom (Energiesteuerrichtlinie) notwendig. Die Energiesteuerrichtlinie forderte eine Harmonisierung der Mindestbesteuerung für elektrischen Strom und Energieerzeugnisse aus anderen Energiequellen als Mineralöl. Daher wurden im Energiesteuergesetz als weitere fossile Energieträger Steinkohle, Braunkohle sowie Koks und Schmieröle aufgenommen. Gesondert wird Strom im Stromsteuergesetz geregelt. Zudem war seit dem 1. Januar 2004 auch die Besteuerung von Biokraftstoffen im Mineralölsteuergesetz geregelt. Diese irritierende Situation wurde ebenfalls durch die Neufassung im Energiesteuergesetz aufgehoben. Das Gesetz regelt nun die Besteuerung aller Energiearten fossiler Herkunft (Mineralöle, Erdgas, Flüssiggase und Kohle) als auch der nachwachsenden Energieerzeugnisse Pflanzenöle, Biodiesel, Bioethanol und synthetische Kohlenwasserstoffe aus Biomasse als Heiz- oder Kraftstoff in der Bundesrepublik Deutschland.

Das Aufkommen aus der Steuer entwickelt sich seit 2003 rückläufig. Dies wird auch auf die Steuererhöhungen durch die Öko-Steuerreformen seit 1999 zurückgeführt. In Deutschland sind seit 1999 mehrfach Gesetze mit der Zielrichtung einer „Ökologisierung des Steuerrechts" erlassen worden, die sich auch auf die Mineralölsteuer auswirkten:

– Mit dem *Gesetz zum Einstieg in die ökologische Steuerreform* vom 24. März 1999 (BGBl. I, S. 378) wurde als neue Verbrauchsteuer eine Stromsteuer eingeführt. Strom aus regenerativen Energieträgern ist davon befreit, sofern der Strom aus Netzen entnommen wird, die ausschließlich mit solchen Energieträgern gespeist werden. Für industrielle Großverbraucher wurde im Interesse ihrer internationalen Wettbewerbsfähigkeit die Steuer ermäßigt. Die Mineralölsteuer wurde nach ökologischen Kriterien gestaffelt; dabei wurden bestimmte Verwendungszwecke begünstigt. Von 1999 bis 2003 wurde die Steuer mehrmals erhöht. Von der Erhöhung der Mineralölsteuer befreit sind Unternehmen des produzierenden Gewerbes. Strom erhalten diese Betriebe zu einem zu 40 % ermäßigten Steuersatz.

---

[70] Vgl. *Scheele* (1993, S. 100).

[71] Vgl. *Schmitt* (1999, S. 32).

- *Das Gesetz zur Fortführung der ökologischen Steuerreform* vom 16. Dezember 1999 (BGBl. I, S. 2432) brachte eine befristete Mineralölsteuerbefreiung für Gas- und Dampfturbinenkraftwerke mit hohem Wirkungsgrad und einige Korrekturen des ersten Gesetzes, mit denen unerwünschte Auswirkungen vermieden werden sollten.
- Als dritte Stufe wurde das *Gesetz zur Fortentwicklung der ökologischen Steuerreform* vom 23. Dezember 2002 (BGBl. I, S. 4602) erlassen, das eine weitere – nach den Umweltauswirkungen gestaffelte – Erhöhung der Mineralölsteuer enthielt.

Im Jahre 2007 betrug das Aufkommen dieser Steuer nur noch rund 38,9 Mrd. Euro.[72]

3. Kraftfahrzeugsteuer

Wie schon in Abschnitt C.II. erwähnt, spielte die Kraftfahrzeugsteuer aufgrund der grundgesetzlichen Regelung zur Ertragskompetenz (Kfz-Steuer als Ländersteuer) in der Finanzierung der Bundesfernstraßen bis 2009 keine große Rolle, da das Aufkommen den Bundesländern zusteht. Seit 2009 steht das Aufkommen ebenfalls dem Bund zu (Art. 106 Abs. 1 Nr. 3 GG). Allerdings sah man in der Literatur immer schon eine ebenso enge Beziehung zum Umfang des Straßenverkehrs wie bei der Mineralölsteuer: Hierbei wurde für die frühere Ertragsverteilung von einer faktischen Zweckbindung ausgegangen, da das Steueraufkommen zwar bis 2009 den Ländern zustand, diese aber im Rahmen des kommunalen Finanzausgleichs Zahlungen für den kommunalen Straßenbau zu leisten haben.[73]

Die Kraftfahrzeugsteuer wurde erstmals im Jahre 1922 mit Erlass des Kraftfahrzeugsteuergesetzes eingeführt und brachte erstmals einen grundlegenden Wandel in der auf den Verkehr bezogenen Steuerkonzeption mit sich. Das Gesetz sah erstmals eine strenge Zweckbindung in der Gestalt vor, dass 50 % des Aufkommens der erhobenen Steuer für den Straßenbau der Gebietskörperschaften bestimmt war.[74] Mittlerweile ist diese Steuer aber nicht mehr als zweckgebundene Steuer konzipiert, sondern die Bundesländer können frei entscheiden, ob sie das Steueraufkommen als „allgemeine Deckungsgrundlage, als Deckungsgrundlage für Straßenbauaufwendungen zugunsten der landeseigenen Straßen oder für Zuwendungen für den kommunalen Straßenbau im Rahmen

[72] Vgl. Statistisches Bundesamt (2004b).

[73] Vgl. *Aberle* (2000, S. 125) sowie *Scheele* (1993, S. 100 f.).

[74] Vgl. *Scheele* (1993, S. 100).

des kommunalen Finanzausgleich“ verwenden wollen.[75] Auch mit der Zuweisung der Ertragskompetenz an den Bund war keine förmliche Zweckbindung verbunden.

Im Jahre 2007 betrug das Aufkommen dieser Steuer rund 8,9 Mrd. Euro (Tabelle 3);[76] die fiskalische Bedeutung dieser Steuer hat im Laufe der Zeit noch zugenommen. Dies dürfte – neben der früheren Ertragskompetenz seitens der Länder – mit ausschlaggebend dafür gewesen sein, die immer wieder geforderte Zusammenlegung der Kfz-Steuer mit der Energiesteuer nicht zu realisieren. Zuletzt wurde zum 1. Juli 2009 eine Änderung der Bemessungsgrundlage zunächst für neuzugelassene Fahrzeuge dahingehend verabschiedet, dass sich die Steuerlast künftig auch am CO_2-Ausstoß eines Fahrzeugs bemisst.[77]

III. Ausgaben für Bundesfernstraßen

Auf der Grundlage der Ergebnisse einer gesamtwirtschaftlichen Projektbewertung ergibt sich der jeweilige Aus- und Neubaubedarf für die Bundesfernstraßen.[78] Die entsprechenden Ausgabemittel des Bundes werden stets nur für das laufende Haushaltsjahr zur Verfügung gestellt. Da die Abwicklung von Baumaßnahmen an Bundesfernstraßen im Regelfall über mehrere Jahre läuft, sind alle Verpflichtungen der folgenden Jahre, die im Rahmen des Baufortschritts eingegangen werden, durch Verpflichtungsermächtigungen (VE) abzudecken.[79] So sah etwa das Haushaltsgesetz 2003 (BGBl. I Nr. 17, S. 574) für Bundesfernstraßen und allgemeine Bewilligungen Ausgaben im Bundesfernstraßenbereich in Höhe von 5.458,3 Mio. Euro vor.[80] 2007 beliefen sich die entsprechenden Ausgabenpositionen auf 5.798 Mio. Euro.[81]

Abbildung 1 verdeutlicht, in welchem Maße sich in den vergangenen Jahren die Ausgaben für Investitionen in das Bundesfernstraßennetz entwickelt haben. Aus der Grafik ergibt sich, dass der Ausgabenbedarf weitaus geringer ist, als die Einnahmen, die aus der Mineralölsteuer und der Kraftfahrzeugsteuer erzielt werden. Im Wesentlichen liegt allerdings der Grund für die dennoch fehlenden

[75] Vgl. *Schmitt* (1999, S. 33).

[76] Vgl. Statistisches Bundesamt (2004b).

[77] Zum Ganzen siehe auch *Gawel* (2010a).

[78] Vgl. BMVBW (2003, S. 34).

[79] Vgl. Deutscher Bundestag (2004, S. 44).

[80] Vgl. Deutscher Bundestag (2004, S. 19).

[81] Siehe hierzu im Einzelnen den Verkehrsinvestitions-Bericht 2008 des BMVBS, http://www.bmvbs.de/Anlage/original_1068582/Verkehrsinvestitionsbericht-2008-Bundesfernstrassen.pdf, S. 211.

Mittel im Bereich Straßenbau am oben erwähnten Nonaffektations-Prinzip, da die verkehrsbezogenen Einnahmen dem allgemeinen Haushalt zugeführt werden und für sonstige Zwecke verwendet werden.[82]

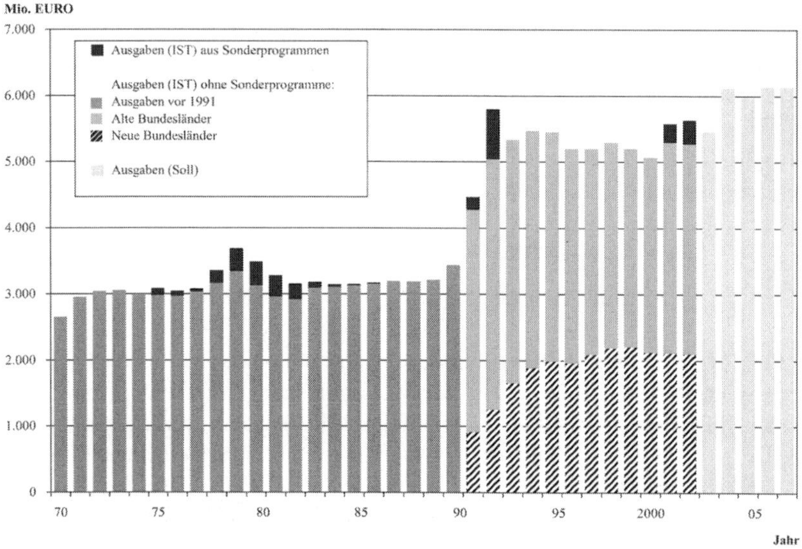

Quelle: Deutscher Bundestag (2004, S. 44).

Abbildung 1: Ausgabenentwicklung von 1970 bis 2002

[82] Vgl. *Aberle* (2000, S. 654 f.).

D. Formen der Entgeltfinanzierung für die private Finanzierung öffentlicher Verkehrsinfrastruktur

I. Vorbemerkung

In Deutschland spielt die private Finanzierung öffentlicher Verkehrsinfrastruktur bisher nur eine geringe Rolle. Nach wie vor wird die Infrastruktur überwiegend durch die öffentliche Hand oder durch öffentliche Unternehmen bereitgestellt (Abschnitt C.). Grundsätzlich lassen sich fast alle Infrastrukturobjekte aber auch privat finanzieren.[83] Für die private Finanzierung gibt es freilich eine Vielzahl von Modellen. Nachfolgend sollen die für den Untersuchungsbereich wichtigsten Modelle vorgestellt werden.

II. Modelle der Entgeltfinanzierung

Die neuere Diskussion um eine private Finanzierung des Bundesfernstraßenbaus kreist im Wesentlichen um drei Modelle, die im folgenden Abschnitt näher vorgestellt werden:

- Leasing-Modell (Abschnitt D.II.1.),
- Konzessionsmodell (Abschnitt D.II.2.),
- Betreibermodell (Abschnitt D.II.3.).

Diese Finanzierungsmodelle lagen auch der Untersuchung einer der Bundesregierung im November 1990 eingesetzten Arbeitsgruppe zugrunde. Die Arbeitsgruppe hatte die Aufgabe, konkrete Anwendungsmöglichkeiten privater Finanzierung von Infrastrukturinvestitionen zu prüfen und dem Kabinett rechtzeitig bis zur Beschlussfassung zum Entwurf des Bundeshaushaltes 1992[84] darüber zu berichten.

---

[83] Vgl. *Wilms* (2004, S. 35).

[84] Vgl. BMF (1991, S. 13).

1. Leasing-Modell

a) Darstellung

Eines der in neuerer Zeit diskutierten Privatfinanzierungsmodelle ist das Leasing-Modell. Nach dessen Grundkonzept finanziert, errichtet oder kauft eine Leasing-Gesellschaft ein nach den Interessen und Vorstellungen des Leasingnehmers konzipiertes Investitionsobjekt. Dieses Objekt stellt sie dann gegen Zahlung einer bestimmten Leasingrate dem Leasingnehmer zur Nutzung zur Verfügung.[85] Diesem Modell liegt als Konzeption die Beauftragung einer privatrechtlichen Gesellschaft mit der Finanzierung, dem Bau und der Unterhaltung der Bundesfernstraßen zugrunde. Zu diesem Zweck räumt die öffentliche Hand an den in ihrem Eigentum stehenden, zur Verwirklichung des jeweiligen Projekts vorgesehenen Flächen einer in die Rechtsform einer GmbH & Co KG („Objekt-KG") gekleideten Gesellschaft ein Erbbaurecht (in aller Regel für die Dauer von 60 Jahren ein).[86] Nach Fertigstellung mietet der Staat über eine fest vereinbarte Mietzeit das Infrastrukturprojekt vom Leasinggeber und bekommt vom Leasingnehmer das Recht eingeräumt, nach Ablauf der so genannten Grundmietzeit den Verkehrsweg zu erwerben oder das Mietverhältnis zu neuen Bedingungen fortzuführen. Die Leasingrate wird im Wesentlichen als Kostenmiete betrachtet, die sich aus den Finanzierungskosten der Investition zuzüglich der Verwaltungskosten der Leasinggesellschaft errechnet und über die Laufzeit konstant bleiben soll.[87]

b) Haushaltsrechtliche Charakteristika

Die private Wirtschaft führt an, dass die öffentliche Hand mit der Anwendung dieses Modells vom sog. Haushaltsstrukturvorteil profitieren würde. Damit soll ausgesagt werde, dass das Leasingmodell den Bund von weiterer Kreditaufnahme entbinden würde. Dies ist aber nur insoweit richtig, als die in den Leasingverträgen begründeten Verpflichtungen aus ohnehin vorhandenen Haushaltsmitteln getragen werden können. Wird bei der momentan angespannten Budgetsituation des Bundeshaushaltes unterstellt, dass in Höhe der Leasingraten eine Neuverschuldung möglich ist, so bedeutet dieses Modell nur eine Streckung der Verschuldung über die Laufzeit des Leasingvertrages. Private Unternehmen erhalten in aller Regel entsprechende Kapitalmarkttitel zu ungünstigeren Konditionen als der Staat, und da die Verzinsung dieser Gelder in

[85] Vgl. *Schmitt* (1999, S. 49).
[86] Vgl. *Bucher* (1996, S. 70).
[87] Vgl. *Schmidt* (1994, S. 154 f.).

den Raten kalkuliert ist, erscheinen bei privater Leistungserstellung anfallende Zinsen als „Leasingraten“ im Bundeshaushalt. Die haushaltspolitischen Grundsätze von Sparsamkeit und Wirtschaftlichkeit erfordern zudem in ihrer Konsequenz den Nachweis, dass die unter Einbeziehung aller Komponenten günstigste Lösung gewählt worden ist.[88]

c) Steuerrechtliche Charakteristika

Die steuerliche Geltendmachung von Verlustzuweisungen in den ersten Jahren eines Projektes macht dieses Modell attraktiv für private Investoren. Diese spezielle Art von Steuerstundungen soll die Effektivrendite der Investoren erhöhen und ermöglicht der Projektgesellschaft eventuell doch die Kapitalbeschaffung zu einem unter dem allgemeinen Kapitalmarktzinsniveau liegenden Nominalzinssatz. Der Umfang der steuerlichen Stundung und der daraus erwachsenden Zinsermäßigung hängt letztlich von der Rechtsform der Projektgesellschaft und den individuellen Steuersätzen der Kapitalgeber ab.[89] Voraussetzung für die Inanspruchnahme steuerlicher Vorteile ist jedoch zunächst einmal die steuerliche Zuordnung des Projekts zu der Leasinggesellschaft. Allerdings ist dafür nicht das rechtliche Eigentum und dem Leasinggegenstand, also dem Verkehrsweg, ausschlaggebend, sondern das wirtschaftliche Eigentum.[90]

d) Bewertung

Der größte Vorteil dieses Modells basiert auf der Tatsache, dass die Leasinggesellschaft eine eigene, bautechnische Projektmanagementleistung von der Zielplanung bis zur schlüsselfertigen Übergabe des Projekts erbringen kann. Diese theoretisch und potentiell schnelle Abwicklung bedeutet im Hinblick auf die Dringlichkeit mancher Investitionen einen erheblichen Vorteil gegenüber der herkömmlichen traditionellen Verfahrensweise. Zudem wird ein Liquiditätsvorteil erreicht, eine Verstetigung der Bautätigkeit und eine Entlastung der Verwaltung.[91]

Hindernisse ergeben sich allerdings mit der Handhabung des Erbbaurechts, welches der Leasinggeber alleine aus bilanz- und steuertechnischen Gründen vor Baubeginn besitzen muss, dies aufgrund der entsprechenden Gesetzgebung

[88] Vgl. BMF (1991, S. 19 ff.).
[89] Vgl. *Schmidt* (1994, S. 158).
[90] Vgl. *Schmidt* (1994, S. 159).
[91] Vgl. *Schmidt* (1994, S. 160 f.).

aber erschwert wird.[92] Vom Leasing-Modell erhoffte man sich in erster Linie für den privaten Investor steuerliche Vorteile. Man ging davon aus, dass die Projektgesellschaft in der Anfangsphase der Projektrealisierung hohe Abschreibungsbeträge geltend machen und auf diese Weise Einkommen- bzw. Körperschaftsteuer sparen könne, so dass auch die vom Bund zu zahlenden Leasingraten entsprechend niedriger wären.[93] Dieses Ziel lässt sich allerdings nur erreichen, wenn die Objektgesellschaft als Leasinggeber berechtigt ist, die Kosten für den Bau der Straße abzuschreiben. Dies ist dann der Fall, wenn ihr das Leasinggut als Eigentum zugerechnet werden kann.[94]

2. Konzessionsmodell

a) Darstellung

Zur Erprobung von privatwirtschaftlichen Finanzierungsformen im Bereich des Baus von Bundesfernstraßen wird auch der Einsatz des Konzessionsmodells diskutiert.[95] Da die mit dem Leasing-Modell primär angestrebte Steuerersparnis nicht zu realisieren war (dazu Abschnitt D.II.1.), entschloss sich die Bundesregierung im Jahre 1992 zu einer Erprobung der Privatfinanzierung nach diesem Modell. Das Konzessionsmodell ähnelt dem Leasing-Modell, umgeht jedoch dessen steuerrechtliche Probleme.[96] Bei dieser Form der Einbeziehung privaten Kapitals verpflichtet sich ein Investor, ein bestimmtes Vorhaben auf Grundstücken, die im Eigentum des Bundes stehen, zu errichten und die Finanzierung im eigenen Namen durchzuführen.[97] Im Gegenzug erhält die private Projektgesellschaft hierfür vom Bund das Recht, das Verkehrsprojekt für einen bestimmten Zeitraum zu nutzen. Von diesem Nutzungsrecht, „der Konzession", leitet sich auch entsprechend der Name des Modells ab.[98] Gegenstand einer Konzession kann eine Bauleistung (Baukonzession) oder eine Dienstleistung (Dienstleistungskonzession) sein. Nach Fertigstellung des Vorhabens gibt die Gesellschaft in einem gesonderten Vertrag das Nutzungsrecht dem Bund gegen eine für einen festen Zeitraum vereinbarte, laufende

[92] Vgl. BMF (1991, S. 26 ff.).
[93] Vgl. *Schmitt* (1999, S. 50).
[94] Vgl. BMF (1991, S. 34).
[95] Vgl. *Lohrberg* (1993, S. 404).
[96] Vgl. *Schmitt* (1999, S. 53 f.).
[97] Vgl. BMF (1991, S. 41).
[98] Vgl. *Bucher* (1995, S. 73).

Entgeltzahlung zurück. Die Finanzierung ist überwiegend auf Fremdkapital und ohne die Nutzung besonderer steuerlicher Vorteile aufgebaut.[99]

b) Haushaltsrechtliche Charakteristika

Hinsichtlich einer haushaltsrechtlichen Betrachtung ergeben sich die gleichen Ergebnisse bezüglich des in Abschnitt D.II.1. vorgestellten Leasingmodells. Der dort erwähnte Haushaltsstrukturvorteil für die öffentliche Hand kann ebenfalls erzielt werden.[100] Das Nutzungsentgelt, welches vom Bund gezahlt wird, erfolgt entweder wie beim Leasing-Modell in Form fester Raten oder nutzungsabhängig, d. h. in Abhängigkeit von dem anhand automatischer Fahrzeugzählungen ermittelten Verkehrsaufkommen auf dem betreffenden Streckenabschnitt. Erfolgt eine Bemessung des Entgelts in Abhängigkeit der Nutzung, ergeben sich für den privaten Investor als auch für den Bund erhebliche Risiken: Übersteigt das Verkehrsaufkommen die anfänglichen Erwartungen, so führt dies zu zusätzlichen Belastungen des öffentlichen Haushalts. Für den Fall, dass das Aufkommen allerdings hinter den Prognosen zurückbleibt, wirkt sich das günstig für den Bundeshaushalt aus. Hier ist jedoch das Risiko gegeben, dass der private Investor nicht mehr in der Lage ist, seine Finanzierung durchzuführen.[101]

Die Realisierung dieses Modells führt ebenso wie das des Leasing-Modells nur zu einer vorübergehenden Entlastung des Staatshaushaltes. Über die Zahlung der Nutzungsentgelte tilgt der Bund die Bau- und Finanzierungskosten des privaten Investors. Dabei handelt es sich aber lediglich um eine Vorfinanzierung staatlicher Investitionen durch Private.[102] „Bei wirtschaftlicher Betrachtung kommt das Konzessionsmodell einer staatlichen Kreditaufnahme gleich, da der Bund mit den jährlichen Raten auch die Zinsen und die Tilgungsleistungen für die vom Investor zum Bau des Projektes aufgenommenen Kredite erbringt."[103]

c) Steuerrechtliche Charakteristika

Wie schon im obigen Abschnitt erwähnt, ist die Ausnutzung steuerlicher Abschreibungsmöglichkeiten mit diesem Modell für den privaten Investor nicht vorgesehen. Somit ergeben sich keine vergleichbaren steuerlichen Auswirkun-

---

[99] Vgl. BMF (1991, S. 29 ff.).
[100] Vgl. *Schmidt* (1994, S. 164).
[101] Vgl. *Schmitt* (1999, S. 55).
[102] Vgl. *Schmitt* (1999, S. 56).
[103] Ebenda.

gen. Dennoch kann gesagt werden, dass in steuerlicher Hinsicht ein so genannter Ratenkauf vorliegt, „da die Oberbauten des Verkehrsweges letztlich wie die Grundstücke im Bundeseigentum stehen.“[104]

d) Bewertung

Ähnlich wie beim Leasing-Modell findet auch bei dem Konzessionsmodell keine materielle Übertragung der Aufgabenwahrnehmung und der damit verbundenen Aufgabenbelastung in den privaten Bereich statt. Der private Investor übernimmt lediglich die Vorfinanzierung der von der öffentlichen Hand getätigten Investitionen. Das Konzessionsmodell bezweckt somit keine echte private Finanzierung öffentlicher Verkehrsinfrastrukturvorhaben, sondern stellt – wirtschaftlich betrachtet – eine Form der staatlichen Kreditfinanzierung dar.[105]

In erster Linie liegt der Vorteil des Konzessions-Modells darin, dass die entsprechenden Infrastrukturvorhaben, für die der Bundeshaushalt im aktuellen Haushaltsjahr keine Mittel zur Verfügung stellt, von privaten Investoren vorfinanziert werden kann. Somit ist eine frühere Finanzierung als bei der traditionellen Haushaltsfinanzierung möglich. Allerdings sind bei diesem Modell keine niedrigeren Kosten für die öffentliche Hand zu erwarten. Eine Finanzierung auf Grundlage des Konzessions- wie auch des Leasing-Modells ist regelmäßig teurer als eine staatliche Finanzierung. Dies liegt daran, dass die privaten Investoren in aller Regel nicht uneigennützig tätig sind. Hinzu kommt, dass private Investoren das Vorhaben nur zu einem geringen Teil aus eigenem Kapital finanzieren. Die Finanzierung erfolgt größtenteils über auf dem Kapitalmarkt aufgenommenem Kapital, welches die öffentliche Hand aus Bonitätsgründen zu günstigeren Konditionen als ein privater Investor erhalten würde.[106]

3. Betreibermodell

a) Darstellung

Das Betreibermodell bestimmt mittlerweile die Diskussion um einen Einsatz von privaten Unternehmen beim Bundesfernstraßenbau. Das Bundesministerium für Verkehr, Bau und Stadtentwicklung (BMVBS) wendet das Betreibermodell in zwei unterschiedlichen Formen an:

---

[104] Vgl. *Schmidt* (1994, S. 164).
[105] Vgl. *Bucher* (1995, S. 75).
[106] Vgl. BMF (1991, S. 32).

- Betreibermodell für den mehrstreifigen Autobahnausbau (A-Modell),
- Betreibermodell gemäß dem FStrPrivFinG (F-Modell).[107]

Unter dem so genannten „Betreibermodell" (auch „BOT – Build, Operate, Transfer" oder „Mautmodell" genannt) versteht man Modelle, bei denen private Unternehmen Verkehrsinfrastruktureinrichtungen finanzieren, bauen und betreiben und für die Inanspruchnahme von den Nutzern unmittelbar ein leistungsabhängiges Entgelt erhalten.[108] Die Besonderheit dieses Modells liegt darin, dass das private Unternehmen das Projekt vorfinanziert und die Refinanzierung der getätigten Investitionen, den aufzubringenden Kapitaldienst, über die von den Benutzern der Einrichtung zu zahlenden Maut erfolgt.[109] Aus diesem Grund kommt bei dem Modell eine vollständige Vorfinanzierung durch ein privates Unternehmen zum Tragen. Ebenso wie das Konzessionsmodell beruht das BOT-Modell auf der Erteilung einer Konzession, hat aber wie das Konzessionsmodell in Bezug auf die Vorfinanzierung der Investitionskosten nichts mit dem Vorfinanzierungsmodell gemeinsam. Durch die Finanzierung über Nutzergebühren trägt es zu einer nachhaltigen Entlastung des Haushalts bei und verlagert nicht – wie das Vorfinanzierungsmodell – Ausgaben der öffentlichen Hand in spätere Perioden.[110]

Bei einem Betreibermodell liegt die Verantwortung für den Bau (*Build*) und den Betrieb (*Operate*) eines Projektes lediglich in einer Hand, nämlich bei einer eigens für seine Realisierung gegründete Projektgesellschaft. Die Projektgesellschaft bleibt durch die Verantwortung für den Betrieb mit dem wirtschaftlichen Erfolg des Projektes fortwährend direkt verbunden. Nach Ablauf wird das Projekt an den Endnutzer, eine Institution der öffentlichen Hand, übertragen (*Transfer*). Der Begriff BOT stammt aus dem internationalen Geschäftsverkehr und ist in Deutschland als Form der Projektrealisierung bekannt.[111]

Die Rechtsbeziehungen im Rahmen eines Betreibermodells sind in Abbildung 2 zusammengefasst.

In einem ersten Schritt beinhaltet die Projektorganisation die Gründung einer so genannten Anschubgruppe. „Dieser obliegt die Aufgabe, sich um die Erteilung einer zeitlichen begrenzten Konzession für Finanzierung, Bau und Betrieb des Verkehrsweges zu bewerben, sowie Gesellschafter für die später zu gründende Projektgesellschaft zu gewinnen. Diese Projektgesellschaft fungiert zum

[107] Vgl. BMVBW (2003, S. 38).

[108] Vgl. BMF (1991, S. 22).

[109] Vgl. BMF (1991, S. 22) sowie *Schmitt* (1999, S. 64).

[110] Vgl. *Wolter* (2004, S. 11).

[111] *Wolter* (2004, S. 5 f.).

einen als Rechtsträger der vom Staat zu vergebenden Konzession, zum anderen ist sie Inhaber des Nutzungsrechts oder Eigentümer dieser Infrastruktureinrichtung."[112]

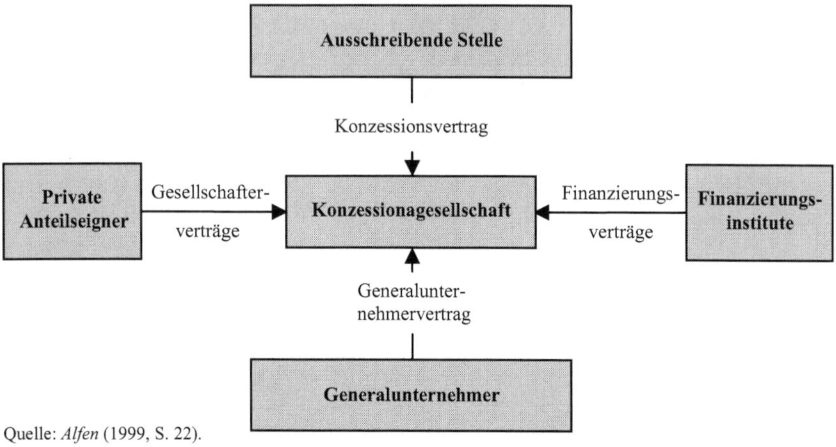

Quelle: *Alfen* (1999, S. 22).

Abbildung 2: Rechtsbeziehungen bei Betreibermodellen

Im Jahre 1994 wurde mit Verabschiedung des FStrPrivFinG die rechtliche Grundlage für die Einführung des Betreibermodells als sog. F-Modell geschaffen und somit auch die grundlegende Voraussetzung für private Betreibermodelle im Straßenbau in Deutschland.[113] Dieses Modell geht eigentlich zurück auf eine Initiative des Niedersächsischen Wirtschaftsministeriums im Jahre 1979 und wurde für den Bereich der Abwasserbeseitigung entwickelt.[114]

Mit der Einführung der streckenbezogenen Lkw-Maut zum 1. Januar 2005[115] ist daneben auch das so genannte A-Modell möglich geworden. Dabei werden

[112] Vgl. *Schmidt* (1994, S. 149).

[113] Vgl. *Bucher* (1995, S. 76); siehe auch *Ewers / Alfen* (2000, S. 39).

[114] Vgl. *Spelthahn / Steger* (1992, S. 62 ff.).

[115] Rechtsgrundlage für die Mauterhebung auf Bundesautobahnen ist das „Gesetz über die Erhebung von streckenbezogenen Gebühren für die Benutzung von Bundesautobahnen mit schweren Nutzfahrzeugen" (Autobahnmautgesetz für schwere Nutzfahrzeuge – ABMG, BGBl. I 2004, S. 3122). Es wird ergänzt durch die „Verordnung zur Festsetzung der Höhe der Autobahnmaut für schwere Nutzfahrzeuge" (Mauthöheverordnung, BGBl. I 2003, S. 1001) und durch die „Verordnung zur Erhebung, zum Nachweis der ordnungsgemäßen Entrichtung und zur Erstattung der Maut" (Lkw-Maut-Verordnung, (BGBl. I 2003, S. 1003), die vorwiegend technische Fragen regelt. Europarechtlich wird die Lkw-Maut durch die sog. „Eurovignetten-Richtlinie" 99/62 determiniert – siehe Europäische Gemeinschaft (1999).

der Ausbau zusätzlicher Fahrstreifen, Erhaltung und Betrieb aller Fahrstreifen sowie die Finanzierung an Private übertragen. Die Refinanzierung erfolgt aus dem jeweiligen Mautaufkommen von schweren Lkw sowie durch eine staatliche Anschubfinanzierung, die ca. 50 % der sonst üblichen Baukosten betragen soll.

Die beiden Modelle zeichnen sich durch einige Gemeinsamkeiten aus: Die Infrastrukturverantwortung des Bundes und der Länder bleibt durch die Betreibermodelle unberührt. Ferner können die Betreibermodell-Projekte nur im Einvernehmen mit den Ländern durchgeführt werden. Darüber hinaus sollen sie nur einen vergleichsweise geringen Anteil des Gesamtnetzes der Bundesfernstraßen umfassen. Der Fortbestand der Auftragsverwaltung nach Art. 90 Abs. 2 Grundgesetz ist grundsätzlich gewährleistet. Bei beiden Modellen ist eine zeitliche Befristung der Konzession vorgesehen.[116] Die Einführung des A-Modells ist unabhängig vom FStrPrivFinG.[117]

Die nachstehende Abbildung 3 zeigt die Projektstruktur beim F-Modell im Unterschied zum A-Modell auf.

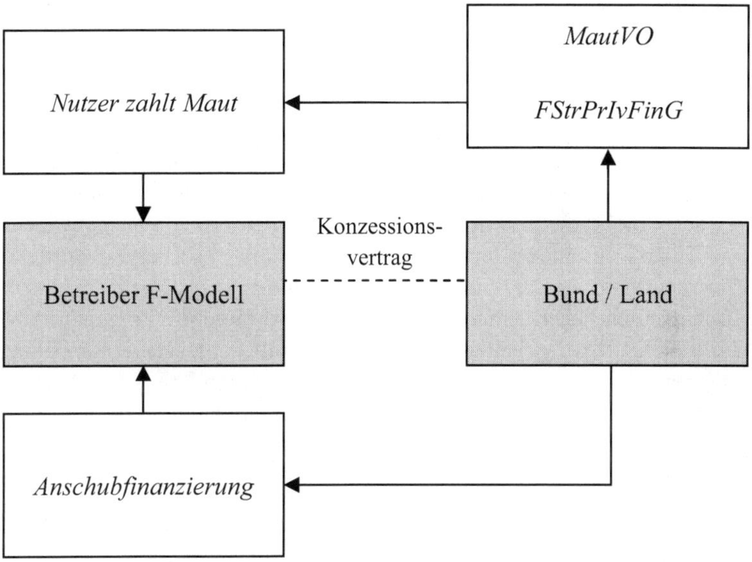

Quelle: Lovells (2004, S. 7).

Abbildung 3: Projektstruktur beim F-Modell

[116] Vgl. BMVBW (2004).

[117] Vgl. Deutscher Bundestag (2004, S. 26).

Wesentliches Unterscheidungsmerkmal ist, dass beim F-Modell der Betreiber der Strecke *selbst* die Maut, und zwar von *allen* Nutzern der *jeweiligen* Strecke, erhebt und das eingezogene Gebührenaufkommen als Gegenleistung für Bau und Betrieb der Strecke einbehält. Beim A-Modell werden nur Mauteinnahmen von Lkw – und zwar ohne konkreten Streckenbezug – umverteilt.

b) Haushaltsrechtliche Charakteristika

Durch die Bereitstellung von Verkehrsinfrastruktur mittels des Betreibermodells soll ebenfalls der Vorteil der öffentlichen Haushaltentlastung erreicht werden. Bedenken von Seiten des Haushaltsrechts bestehen bei der Durchführung des Betreibermodels nicht, solange die Refinanzierung der Projekte ausschließlich über Nutzungsentgelte erfolgt und somit öffentliche Haushaltsmittel und/oder Bürgschaften zur Abdeckung oder Absicherung möglicher Verluste der Betreiber nicht eingesetzt werden.[118] Dieser Anspruch geht in dieselbe Richtung wie die Tatsache, dass von einer echten privaten Finanzierung ohnehin nur dann gesprochen werden kann, wenn das Risiko voll von den Privaten übernommen wird.[119]

c) Steuerrechtliche Charakteristika

Hindernisse aus steuerlicher Sicht werden nach *Schmidt* (1994) nicht gesehen. Einzig bedeutsam sei die Notwendigkeit einer Gewinnerzielungsabsicht seitens der Objektgesellschaft. Diese liegt vor, wenn davon ausgegangen werden kann, dass zumindest langfristig die Erzielung positiver Einkünfte unterstellt werden kann. Ist dies nicht der Fall, so sind etwaige Verluste der Objektgesellschaft nicht anerkennungsfähig, Verlustvorträge in Folgejahren wären nicht möglich.[120] Bei privaten Unternehmen sollte eine Gewinnerzielungsabsicht regelmäßig angenommen werden können, während bei staatlicher Durchführung mit der Absicht, haushaltsrechtliche Schranken zu umgehen, durchaus bewusste Verluste vorstellbar wären.[121]

---

[118] Vgl. *Höfling* (1995, S. 145).

[119] Vgl. BMF (1991, S. 16 ff.).

[120] Vgl. *Schmidt* (1994, S. 153).

[121] Vgl. BMF (1991, S. 17).

d) Bewertung

Vor allem im Ausland wird das Betreibermodell vielfach angewandt. Die regelmäßig im Zusammenhang mit eigens gegründeten Gesellschaften durchgeführten Infrastrukturprojekte haben das Ziel einer schnelleren Projektrealisierung durch eine budgettechnische Entkoppelung vom allgemeinen Haushalt erreicht. Allerdings ist zu bemängeln, dass oftmals die Finanzierung des Kapitaldienstes nicht gelungen ist und die staatliche Unterstützungen bzw. Übernahmen notwendig waren. In Bezug auf das deutsche Bundesfernstraßennetz käme nach *Schmidt* (1994) angesichts der hohen Anzahl von Zu- und Abfahrten die Realisierung des Betreibermodells nur bei der Installierung von elektronischen Mauterhebungstechniken in Betracht.[122] Die weitere Bewertung des Betreibermodells in Bezug auf das in Deutschland angewandte F-Modell ist in Kapitel F. vorgesehen, so dass auf einen höheren Detailgrad hier verzichtet werden kann.

III. Zusammenfassung

Im Folgenden werden nochmals kurz die in Kapitel C. bzw. D. aufgezeigten Finanzierungsmodelle im Überblick dargestellt. Dazu gibt die folgende Tabelle 4 einen Überblick über die wichtigsten Merkmale der Finanzierung, der Erstellung und des Betriebs im Unterschied zwischen öffentlicher Hand und Privatwirtschaft.

Tabelle 4

Finanzierungsmodelle für Infrastrukturinvestitionen

	Klassisches Finanzierungs-Modell		**Leasing- bzw. Konzessions-Modell**		**Betreiber-Modell**	
	Staatlich	Privat	Staatlich	Privat	Staatlich	Privat
Finanzierung	•			•		•
Erstellung	•			•		•
Betrieb	•		•			•

Quelle: eigene Darstellung; siehe auch *Willms* (1998, S. 36) sowie *Alfen* (1999, S. 20).

[122] Vgl. *Schmidt* (1994, S. 152).

E. Gegenüberstellung privater und öffentlicher Finanzierung

I. Vorbemerkung

Angesichts einer zunehmenden öffentlichen Verschuldung, einer nachhaltig angespannten Haushaltslage und dem wachsenden Anteil der Erhaltungs- und Erneuerungskosten am Verkehrsbudget ist der Staat in den letzten Jahren nicht in der Lage gewesen, die Ausgaben für notwendige Verkehrsinfrastrukturinvestitionen zu steigern. Die Mobilisierung privaten Kapitals für Infrastrukturzwecke ist vor diesem Hintergrund in erster Linie fiskalisch motiviert. Inwieweit durch die Einschaltung privater Akteure über die fiskalische Entlastung öffentlicher Budgets hinaus aber auch Effizienzvorteile einer Privatisierung realisiert werden können, ist Gegenstand des nachfolgenden Kapitels.

Für eine Aufgabenverlagerung hin zum privaten Sektor könnten nämlich auch Argumente einer verbesserten allokativen Effizienz sprechen. Einem Effizienzvergleich (E.III.) bei der Realisierung von verkehrsbezogenen Infrastrukturprojekten vorangestellt werden zunächst die in der Literatur häufig beschriebenen Vorteile einer privatwirtschaftlichen Lösung (E.II.).[123] Im Zentrum der Effizienzüberlegungen stehen dabei Fragen der optimalen Risikoallokation zwischen öffentlicher Hand und Privaten (E.IV.).

II. Die Vorteile einer privatwirtschaftlichen Realisierung im Überblick

Die zaghaften Privatisierungsschritte in der Bundesrepublik Deutschland seit Beginn der 90er Jahre basieren im Wesentlichen auf der einleitend dargestellten Problematik der Finanzierung durch die öffentliche Hand bei anhaltend schwieriger Haushaltssituation. Sie sind mithin fiskalisch motiviert. Unabhängig davon lassen Privatisierungen aber auch allokative Vorteile einer effizienten Bereitstellung des Güterangebots im Straßenwesen erwarten. Durch eine (zumindest teilweise) privatwirtschaftliche Errichtung von Bundesfernstraßen könnte es gerade auch unter Effizienz- und Risikotransfergesichtspunkten sinnvoll

---

[123] Siehe hierzu detailliert vor allem die modelltheoretische Analyse von *Willms* (1998).

sein, dringend erforderliche und politisch erwünschte Strecken, die wegen anderer politischer Prioritäten öffentlich nicht oder erst wesentlich später gebaut werden könnten, nunmehr privat zu finanzieren. So soll mittels einer Privatisierung auch eine effizientere Betriebsführung und eine Erweiterung des „Dienstleistungsangebots" für den Nutzer von Bundesfernstraßen erreicht werden.[124]

Von der Bundesregierung wurde im Jahre 1999 die so genannte „Pällmann-Kommission"[125] einberufen, die in erster Linie nach neuen Wegen der zusätzlichen Aktivierung privaten Kapitals suchen sollte. Die Kommission stellte zunächst fest, dass der seinerzeit gültige Bundesverkehrswegeplan zu rund 25 Prozent unterfinanziert ist.[126] Weiterhin sei privates Kapital unter akzeptablen Bedingungen nicht annähernd in einem Umfang zu aktivieren, der die bisher übliche Haushaltsfinanzierung so weit ergänzen könnte, um die tatsächlich erforderlichen Mittel für eine qualifizierte Entwicklung und Erhaltung der Infrastruktur zu gewährleisten. Zur Lösung des Problems schlug die verkehrsträgerübergreifende Kommission vor, von der traditionellen Steuerfinanzierung auf eine Finanzierung durch den Verkehrsinfrastrukturnutzer mittels Maut (bzw. Nutzungsentgelt) umzustellen, soweit das unter den spezifischen Bedingungen der einzelnen Verkehrsträger möglich ist.[127]

Nach der *Pällmann*-Kommission hätte die Aktivierung privaten Kapitals zunächst die folgenden allgemein formulierten Vorteile:[128]

- Abkopplung der Finanzierung von den Einflüssen des Haushalts,
- direkter Bezug von Benutzung und Bezahlung (Finanzierung der Wegekosten nach dem Äquivalenzprinzip),
- Trennung von Steuer- und Wegekostendiskussion,
- adäquate Einbeziehung ausländischer Infrastrukturnutzer.

Ferner hielt es die Kommission für unbedingt erforderlich, dass ein entsprechendes zu definierendes und zu verabschiedendes Straßenbaufinanzierungsgesetz die Zweckbindung der Nutzerentgelte für den Straßenbau festlege.[129]

Privatwirtschaftliche Lösungen im Infrastrukturbereich sind weltweit in erster Linie aufgrund finanzieller Engpässe der öffentlichen Hand motiviert.[130] Bedeutender für einen dauerhaften Erfolg und die Sicherung ihrer Akzeptanz wäre

[124] Vgl. *Lohrberg* (1993, S. 401 f.).

[125] Auch bekannt als „Kommission Verkehrsinfrastrukturfinanzierung".

[126] Vgl. *Ullrich* (2002b, S. 165).

[127] Vgl. *Kossak* (2004, S. 246).

[128] Vgl. *Keppel / Hinrichs* (2000, S. 263).

[129] Vgl. *Ullrich* (2002b, S. 165).

[130] Vgl. *Alfen* (1999, S. 24).

jedoch, dass Privatfinanzierungen neben der Reduzierung des staatlichen Mittelbedarfs ihre eigentlichen Stärken im allokativen Bereich entfalten – in Gestalt von Vorteilen für die öffentliche Hand, vor allem die Steuerzahler, und auch für die Nutzer selbst.

Aus finanzwissenschaftlicher Sicht verbinden sich mit der Anwendung von nutzerfinanzierten Betreibermodellen in erster Linie Vorteile des Äquivalenzprinzips der Einnahmebeschaffung:[131] Die Kosten werden hier direkt den Nutz(nieß)ern, verursachungsgerecht für Pkw und Lkw, und nicht nach Maßgabe der Lastverteilungsregeln des Steuersystems einer breiten Masse von Steuerzahlern angelastet. Nutzerfinanzierung von Verkehrswegen impliziert damit eine stärkere Akzentuierung des Äquivalenzprinzips bei der Staatsfinanzierung und liegt insoweit im Trend eines „Gebührenstaates", der zunehmend den modernen Steuerstaat zu bedrängen scheint.[132] Das Äquivalenzprinzip wird teils unter dem Gerechtigkeits-, vor allem aber unter dem Allokationsaspekt als vorteilhaftig angesehen. Es erscheint „gerecht", soweit die einzelnen Verkehrsinfrastrukturnutzer nur in dem Maße zu einer Zahlung verpflichtet werden, wie ihnen auch „Gegenleistungen" zukommen (Konzept einer „Tauschgerechtigkeit" oder *iustitia commutativa*). Andererseits wird Äquivalenzfinanzierung als vorteilhaft angesehen, weil durch die Verknüpfung von Leistung und Kosten Budgetentscheidungen rationaler und zugleich an den Präferenzen der Nachfrager ausgerichtet werden; die Nachfrage selbst muss von Fiskalillusion bei der Bereitstellung öffentlicher Güter Abstand nehmen, also der Vorstellung, staatlich unentgeltlich bereitgestellte Infrastrukturgüter seien „kostenlos".

Das Leistungsfähigkeitsprinzip verknüpft hingegen die Einnahmen nicht direkt mit den Ausgaben, sondern stellt bei der Bemessung der Finanzierungsbeiträge allein auf die wirtschaftliche Leistungsfähigkeit der Steuerbürger ab.[133] Effizienzaspekten einer öffentlichen Güterbereitstellung kann so nicht genügt werden. Das politische Angebot wird von Präferenzen und Zahlungsbereitschaften der Nachfrage abgekoppelt; die Nachfrager wiederum artikulieren einen der Sättigungsmenge entsprechenden, ineffizienten Bedarf an Verkehrsinfrastruktur.

Zusammenfassend ergibt sich daher eine Vielzahl von Vorzügen privatwirtschaftlicher Lösungen speziell in Gestalt von Betreibermodellen:

---

[131] Hierzu grundsätzlich *Hansjürgens* (2001), mit Blick auf die Finanzierung der Verkehrsinfrastruktur speziell auch Bundesverband Deutscher Banken (2004, S. 19) und *Alfen* (1999, S. 25 f.).

[132] Siehe zu den Tendenzen eines zunehmend Kontur gewinnenden Gebührenstaates im Überblick die Beiträge in *Sacksofsky / Wieland* (2000); aus ökonomischer Sicht *Hansjürgens* (2001).

[133] Ausführlicher zu diesem Thema siehe auch *Andel* (1998) sowie *Hansjürgens* (1998).

- Mittels des Einsatzes von Betreibermodellen können Verkehrsinfrastrukturprojekte zeitlich früher begonnen werden und schneller durchgeführt werden;
- die wahren Kosten der Bereitstellung von Infrastruktur werden transparent gemacht (Abbau von Fiskalillusion), woraus marktgerechtere Lösungen resultieren, aber auch einer Übernachfrage entgegengewirkt wird;
- insbesondere die Risiken, die zuvor im Wesentlichen „unsichtbar" (nämlichpauschal vom Steuerzahler) getragen wurden, werden transparent gemacht und zu einem großen Teil auf Private übertragen und dabei effizient bearbeitet;
- die durch die Betreibermodelle vorgegebenen Projekt- und Vertrags-Mechanismen führen zu einer stärkeren Absicherung von Zeit, Kosten und Qualität und damit zu finanzierbaren Lösungen;
- schon bei Planung und Bau, insbesondere aber beim Betrieb von Infrastrukturanlagen können Private in der Regel flexibler auf Änderungen von Rahmenbedingungen eingehen und verfügen daher über effizientere Gestaltungsmöglichkeiten bei Organisation und Management.

III. Effizienzansprüche an eine Privatisierung der Infrastrukturbereitstellung

Unter dem Aspekt der Allokationspolitik ist es erforderlich, dass die Bereitstellung öffentlicher Verkehrsinfrastruktur mit den geringsten gesamtwirtschaftlichen Kosten (Kosteneffizienz) sowie den Präferenzen der Bürger entsprechend (Struktureffizienz) erfolgt.[134] Die verschiedenen Möglichkeiten der öffentlichen und privaten Realisierung legen die Frage nach einem Effizienzvergleich zwischen der Bereitstellung durch die öffentliche Hand und der Privatwirtschaft nahe, um festzustellen, mit welchen Mitteln die gesamtwirtschaftlich sinnvollste Lösung herbeigeführt werden kann.

Ein wesentlicher Vorteil einer Realisierung von Verkehrswegen durch private Organisationen liegt darin, dass sie von politischen und haushaltsrechtlichen Restriktionen stärker unabhängig ist als die öffentliche Realisierung.[135] Zudem scheinen gesamtwirtschaftliche größere Investitionen möglich, und zwar auch solche Vorhaben, die zwar nicht betriebswirtschaftlich rentabel sind, wohl aber unter volkswirtschaftlichen Gesichtspunkten unter Einschluss sozialer Kosten und Nutzen. Die Übersetzung volkswirtschaftlicher Rentabilität in ein marktfä-

[134] Vgl. *Andel* (1998, S. 214, S. 504).

[135] Vgl. *Ewers / Alfen* (2000, S. 21).

higes Preis-Signal erfolgt in diesem Fall unter Zuhilfenahme staatlicher Unterstützungen und Rahmensetzungen.[136] Diese dienen unter dem Allokationsaspekt dazu, ganz bestimmte Tätigkeiten wie beispielsweise Aktivitäten mit positiven externen Erträgen zu fördern.[137] Die privatwirtschaftliche Realisierung ermöglicht zum einen eine sofortige Realisierung aller betriebswirtschaftlichen rentablen Infrastrukturvorhaben, zum anderen erhöht sie aber mit dem Einsatz privater Mittel die *quantitative*, die *zeitliche*, die *qualitative* sowie die *produktive Effizienz* des Verkehrssystems:[138]

- Die sog. *quantitative Effizienz* stellt sicher, dass das vorhandene Straßennetz mengenmäßig den Bedürfnissen der Nutzer entspricht. Ineffizienzen treten hier auf, wenn und soweit potentielle Fahrziele nicht abgedeckt, Zeitverluste durch Umwege verursacht und die Nachfrage auf weniger geeignete Verkehrsmittel abgedrängt werden.
- Höhere Effizienz kann jedoch auch durch Verbesserungen in der Qualität des Verkehrssystems erreicht werden (qualitative Effizienz).
- Die Berücksichtigung der zeitlichen Effizienz beschreibt die Flexibilität seitens der Privatwirtschaft, im Zeitverlauf schneller zu reagieren und damit entsprechenden Verzögerungen im Vergleich mit der Realisierung durch die öffentliche Hand aus dem Weg gehen.
- Ein weiteres wesentliches Ziel der privatwirtschaftlichen Realisierung von öffentlichen Infrastrukturvorhaben ist die Erhöhung der produktiven Effizienz: Private können bei Planung, Bau und Vertrieb von Fernstraßen erhebliche Kosteneinsparungen zwischen 10 und 24 % erzielen.[139] Produktive Effizienz umschreibt dabei den Vorteil einer privaten Erstellung von Infrastruktur, vermittels privater Organisationsformen und unter dem Eindruck des Marktwettbewerbs erhebliche Zeit- und Kosteneinsparungen zu realisieren.[140]

Zusätzlich ist die öffentliche Hand an „förmliche Regelwerke“ wie das Recht der öffentlichen Vergabe gebunden, das ein flexibles Verhandeln mit den Auftragnehmern auch dann kaum zulässt, wenn im Verlauf des Vergabeprozesses neue entscheidungsrelevante Informationen entstehen. Die öffentliche Hand ist außerdem oftmals geprägt von Ressortdenken, welches ein optimiertes Planen über mehrere Jahre hinweg verhindert. Ferner verfügt der öffentliche Sek-

---

[136] Vgl. *Ewers / Alfen* (2000, S. 21).

[137] Vgl. *Andel* (1998, S. 276). Siehe auch Abschnitt B.III. zur theoretischen Begründung der Bereitstellung von Verkehrsinfrastruktur.

[138] Vgl. *Ewers / Alfen* (2000, S. 21).

[139] Vgl. *Jacob / Kochendörfer* (2000, S. 57, 133).

[140] Vgl. *Jacob / Kochendörfer* (2000, S. 57, 133).

tor intern nur selten über entsprechende Sanktions- und Motivationsmechanismen.[141]

Hinzu kommt als wichtiger Faktor in Bezug auf die Steigerung der Effizienz die Bewältigung von Risiken bei Infrastrukturprojekten.[142] Wegen seiner hohen Bedeutung wird der optimale Risikotransfer im anschließenden Abschnitt gesondert betrachtet.

IV. Privatisierung und optimale Risikoallokation

Mit der Bereitstellung von öffentlicher Verkehrsinfrastruktur sind zahlreiche hohe Risiken verbunden.[143] Dies sind vor allem mögliche Planungs-, Bau- und Entwicklungs- sowie Betriebs- und Unterhaltungsrisiken.[144] Die Bedeutung der einzelnen Risiken ist stark abhängig vom jeweiligen Bauvorhaben. Daraus resultiert die Notwendigkeit der projektbezogenen Risikoidentifikation, Risikobewertung und des anschließenden Risikomanagements.

Kritischer Faktor für die betriebswirtschaftliche Vorteilhaftigkeit von Konzessionen für Straßeninfrastruktur ist die Allokation dieser Risiken.[145] Als „Risiko" gilt dabei eine Größe, deren Ergebnis unsicher ist und positiv bzw. negativ von einem Erwartungswert abweichen kann (Varianz). Die Folge sind risikobehaftete Zahlungsströme für den Investor. Unter „Risikoallokation" wird in diesem Zusammenhang die Festlegung verstanden, auf wessen Vermögens- bzw. Wohlfahrtsposition sich ein durch eine risikobehaftete Größe beeinflusster Zahlungsstrom auswirken soll, wer also den durch Realisierung von Risiken ausgelösten Ressourcenverzehr zu tragen hat. Die ökonomische Risikoallokationstheorie hat in ihren verschiedenen Anwendungsfeldern (institutionenökonomische Vertragstheorie, ökonomische Analyse des Rechts) Kriterien entwickelt, welchen Beteiligten bestimmte Risiken zuzuordnen sein sollen. Hierzu zählen die Konzepte des *cheapest cost avoiders* (optimaler Risikoträger ist derjenige, der das Risiko mit den geringsten Kosten steuern, d. h. vermeiden kann), des *cheapest insurers* (optimaler Risikoträger ist derjenige, der das Risiko am günstigsten versichern und damit streuen kann) und des *superior risk bearers* (ist das Risiko weder steuer- noch versicherbar, so gilt als optimaler Risikoträger derjenige Beteiligte mit dem höchsten informationellen Risikoauf-

[141] Vgl. *Ewers / Alfen* (2000, S. 23).

[142] Vgl. *Jacob* (2002, S. 5).

[143] Hierzu im Einzelnen unter G.II.1.

[144] Vgl. *Jacob* (2002, S. 7).

[145] Siehe z. B. *Irwin et al.* (1999), *Jacob / Kochendörfer* (2000), *Smith* (1997) oder *Tegner* (1998).

deckungspotential bzw. der größten Robustheit, z. B. durch interne Diversifizierung).[146]

Ausbau-Projekte wie beim A-Modell, bei denen Erfahrungswerte über einen Großteil der „risikobehafteten Größen“ aus Planung, Bau und Betrieb der betreffenden Streckenabschnitte vorliegen, weisen als sog. „Brownfield-Projekte“ gegenüber Neubauten wie bei den F-Modellen einen niedrigeren technischen Schwierigkeitsgrad sowie ein insgesamt reduziertes Risikoniveau auf.

Grundsätzlich lassen sich Risiken in die Kategorien unternehmerische, politische und Force-Majeure-Risiken unterteilen.[147] Üblich ist auch eine Unterteilung in „globale“ (politisch-rechtliche Risiken und Risiken höherer Gewalt) sowie „elementarer Risiken“ (wirtschaftliche und technische Projekt-Risiken).[148] Bei den Ereignissen höherer Gewalt („Force Majeure“) handelt es sich um Risiken, die definitionsgemäß außerhalb des Einflussbereichs der Projektbeteiligten stehen.

Bei *politischen* Risiken beeinflussen Entscheidungen der Politik zukünftige Zahlungsströme des Projektes. In der Literatur wird einheitlich die Auffassung vertreten, dass projektbezogene politische Risiken, wie Anordnung zur Mautsenkung oder verzögerte Fertigstellung einer komplementären Infrastruktur, nicht vom Konzessionär getragen werden sollten.[149] Über die Zuordnung der nicht-projektbezogenen politischen Risiken, wie die Variation der allgemeinen Unternehmenssteuersätze, und der Force Majeure-Risiken werden unterschiedliche Positionen vertreten.[150] Zu den *politischen* Risiken zählen u. a.

- grundlegende strukturelle Änderungen der staatlichen Verkehrspolitik, insbesondere hinsichtlich ökologisch motivierter Beschränkungen und deren Auswirkungen auf den Verkehrsträger Straße,
- verkehrs- und wirtschaftspolitisch bedingte veränderte Prioritätensetzung von projektrelevanten Quell- und Zielstandorten, veränderte Verkehrsplanungen,
- Veränderungen finanzpolitischen Rahmenbedingungen (vor allem der Steuer- und Abgabenpolitik) mit ihren Auswirkungen auf Verkehrsleistungen,
- rechtliche Risiken, die sich nicht zuletzt aus der Neuartigkeit der Betreibermodelle und des hierzu geschaffenen Bundes-Gebührenrechts ergeben.

---

146 Siehe hierzu einführend *Schäfer / Ott* (2005, S. 401 ff.).

147 Siehe z. B. *Kohnke* (2002, S. 149).

148 Hierzu eingehend *Limberger et al.* (2001, S. 207 ff.).

149 Siehe z. B. *Estache et al.* (2000) oder *Ewers / Tegner* (2000).

150 Siehe z. B. *Ewers / Tegner* (2000, S. 47); *Kerf* (1996, S. 26); *Irwin et al.* (1999, S. 231); *Limberger et al.* (2001, S. 207 ff.).

Die *unternehmerischen* Risiken lassen sich in Bau-, Betriebs-, Finanzierungs- und Einnahme- bzw. Verkehrsmengenrisiko gliedern. Unter dem Bau- und Betriebsrisiko werden Umstände zusammengefasst, die dazu führen, dass die zukünftigen Kosten für die Erstellung, den Erhalt und den Betrieb von den Planwerten abweichen. Zu den finanziellen Risiken zählen Unwägbarkeiten, die sich aus der Änderung einzelner Komponenten des Finanzierungskonzeptes ergeben, dazu gehören insbesondere die Entwicklung von Zinsen sowie die mögliche Insolvenz von Vertragspartnern. Da die Bau-, Betreiber- und Finanzierungsfunktion Hauptaufgaben des Konzessionärs verkörpern, sind diesem grundsätzlich auch die damit verbundenen Risiken zuzuordnen. Ansonsten fehlten dem Konzessionär jegliche Anreize, den in einer Ausschreibung angebotenen Kostenrahmen einzuhalten; zugleich würde das Ziel einer Vergabe, bei vorgegebenem Output das „günstigste" Angebot zu identifizieren, verfehlt. Weniger klar sind hingegen die Aussagen zur Allokation des besonders wichtigen Verkehrsmengenrisikos, d. h. des Risikos schwankender, rückläufiger bzw. insgesamt „unzureichender" Nachfrage nach einem Mautgut (dazu eingehend Abschnitt G.II.2.).

Risikorealisierung bedeutet Ressourcenverzehr und damit volkswirtschaftliche Kosten. Dem Ziel einer kostenminimalen Projekt-Realisierung entspricht daher die Bemühung um Begrenzung von Risiken durch eine „optimale" Risikoallokation. Wie zuvor beschrieben, lautet eine ökonomische Grundregel des effizienten Risikomanagements, dass die Allokation der Risiken so erfolgen soll, dass derjenige bestimmte Risiken übernimmt, der sie am besten steuern und damit vermeiden kann.[151] Dementsprechend sollte die öffentliche Hand „globale", allgemeine Risiken, die außerhalb der Einflusssphäre von Privaten liegen, tragen und die Privaten „elementare", auf das Projekt bezogenen Risiken.[152] Zu den globalen Risiken zählen Unsicherheiten im politischen, rechtlichen und gesamtwirtschaftlichen Datenkranz oder Umweltrisiken; elementare Risiken verkörpern dagegen Bau-, Betriebs-, Finanzierungs- und Ertragsrisiken.[153] Der Risikotransfer auf Private ist der Schlüssel zur Erzielung hoher Projekt-Effizienz. Die Risiken müssen daher identifiziert und optimal alloziiert werden. Empfehlenswert kann in diesem Zusammenhang die Einführung eines Risikomanagementsystems für die Abwicklung bzw. Realisierung des Bauvorhabens sein.[154]

---

[151] Vgl. *Jacob* (2002, S. 7).

[152] Vgl. *Alfen / Mayrzedt / Alfen* (2004, S. 13).

[153] Eine detailliertere Darstellung der verschiedenen Risiken erfolgt in Abschnitt G.II.1.; vgl. *Jacob / Kochendörfer* (2000, S. 59).

[154] Vgl. *Alfen / Mayrzedt / Alfen* (2004, S. 13).

Das Betreibermodell zeichnet sich dadurch aus, dass es unter den vorgestellten Modellen den größten Risikotransfer von der öffentlichen Hand auf die private Projektgesellschaft bedeutet. So liegen die finanziellen Risiken wie das Inflationsrisiko und das Zinsänderungsrisiko in der Regel gänzlich beim Betreiber. Auch das Konstruktionsrisiko und die Risiken des Betriebs sind von der Projektgesellschaft zu tragen.[155] Somit bietet nur das Betreibermodell der öffentlichen Hand eine echte und dauerhafte Entlastung ihres Haushaltes[156] und zugleich die Chance auf Verbesserung der Risikoallokation durch Transfer von Risiken auf Private. Den optimalen Risikotransfer von der öffentlichen zur privaten Seite verdeutlicht schematisch die folgende Abbildung 4.

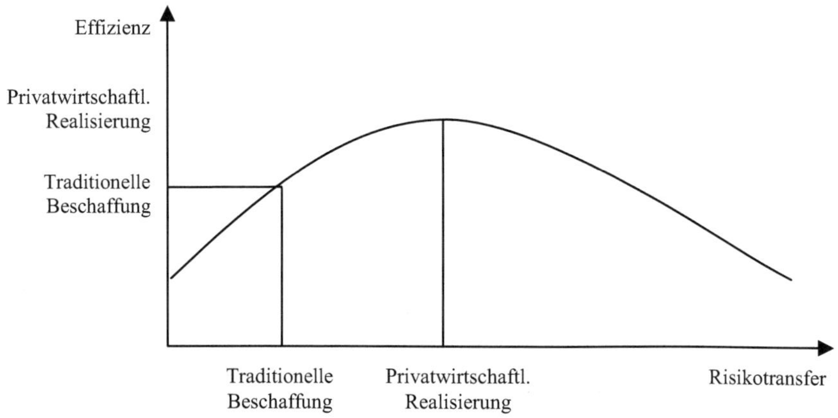

Quelle: *Jacob / Kochendörfer* (2000, S. 60).

Abbildung 4: Effizienzgewinne durch optimierten Risikotransfer

Aus Abbildung 4 geht hervor, dass auch ein zu hoher Risikotransfer ineffizient sein kann, da hohe Risikoaufschläge auf der privaten Seite erforderlich werden, die die Kostenvorteile überkompensieren. Das Preis-Leistungsverhältnis wird so für die öffentliche Seite negativ beeinflusst. Eine überwiegend öffentliche Tragung der Projektrisiken, wie sie für die traditionelle Steuer-Finanzierung charakteristisch ist, impliziert umgekehrt ebenfalls Effizienzeinbußen – als Folge der unzureichenden bürokratischen Steuerung elementarer Projektrisiken.

[155] Vgl. *Winkelmann* (2000, S. 155 f.).

[156] Vgl. *Alfen* (1999, S. 25).

Das Prinzip der Abbildung lässt sich auf die Risikoverteilung zwischen den Projektbeteiligten der privaten Seite übertragen. Damit ist gemeint, dass eine optimale Risikoverteilung insgesamt zu den niedrigsten Risikobewältigungskosten führt, was wiederum die Optimierung der Gesamtrentabilität nach sich zieht.[157]

V. Zusammenfassung

Die nachfolgende Tabelle 5 bietet eine Zusammenstellung gängiger Vor- und Nachteile der Privatisierung von Verkehrsinfrastruktur und stellt somit die Argumente für bzw. gegen eine Privatisierung öffentlicher Verkehrsinfrastruktur aus Sicht öffentlicher sowie privater Interessen nochmals zusammen.[158, 159]

Tabelle 5

Vor- und Nachteile von privatem Engagement

	öffentliche Interessen	**private Interessen**
pro Privatisierung	Haushaltsentlastung Erhaltung öffentlicher Pflichten Moderne Ausstattung Schnelle Realisierung Effizienzerhöhung Erhöhte Flexibilität Preis- und Kostenvorteile durch mehr Wettbewerb	Erschließung neuer Märkte Gewinnerzielung „Schlanker" Staat Sinkende Steuern und Abgaben Stabile Nachfrage Rückgang der Staatsquote Kapazitätsauslastung Konjunkturverstetigung Vorteile einer Äquivalenzfinanzierung in Hinsicht auf Distributions- und Allokationsziele

Fortsetzung nächste Seite

[157] Vgl. *Wolter* (2004, S. 43).

[158] Unter öffentlichem Interesse sind hier die öffentliche Hand bzw. der Bereich der politischen Akteure angesprochen, wohingegen bei den privaten Interessen vor allem die Infrastrukturnutzer bzw. die Privatwirtschaft gemeint sind.

[159] Dieser Darstellung lassen sich mühelos weitere Vor- und Nachteile sowohl aus Sicht der öffentlichen Hand als auch aus Sicht der Privatwirtschaft hinzufügen; siehe zum Beispiel *Scheele* (1993, S. 163 f.), der weitere 16 Vor- und 12 Nachteile aufführt.

Fortsetzung Tabelle 5

contra Privatisierung	Polit-ökonomisch: Politische Kosten durch Zerstörung von Fiskalillusion und Aufdeckung von Wegekosten Verzicht auf öffentliche Einflussnahme und Kontrolle Besitzstandwahrung Monopolisierung bei Aufgaben der Daseinsvorsorge	Erhöhte Risiken Gefahr staatlicher Konkurrenzinvestitionen Geringere Gewinnmargen Fehlender Wettbewerb Staatliche Preisvorgaben Distributive Nachteile einer Äquivalenzfinanzierung im Vergleich zum Leistungsfähigkeitsprinzip („soziale Gerechtigkeit")

Quelle: eigene Darstellung, nach *Berner / Benz* (2002, S. 4).

In den nachfolgenden Kapiteln ist nunmehr zu klären, welche Aspekte aus diesem Problempanorama bei der zögerlichen Inanspruchnahme des FStrPrivFinG eine Rolle gespielt haben und wie die möglichen Vorteile eines Betreibermodells gleichwohl gesichert werden könnten.

F. Erfahrungen mit Betreibermodellen im In- und Ausland, insbesondere dem FStrPrivFinG

I. Vorbemerkung

Wie zuvor geschildert, stellt das Betreibermodell nach dem FStrPrivFinG einen ersten deutlichen Schritt in Richtung privatwirtschaftlichen Engagements zur Bereitstellung von Straßeninfrastruktur in Deutschland dar. Mit einer solchen Lösung verbinden sich theoretisch, aber auch verkehrs- und finanzpolitisch hohe Erwartungen mit Blick auf Effizienz und Qualität der Infrastrukturbewirtschaftung. Es erhebt sich daher die Frage, inwieweit diese vielfältigen Erwartungen in der Praxis tatsächlich umsetzbar sind bzw. ob hierfür jeweils geeignete Rahmenbedingungen gegeben sind. Der folgende Abschnitt beschäftigt sich daher eingehend mit den bisher gesammelten Erfahrungen im Bereich mautfinanzierter Betreibermodelle.[160] Hierzu werden zunächst die im In- und Ausland gemachten privatwirtschaftlichen Erfahrungen mit Mautprojekten im Überblick beleuchtet (Abschnitt F.II.). Die im Bereich der F-Modelle in Deutschland geltenden Regelungen des FStrPrivFinG und ihre Qualität als geeigneter Rahmen für Betreibermodelle werden in Abschnitt F.III. erörtert. Ein Blick auf die nach dem FStrPrivFinG tatsächlich geplanten, abgeschlossenen und gescheiterten Projekte vermittelt schließlich in Abschnitt F.IV. eine erste Einschätzung hinsichtlich der Erfolgschancen derartiger Betreibermodelle.

II. Grundsätzliche Erfahrungen mit Mautprojekten im In- und Ausland

1. Privatfinanzierte Fernstraßen im Ausland

Während in Europa der moderne Straßenbau und -betrieb bis in die sechziger Jahre des 20. Jahrhunderts fast ausschließlich aus den allgemeinen Staatshaushalten finanziert wurde, ist in Nordamerika bereits vor 1920 die Erhebung von Mineralölsteuern und deren ausschließliche Zweckbindung eingeführt wor-

---

[160] Siehe hierzu auch *Gawel* (2005).

den.[161] Mit über 1.000 Mautstellen an rund 250 Mautbereichen sind die USA auf dem Sektor der traditionellen Erhebung von Straßenbenutzungsgebühren weltweit führend. Der überwiegende Anteil der Bemautung erfolgt dort zwischenzeitlich elektronisch – mit Mikrowellen-Technologie, Nummernschildererkennung etc. In vielen Ländern im europäischen Ausland sind privat finanzierte Fernstraßen seit fast 80 Jahren in Betrieb. Die längste Tradition mit privatfinanzierten Autobahnen in Europa hat Italien mit der Strecke „Mailand – Comer See", die im Jahre 1925 in Betrieb ging. Fernstraßen ohne Nutzergebühren gibt es in den Mitgliedstaaten der Europäischen Union nur noch in Finnland und Irland. In Italien und Frankreich werden bereits seit 1955 die Bau-, Finanzierungs- und Erhaltungskosten für rund 80 Prozent der Fernstraßen über Mauteinnahmen finanziert. In Italien betreiben derzeit 20 Autobahngesellschaften das Fernstraßennetz. Nur zwei davon sind in rein privater Hand. Analoge Verhältnisse sind in Frankreich anzutreffen. Dort gibt es neun Autobahngesellschaften in der Rechtsform einer Aktiengesellschaft, die bei einem Gesamtnetz von 8.490 km ein Netz von 6.490 km betreiben. Eine davon ist materiell privatisiert: Kreditinstitute, Finanzierungsgesellschaften und Bauunternehmen besitzen die Aktienmehrheit. In Spanien dauerte es bis 1965, bis die ersten Konzessionen vergeben wurden. Im Jahr 1998 gab es 2.083 mautpflichtige Strecken, die von insgesamt 17 Gesellschaften betrieben werden.

In Österreich wird (ebenso wie in Deutschland) der Bundesstraßenbau hauptsächlich von einer Bundesverwaltung getragen und aus einem zweckgebundenen Anteil am Mineralölsteueraufkommen finanziert. Die schlechte finanzielle Haushaltslage Österreichs führte aber auch in den 90er Jahren zu dem Schritt der Gründung von Sondergesellschaften privatrechtlicher Natur, welche zum Zwecke der Errichtung besonders aufwendiger Straßenabschnitte (Alpenpässe und Tunnel) gegründet wurden. Mittlerweile wird an 8 % des momentan in Betrieb befindlichen Autobahn- und Schnellstraßennetz eine spezielle Mautgebühr erhoben. Im Jahre 1997 hat Österreich dann die allgemeine Vignettenpflicht für alle Kraftfahrzeuge bis 3,5 t auf dem knapp 2.000 km umfassenden Bundesstraßennetz eingeführt.

Eine weitere besondere Mautart in Europa stellt die sog. „City-Maut" dar: Vorreiter der Einführung dieser bereits lange Jahre vorher vielerorts in Betracht gezogenen Maut waren in Europa die norwegischen Städte Oslo, Bergen und Trondheim. Anlass waren die sich zuspitzenden Verkehrsprobleme und der Mangel an Budgetmitteln für die erforderliche Investition in die Verkehrsinfrastruktur. Stockholm folgte 2006. Mittlerweile sind auch in einigen nicht-skandi-

---

[161] Hierzu im Einzelnen *Schmitt* (1999, S. 71–76, S. 112–123), *Alfen* (1999, S. 23 f.), *Ewers* / *Alfen* (2000, S. 8, S. 30–37) und *Kossak* (2004, S. 246–249).

navischen Ballungszentren wie London oder Bologna Road-Pricing-Systeme zur gezielten Lenkung der Verkehrsströme im City-Bereich anzutreffen.[162]

Allgemein kann gesagt werden, dass nach anfänglichen Verlusten die europäischen Mautgesellschaften mit längerer Geschichte heute weitgehend kostendeckend arbeiten, weil eine ursprünglich restriktive staatliche Gebührenpolitik aufgegeben wurde und eine marktgerechte Gebührenfestlegung möglich ist. Restriktionen des *road pricing* wurden dabei entscheidend gelockert.

Jenseits der Probleme, die ein internationaler Datenvergleich aufgrund ungleicher Begriffsdefinitionen, Bezugsgrößen etc. mit sich bringt, lassen sich zusammenfassend bestimmte Erfahrungswerte gewinnen. Frankreich, Italien, Spanien sowie in geringerem Umfang auch Österreich und die USA bedienen sich bei Autobahnbau und -finanzierung eigens gegründeter Gesellschaften. Nahezu alle diese Gesellschaften firmieren in der Rechtsform einer privaten Aktiengesellschaft. Wird jedoch ein Blick in die eigentliche Eigentümerstruktur, so überwiegen regelmäßig öffentliche Anteilseigner. Im Allgemeinen erfolgt durch die Einschaltung von speziellen Gesellschaften privater Natur lediglich eine Ausgliederung aus dem staatlichen Haushalt. Mit Hilfe dieser Vorfinanzierung war es möglich, haushaltsrechtliche Schranken zu umgehen, das Staatsbudget zu entlasten und notwendige Straßenbaumaßnahmen schneller zu realisieren.

Die Akzeptanz privater Modelle unter den Nutzern ist bei sorgfältiger Planung und intensiver Akzeptanzförderung grundsätzlich positiv. Dies zeigen Beispiele aus Frankreich und den USA, bei denen den Nutzern der Mehrwert des privatwirtschaftlichen Engagements sorgfältig und wirkungsvoll kommuniziert wurde. Solange allerdings die Erhebung von Maut auf bereits vorhandenen Infrastrukturen in Betracht gezogen wird, gibt es in der Regel erheblichen Widerstand der Betroffenen und deren Lobby. Gebührenbasierte Äquivalenzfinanzierungen heben die Fiskalillusion von steuerfinanzierten Mautgütern auf: Die Wegekosten werden aufgedeckt und verursachungsgerecht angelastet. In politischen Arenen formiert sich daher Widerstand gegen die Finanzierung. Politiker scheuen sich vielfach, Gebührenlösungen einzuführen, selbst wenn deren positive Wirkungen zweifelsfrei absehbar sind. Gewisse Akzeptanzverbesserungen treten dann ein, wenn ein direkter Zusammenhang zwischen Bezahlung und positiver Wirkung vorhanden und offenkundig ist.

[162] Das älteste City-Maut-System wurde in Singapur 1975 eingeführt, das 1998 beträchtlich erweitert wurde.

2. Bisherige Erfahrungen in Deutschland mit Mautlösungen

Der Vorschlag, private Straßen in privater Trägerschaft für den öffentlichen Verkehr bereitzustellen, bricht in Deutschland mit der bisherigen Tradition der Bereitstellung öffentlicher Straßen und unterscheidet sich in allen Bereichen von der traditionellen Vorgehensweise.[163] Diese Idee ist aber nicht neu, denn schon in der Vergangenheit hat sie eine wichtige Rolle gespielt. 1927 legte der „Verein zur Vorbereitung der Autostraße Hansestädte Frankfurt-Basel" (HAFRABA) einen Entwurf einer solchen Nord-Süd-Autobahn vor.[164] Das Projekt sollte durch die Bereitstellung einer Privatstraße für den öffentlichen Verkehr realisiert werden. Durch ein von den Benutzern entrichtetes privatrechtliches Entgelt sollte das eingesetzte Privatkapital gedeckt werden. Die Idee konnte sich aber zu dieser Zeit nicht durchsetzen, da auf der politischen Ebene von der damaligen Reichsregierung die Auffassung vertreten wurde, dass es sich bei der geplanten Autostraße um einen öffentlichen Weg handle, so dass eine Erhebung eines privatrechtlichen Entgeltes nicht in Betracht käme.[165]

Mit der Einführung der streckenbezogenen Lkw-Maut zum 1. Januar 2005 wurde auch das sogenannte „A-Modell"[166] möglich: Dabei werden der Ausbau zusätzlicher Fahrsteifen, Erhaltung und Betrieb aller Fahrstreifen sowie die Finanzierung an Private übertragen. Das private Unternehmen erhält einen Konzessionsvertrag mit der Laufzeit von 30 Jahren innerhalb dessen er die Strecke zu betreiben und zu unterhalten hat und diese nach Ablauf der Konzessionslaufzeit in einem vorher definierten Zustand an die öffentliche Hand zurückgeben muss. Die Refinanzierung erfolgt ausschließlich aus dem jeweiligen Mautaufkommen von schweren Lkw, welches sich in Abhängigkeit vom späteren Verkehrsaufkommen in Höhe von derzeit mindestens 14,1 Cent pro gefahrenem Kilometer errechnet,[167] sowie durch eine staatliche Anschubfinanzierung, die ca. 50 % der sonst üblichen Baukosten betragen soll. Mit Stand 2004 waren zunächst 12 Projekte mit einer Gesamtlänge von 523 km für einen Ausbau vorgesehen.[168] Dies entsprach ca. 4,4 % des deutschen Autobahnnetzes. Problematisch hierbei ist, dass die Vergabe der ersten Konzession ursprünglich bereits für 2003 angedacht war, musste aber aufgrund von Verzögerungen bei der Vorbereitung der Projekte sowie rechtlicher und technischer Probleme auf 2005

---

[163] Vgl. *Bucher* (1996, S. 88).

[164] Vgl. *Kaftan* (1955, S. 81).

[165] Vgl. *Bucher* (1996, S. 88) und *Kaftan* (1955, S. 113).

[166] Das A steht für „Ausbau-Modell".

[167] Siehe § 1 MautHV (Verordnung zur Feststellung der Höhe der Autobahnmaut für schwere Nutzfahrzeuge).

[168] Zu einer ausführlichen Darstellung des A-Modells siehe BMVBW (2004).

verschoben werden.[169] Alleine der verzögerte Start des A-Modells hatte zur Folge, dass eingeplante 2,1 Milliarden Euro, die für geplante Infrastrukturprojekte eingesetzt werden sollten, nicht zur Verfügung stehen.[170]

Mit dem im Jahre 1994 verabschiedeten FStrPrivFinG sind Projekte nach dem F-Modell möglich. Seither wurden für zwei Projekte (Warnowquerung in Rostock sowie Travequerung in Lübeck) Konzessionen nach dem F-Modell vergeben (siehe Abschnitt F.IV.1. und Abschnitt F.IV.2.). Beide Projekte sind bereits kurz nach ihrer Inbetriebnahme finanziell notleidend geworden.

Die geringe Anzahl der bisher durchgeführten Projekte erklärte sich vor allem aus dem bisher sehr begrenzten Anwendungsbereich des Gesetzes heraus: Aufgrund der zum Zeitpunkt der Verabschiedung des Gesetzes greifenden Sperrwirkung der EU-Richtlinie 62/99/EG „über die Erhebung von Gebühren für die Benutzung bestimmter Verkehrswege durch schwere Nutzfahrzeuge" (sog. Eurovignetten-Richtlinie) konnten seinerzeit nur Neubauten von Brücken, Tunneln und Pässen sowie neue mehrspurige autobahnähnliche Bundesstraßen nach dem Modell finanziert und durchgeführt werden.[171] Die EU-Richtlinie sieht die Erhebung zeitabhängiger Straßenbenutzungsgebühren *oder* nutzungsabhängige Mauten vor, wobei eine gleichzeitige Erhebung mit Ausnahme von Brücken, Tunneln oder Gebirgspässen untersagt ist. Da in Deutschland wegen der seit 1995 für Lkw eingeführten Vignette (= zeitabhängige Gebühr) eine allgemeine Streckenmaut europarechtlich ausgeschlossen war, beschränkte sich das FStrPrivFinG auf sog. Ingenieur-Bauwerke und mehrstreifig ausgebaute „Bundesstraßen mit getrennten Fahrbahnen für den Richtungsverkehr". Hintergrund der europarechtlichen Ausnahme für die Ingenieur-Bauwerke sind die besonders hohen Kosten in diesem Bereich.[172] Obwohl mit der Abschaffung der Lkw-Vignette die europarechtlichen Voraussetzung für eine allgemeine Bemautung in Deutschland seit einiger Zeit vorliegen, bleibt das FStrPrivFinG – auch nach seinen Novellierungen 2002 und 2005 (dazu unten F.III.) – bei seiner ursprünglichen Beschränkung auf besondere Netzobjekte.

Als schwerer Rückschlag für das F-Modell ist zu werten, dass im Jahr 2003 bei der so genannten Strelasundquerung (siehe Abschnitt F.IV.3.) die Vergabe einer dritten Konzession gescheitert ist. Das Projekt wurde sodann aus öffentlichen Mitteln finanziert. Im Falle der sog. Hochmoselquerung wurde einer Klage des BUND vor dem Oberverwaltungsgericht Rheinland-Pfalz gegen den

[169] Vgl. Spiegel-Online (2004a).

[170] Vgl. Spiegel-Online (2004b).

[171] Vgl. *Beckers / von Hirschhausen* (2003b, S. 5 ff.), Handelsblatt (2003, S. 4).

[172] So kostet etwa ein Meter Tunnelbau bis zu 300 T€, wohingegen ein Meter gewöhnliche Autobahn mit ca. 5,8 T€ vergleichsweise günstig anmutet – siehe SZ (2006, S. 7).

Planfeststellungsbeschluss für den betreffenden Bauabschnitt teilweise stattgegeben; hierdurch kam es zu einer zeitlichen Verzögerung von mehr als einem Jahr.[173] Zusätzlich wurde im Frühjahr 2004 auf Grund von Mängeln in der Umweltverträglichkeitsprüfung das sog. Präqualifikationsverfahren für die Hochmoselquerung zunächst aufgehoben.[174] Der Planfeststellungsbeschluss wurde überarbeitet und im Rahmen eines erneuten Planfeststellungsverfahrens als ergänzender Planfeststellungsbeschluss festgestellt, gegen welchen der Bund für Umwelt und Naturschutz Deutschland (BUND) erneut, aber erfolglos klagte. Der achte Senat des Oberverwaltungsgerichts Rheinland-Pfalz hat die Klage der Umweltschutzorganisation gegen den Planfeststellungsbeschluss zum Hochmoselübergang am 22. November 2007 abgewiesen und die Revision zum Bundesverwaltungsgericht nicht zugelassen.[175] Gleichwohl wurde dann 2009 ebenfalls eine Realisierung aus öffentlichen Mitteln beschlossen und damit eine Konzessionierung über das F-Modell endgültig verworfen.

III. Die gesetzliche Grundlage für die F-Modelle

1. Das im Jahre 1994 verabschiedete FStrPrivFinG

Das Gesetz über den Bau und die Finanzierung von Bundesfernstraßen durch Private (FStrPrivFinG) wurde am 30. August 1994 verkündet und trat einen Tag später in Kraft. Hintergrund des Gesetzes war die EU-Richtlinie 93/98/EWG (nunmehr 99/62). Nach der Richtlinie ist es den Mitgliedsstaaten möglich, zeitabhängige Straßenbenutzungsgebühren oder nutzungsabhängige Mauten zu erheben.[176] Eine gleichzeitige Erhebung von Straßenbenutzungsgebühren und Maut ist nicht zulässig, mit Ausnahme von Brücken, Tunneln und Gebirgspässen im Zuge von Bundesautobahnen und Bundesstraßen.[177] Da in Deutschland mit der seit 1995 für Lkw notwendigen Vignette bereits eine zeitabhängige Gebühr eingeführt ist, beschränkt sich das Gesetz folgerichtig auf derartige Bauwerke und mehrstreifig ausgebaute „Bundesstraßen mit getrennten Fahrbahnen für den Richtungsverkehr“. Hintergrund der EU-rechtlichen

---

[173] Vgl. Deutsche Bank Research (2003, S. 5) und *Eitel* (2004).

[174] Vgl. Hauptverband der Deutschen Bauindustrie (2004).

[175] Die durch den BUND dagegen eingelegte Nichtzulassungsbeschwerde wies das Bundesverwaltungsgericht am 17. Juli 2008 zurück.

[176] Vgl. *Keppel / Hinrichs* (2000, S. 260).

[177] Hierunter werden lediglich autobahnähnlich ausgebaute – zweibahnige – Bundesstraßen verstanden. Siehe *Keppel / Hinrichs* (2000, S. 260).

Einschränkung ist die Feststellung, dass die Errichtung dieser Bauwerke mit besonders hohen Kosten verbunden ist.[178]

Beim F-Modell sind grundsätzlich zwei Verfahrens-Varianten möglich[179], die sich hinsichtlich des Zeitpunkts der Konzessionsvergabe und damit auch hinsichtlich des Umfangs der auf den Privaten übertragenen Aufgaben (Wertschöpfungstiefe) unterscheiden. Bei der Vergabe von Betreibermodellen differenziert das Bundesministeriums für Verkehr, Bau und Stadtentwicklung (BMVBS, davor: BMVBW) folgende Varianten:

- Bei der sogenannten *„konventionellen Planung"* wird die Konzession an den Privaten nach Beendigung des Planfeststellungsverfahrens vergeben. Dieser übernimmt die Ausführungsplanung, den Bau, den Betrieb und den Erhalt der Infrastruktur.
- Bei dem so genannten *„Ideenwettbewerb"* werden auch die zeitlich gesehen davor liegenden Wertschöpfungsstufen des Entwurfs und der weiteren Genehmigungsplanung an den Privaten übertragen. Hier bleiben die Aktivitäten der Straßenbauverwaltung auf Voruntersuchungen beschränkt, so dass die Privatunternehmen mehr kreative Ideen einbringen können, auch dementsprechende Risiken eingehen müssen.[180]

Ein privat finanziertes Projekt nach dem FStrPrivFinG kann generell von der öffentlichen Hand einen Zuschuss in Form einer Anschubfinanzierung erhalten.[181] Dieser Zuschuss ist aus Rentabilitätsgründen oft sogar unerlässlich zur Abdeckung globaler Risiken, die der Betreiber nicht steuern kann und daher von der öffentlichen Hand übernommen werden (optimale Risikoallokation – dazu bereits Abschnitt E.IV.). Insbesondere kann keine unbegrenzte Mauteinnahmengenerierung gelingen, da das Verkehrsaufkommen von der Mauthöhe abhängt und daher die Einnahmen der Projektgesellschaft ab einer bestimmten Grenze nicht mehr zur Refinanzierung der Investition ausreichen (hierzu näher Abschnitt G.II.2.).[182]

Erfolgsvoraussetzung eines solchen Projektes sind sorgfältige Machbarkeitsstudien („feasibility studies") bei denen neben technischen Aspekten vor allem die ökonomische Leistungsfähigkeit des Projektes im Vordergrund steht. Der Schuldendienst muss innerhalb der Konzessionsperiode aus dem Gebührenaufkommen bedient werden können, gleichzeitig müssen die projektimmanenten

[178] Vgl. § 3 Abs. 1 Nr. 2 FStrPrivFinG; siehe dazu auch *Keppel / Hinrichs* (2000, S. 260) sowie *Ewers / Alfen* (2000, S. 38).

[179] Siehe dazu auch Abschnitt G.I.2.

[180] Vgl. *Keppel* (2003, S. 64).

[181] Vgl. *Wolter* (2004, S. 75).

[182] Vgl. *Wolter* (2004, S. 75).

Risiken für alle Beteiligten handhabbar bleiben; insbesondere muss ein ausreichendes Verkehrsaufkommen bei vertretbaren Mauthöhen gegeben sein.[183] Um die Realisierungschancen beim FStrPrivFinG zu erhöhen, stellt der Bund daher eine bis zu 20 %ige Anschubfinanzierung bereit. In manchen Fällen können zudem weitere Förderungsmöglichkeiten (EFRE-Mittel[184]) genutzt werden. Es kann an dieser Stelle schon festgehalten werden, dass beides aber nicht dazu beitragen konnte, die Erfolgsquote nennenswert zu steigern.[185]

Obwohl das Gesetz bereits im Jahre 1994 verabschiedet wurde, konnte die erste Projektliste in Form einer Vorschlagsliste an die zuständigen Minister der Länder erst am 26. Februar 1997, also erst fast eineinhalb Jahre nach Verabschiedung, eingebracht werden.[186] Im Straßenbaubericht 1997 heißt es außerdem, dass man sich von den Betreibermodellen nach dem FStrPrivFinG nur sehr geringe Haushaltsentlastungseffekte verspricht.[187] Bemerkenswert ist auch, dass in den vorherigen Straßenbauberichten[188] 1994 und 1995 das FStrPrivFinG lediglich mit einer Randnotiz erwähnt wurde und man erst im Herbst 1996 feststellte, dass ein Gutachtergremium zu prüfen habe, welche Ausgestaltung für die Anwendung des Betreibermodells überhaupt empfehlenswert sei.[189] Seit Verabschiedung des Gesetzes ist eine Vielzahl von Projekten diskutiert worden. Die erste im Jahre 1994 vom seinerzeitigen BMVBW in Zusammenarbeit mit den Ländern als Auftragsverwaltungen für die Bundesfernstraßen aufgestellte Liste enthielt immerhin 32 Vorschläge. Die entsprechend durchgeführten technischen und ökonomischen Betrachtungen dieser Projekte führten dazu, dass im Jahr 1997 sich diese Zahl dann auf insgesamt 17 Projekte reduzierte. Die Projektliste aus dem Jahr 2004 hingegen beinhaltet lediglich noch acht Projekte (inkl. der gescheiterten Strelasundquerung), 2008 waren noch drei Projekte gelistet.[190]

Konkret konnten bisher nur für die Projekte „Warnowquerung“ und „Travequerung“ Konzessionsverträge unterschrieben werden (siehe Abschnitt F.IV.1. und F.IV.2.). Die Warnowquerung ist im Jahre 2003 fertig gestellt worden. Die

---

[183] Vgl. *Tomas* (1997, S. 165).

[184] EFRE: Europäischer Fonds für regionale Entwicklung.

[185] Vgl. *Alfen / Mayrzedt / Alfen* (2004, S. 52). Dazu näher Kapitel G.

[186] Vgl. Deutscher Bundestag (1997, S. 22).

[187] Vgl. Deutscher Bundestag (1997, S. 22).

[188] Der Straßenbaubericht stellt die jährliche Unterrichtung der Bundesregierung an den Bundestag gemäß § 7 Fernstraßenausbaugesetz (FStrAbG) dar (seit 2008: Verkehrsinvestitionsbericht). Darin berichtet der Bundesverkehrsminister über den Fortgang des Bundesfernstraßenbaus nach dem Stand des jeweiligen Vorjahres. Erstmals wurde dieser im Jahre 1971 aufgestellt.

[189] Vgl. Deutscher Bundestag (1996, S. 9); siehe dazu auch Deutscher Bundestag (1995a) und Deutscher Bundestag (1995b).

[190] Vgl. Deutscher Bundestag (2009, S. 51).

Travequerung im Zuge der Bundesstraße 75 wurde durch den neuen Herrentunnel ersetzt, der am 26. August 2005 eröffnet wurde. Die alte Herrenbrücke, eine Klappbrücke, wurde bis Ende 2006 abgerissen. Beide Maßnahmen stellen damit die beiden einzigen bisher realisierten Projekte nach dem FStrPrivFinG dar.[191]

Die Projektliste von F-Modellen bedarf von Seiten der beteiligten Ministerien keiner „förmlichen Verabschiedung“, ist daher auch nicht als unmittelbar bindend anzusehen. Sie weist eher den Charakter eines politischen Programms auf, welches fortlaufend fortgeschrieben wird.[192] Die nachfolgende Tabelle 6 zeigt die sich bisher in der Durchführung befindlichen Projekte nach dem Betreibermodell.

Tabelle 6

Realisierte Projekte nach dem Betreibermodell gemäß FStrPrivFinG (F-Modell)

Bundesland	Projekt	Länge km	Geschätzte Baukosten in Mio. €	Sachstand (2005)
SH	B 75/B 104: Tunnelneubau Travequerung Lübeck (Ersatz Herrenbrücke)	0,8	141	Konzessionsnehmer Konsortium Hochtief/Bilfinger-Berger; Baubeginn 15.10.2001; Fertigstellung Mitte 2005
MV	B 103; Warnowquerung Rostock	4,0	215	Konzessionsnehmer Bouygues; Verkehrsfreigabe September 2003

Quelle: BMVBW (2004).

Seit dem 25. Juni 2005 werden die nach dem FStrPrivFinG durchzuführenden Projekte erstmals in einer sog. Streckenverordnung festgelegt: § 3 Abs. 1 Satz 2 FStrPrivFinG normiert, dass das Bundesverkehrsministerium ermächtigt wird, durch Rechtsverordnung im Einvernehmen mit den betroffenen Landesregierungen und ohne Zustimmung des Bundesrates die Strecken festzulegen, die nach Maßgabe dieses Gesetzes und der hierzu ergangenen Rechtsverordnungen gebaut, erhalten, betrieben und finanziert werden sollen. Hiervon wurde erstmals mit der „Verordnung zur Bestimmung von privatfinanzierten Ab-

---

[191] Vgl. *Alfen / Mayrzedt / Alfen* (2004, S. 51).

[192] Vgl. *Schunck* (2004).

schnitten von Bundesfernstraßen (Fernstraßenbauprivatfinanzierungs-Bestimmungsverordnung)“ vom 20. Juni 2005 (BGBl. 2005 I, S. 1686) Gebrauch gemacht. Die Streckenverordnung enthält bis heute genau die in Tabelle 6 genannten Projekte.

Die nachstehende Tabelle 7 stellt darüber hinaus die zum Zeitpunkt der zweiten Novelle vom seinerzeitigen BMVBW darüber hinaus geplanten Projekte nach dem F-Modell dar (Stand 2004).

Tabelle 7

Geplante Projekte nach dem Betreibermodell gemäß FStrPrivFinG (F-Modell) – Stand 2004

Bundesland	Projekt	Länge km	Geschätzte Baukosten in Mio. €	Sachstand (2004)
BW	A 8: AS Mühlhausen – AS Hohenstadt (neu), Albaufstieg	8,0	348	2001 erste Machbarkeitsstudie, Planfeststellung abgeschlossen; 2008 neue Machbarkeitsuntersuchung in Arbeit, da mautfreie Ausweichstrecke zugestanden wurde.
SH/NI	A 20: Elbequerung nordwestlich Hamburg	9,0	511	Machbarkeitsuntersuchung liegt für Teilvariante vor; Elbequerung bei Glückstadt zw. SH/NI und HH abgestimmt.
NW	A 52: Verbindung der A 40 mit der A 42 (Essen)	8,7	377	Machbarkeitsuntersuchung 2004 in Arbeit
BE	A 100: AD Neukölln – AS Landsberger Allee	8,7	809	Machbarkeitsuntersuchung 2004 in der Abschlussphase
HB	A 281: Weserquerung	4,4	237	Machbarkeitsuntersuchung positiv; Tunnellösung vorgesehen; gemeinsame Erklärung Bund/Land; Fertigstellung 2010 geplant.

BY	B 21: Kirchholz-tunnel Bad Rei-chenhall	3,7	77	Machbarkeitsuntersuchung 2004 in der Abschlussphase
RP	B 50n: Hochmo-selübergang Wittlich/Bern-kastel	6,1	120	Verwaltungsrechtliche Aus-einandersetzungen um Plan-feststellung; Realisierung als F-Modell 2009 aufgegeben.
MV	B 96n: Strela-sundquerung zur Insel Rügen	2,8		Ausschreibung F-Modell am 29.04.2003 aufgehoben, da kein prüf- und verwertbares Angebot abgegeben worden sei; konventionell realisiert 2007.

Quelle: BMVBW (2004).

Seither wurden einzelne weitere Projekte als F-Modell diskutiert, darunter die sog. Hafenquerspange in Hamburg (A 252) sowie der Neckarübergang durch eine Hochbrücke bei Horb (B 32, Baden-Württemberg). Kein einziges dieser Projekte konnte bis 2009 die Stufe der Konzessionierung auch nur in Aussicht nehmen. Sie sind daher folgerichtig auch nicht in die Streckenverordnung nach § 3 Abs. 1 Satz 2 FStrPrivFinG aufgenommen worden. Der Verkehrsinvestitionsbericht 2008 (früher: Straßenbaubericht) des BMVBS nennt derzeit nur noch folgende Projekte:[193]

- den Albaufstieg in Baden-Württemberg (A 8),
- die Weserquerung in Bremen[194] (A 281) sowie
- die Hafenquerspange in Hamburg (A 252).

Der Albaufstieg gilt aber bereits als für das F-Modell verloren (hierzu Abschnitt G.II.2.c)): Zwar ist das Planfeststellungsverfahren zwischenzeitlich abgeschlossen, der avisierte Baubeginn 2008 konnte jedoch nicht gehalten werden. Eine Wirtschaftlichkeitsstudie ergab nach Angaben des Bundesverkehrsministeriums, dass entgegen der ersten 2001 erstellten Machbarkeitsstudie das Projekt als F-Modell nicht geeignet erscheine.[195] Erhöhte Erhaltungs- und Betriebskosten, vor allem aber der Erhalt der bisherigen Autobahn als mautfreie Alternative belasten die Rentabilität des Projekts.

[193] Siehe Deutscher Bundestag (2009, S. 51).

[194] Siehe hierzu *Pohl* (2001).

[195] Vgl. SZ (2008a).

2. Die Novelle des FStrPrivFinG 2002

Das FStrPrivFinG aus dem Jahre 1994 bildete nach Einschätzung des Gesetzgebers offenbar noch keine hinreichend präzise und verlässliche Grundlage für die künftigen Projekte des F-Modells. Mit dem „Gesetz zur Änderung des Fernstraßenbauprivatfinanzierungsgesetzes und straßenverkehrsrechtlicher Vorschriften" (FStrPrivFinÄndG) vom 01.09.2002 hat man aus rechtlichen und betriebswirtschaftlichen Gründen (dazu unten) die Bestimmungen zur Mauterhebung und -entrichtung konkretisiert und ergänzt (z. B. Beleihungsregelung, Kostendefinitionen).[196] Obwohl die damaligen europarechtlichen Restriktionen zum Anwendungsbereich des F-Modells mittlerweile keine Gültigkeit mehr aufweisen, ist das F-Modell immer noch auf Brücken, Tunnel und Gebirgspässe auf den Bundesautobahnen und Bundesstraßen sowie mehrstreifige autobahnähnliche Bundesstraßen mit getrennten Fahrbahnen für den Richtungsverkehr beschränkt.[197] Da nach der EU-Richtlinie zur Wegekostenberechnung 1999/62/EG nur auf Brücken, Tunneln und Gebirgspässen sowohl eine zeit- als auch eine streckenbezogene Benutzungsgebühr erhoben werden darf und bisher für Lkw in Deutschland eine zeitbezogene Autobahngebühr („Vignettenlösung") existierte, war diese Einschränkung des Anwendungsbereiches notwendig. Nach der Einführung der streckenbezogenen Lkw-Maut könnte aus europarechtlicher Sicht das FStrPrivFinG jedoch geändert und sein Anwendungsbereich theoretisch ausgedehnt werden.[198] Die gesetzgeberischen Korrekturen beinhalten somit keine grundlegenden strukturellen Änderungen, da der Anwendungsbereich des F-Modells unverändert restriktiv bleibt.

Die zwischenzeitlich bemängelten Unklarheiten (vor allem im Bereich des Gebührenrechts; dazu siehe Abschnitt G.II.3.) des FStrPrivFinG sollten im Wesentlichen durch Konkretisierungen im Wege eines Änderungsgesetzes geklärt werden.[199]

---

[196] Vgl. Deutscher Bundestag (2002, S. 15), *Alfen* (2003, S. 103), BMVBW (2003, S. 39) und Lovells (2004, S. 7).

[197] Vgl. *Alfen / Mayrzedt / Alfen* (2004, S. 51).

[198] Vgl. *Schunck* (2004), *Beckers / von Hirschhausen* (2003b, S. 5) und *Alfen* (1999, S. 22).

[199] Das Gesetz befasst sich insbesondere mit den Fragen der Bestimmungen zur Beleihung des Privaten, Refinanzierungsfragen, z. B. Konkretisierung der bei der Mautgebührenberechnung berücksichtigungsfähigen Kosten, Festlegung der privat zu finanzierenden Strecken durch separate Rechtsverordnung, Anspruch des Privaten gegenüber dem BMVBW auf Erlass und Fortschreibung der Mautgebührenverordnungen, Regelungen über die Entrichtung und Kontrolle der Mautgebühren (z. B. Prinzip der Selbstdeklaration, Zugriff auf Halterdaten, etc.), Regelungen über Erhebung, Verarbeitung und Nutzung von Daten sowie Ordnungswidrigkeitentatbestände. Siehe hierzu Deutscher Bundestag (2002, S. 15).

Das Änderungsgesetz beschränkt sich allerdings auf Konkretisierungen und Ergänzungen vor allem im Bereich der Erhebung und Entrichtung der Mautgebühr. Es befasst sich insbesondere mit den Fragen der Differenzierung und Konkretisierung der Rechtsverordnungen zur Festlegung von F-Modell-Projekten, zur Festlegung der für die Mauthöhe relevanten Kriterien sowie zur Festlegung der tatsächlichen Mauthöhe. Ferner werden Konkretisierungen zu den Kosten vorgenommen, die der private Betreiber ansetzen darf, wenn er seinen Antrag auf Festsetzung der Mauthöhe bzw. auf eine Anpassung der Maut stellt. Weiterhin wird der Anspruch des Auftragnehmers auf Erlass der Mautgebührenverordnung manifestiert. Kleinere Änderungen umfassen Regelungen über die Errichtung und Kontrolle der Mautgebühreneinrichtung sowie datenschutzrechtliche Bestimmungen. [200]

Die Begründung für die Änderung des Gesetzes seitens des Gesetzgebers fällt nicht gerade konkret aus. Das Ziel der Änderung sei es, für die Betroffenen ein „höheres Maß an Rechtssicherheit" zu erreichen.[201] Die Änderungen des FStrPrivFinÄndG sprechen aber einige wesentliche Punkte an, die in der Vergangenheit zu einer eher zögerlichen Inanspruchnahme des FStrPrivFinG geführt haben. So sollen zum Beispiel die Landesregierungen nach § 2 des neuen Gesetzes ermächtigt werden, Private mit dem Recht zur Erhebung von Mautgebühren zu beleihen. Die Landesregierungen können diese Ermächtigung künftig durch Rechtsverordnung auf die oberste Landesstraßenbaubehörde übertragen. Der vom Privaten erlassene Gebührenbescheid unterliegt der Aufsicht der obersten Landesbaubehörde. Die Vollstreckung der Gebührenbescheide folgt den einschlägigen landesrechtlichen Vorschriften. Die §§ 6 und 8. n. F. legen die Pflichten des Gebührenschuldners detailliert fest. Sie sind mit § 10 n. F. „bußgeldbewehrt".[202]

Ferner wird bundesrechtliches Gebührenrecht[203] mit § 3 Abs. 3 n. F. geschaffen, indem dort die berücksichtigungsfähigen Kosten detailliert aufgezählt werden. § 2 Abs. 1 n. F. stellt zudem klar, dass die Mautgebühr zur Refinanzierung der Investition „zuzüglich eines projektangemessenen Unternehmergewinns" einzusetzen ist. Als eine angemessene kalkulatorische „Verzinsung" des eingesetzten Eigenkapitals gibt § 3 Abs. 4 nun die durchschnittliche Rendite zehnjähriger deutscher Bundesanleihen in einem Zeitraum von 20 Jahren zuzüglich eines angemessenen Risikozuschlags an. Laut Gesetzestext darf der Risikozuschlag allerdings nicht zu einer unverhältnismäßigen Verzinsung des eingesetzten Eigenkapitals führen. § 3 Abs. 2 n. F. stellt zudem nochmals klar, dass die

---

[200] Vgl. Deutscher Bundestag (2004, S. 27) sowie Lovells (2004, S. 7 ff.).

[201] Vgl. Deutscher Bundestag (2002a).

[202] Vgl. *Alfen* (2003, S. 103).

[203] Zur Problematik des Gebührenrechts siehe Abschnitt G.II.3.

„Höhe der Mautgebühren […] auch von der Häufigkeit und dem Zeitpunkt der Benutzung abhängig gemacht werden“ kann.

Weitere Verordnungsermächtigungen zielen darauf ab, die Rechtsunsicherheiten, die mit der bestehenden Mautverordnungsregelung nach § 3 Abs. 3 verbunden sind, zu beseitigen. Hierzu wird das seinerzeitige BMVBW in § 3 n. F. zunächst ermächtigt, mit Zustimmung des Bundesrates die Streckenabschnitte, die privatwirtschaftlich realisiert werden sollen, festzulegen. Das BMVBW wird zudem in § 3a Abs. 1 2002. ermächtigt, im Einvernehmen mit dem BMF eine Mautrahmenverordnung zu erlassen, die die Bemessung von Mautgebühren allgemein regelt. Mit Auftragsverteilung erwirbt der Private § 3a Abs. 2 2002 einen expliziten Anspruch auf den Erlass einer projektspezifischen Mautverordnung, die die spezifische Mauthöhe festlegt. Stehen die ansatzfähigen Kosten noch nicht abschließend fest, werden die Mautgebühren auf Basis der Angebotskalkulation festgesetzt und um die bereits entstandenen nachgewiesenen Kosten aktualisiert.[204]

Damit lässt sich zusammenfassend festhalten, dass das Reparaturgesetz einige wesentliche spezifische Rechtsunsicherheiten des alten FStrPrivFinG anspricht, es aus ökonomischer Hinsicht allerdings weit hinter den Erwartungen zurückbleibt, da es den potentiellen Wirkungsbereich privater Investoren weiterhin auf „Ausnahmestrecken“ einschränkt. Auch bleibt es beim Refinanzierungshebel der klassischen Benutzungsgebühr mit all ihren Restriktionen für die Maut-Preisgestaltung (dazu näher Kapitel G. und H.).

3. Die Novelle des FStrPrivFinG 2005

a) Überblick

Das FStrPrivFinG wurde 2005 erneut novelliert durch das „Gesetz zur Beschleunigung der Umsetzung von Öffentlich Privaten Partnerschaften und zur Verbesserung gesetzlicher Rahmenbedingungen für Öffentlich Private Partnerschaften“ (ÖPP-BeschleunigungsG) (BGBl. 2005 I, S. 2676). Wichtigster Änderungsgehalt dieser Novelle besteht in der Eröffnung eines Wahlrechts an den Betreiber, entweder eine Benutzungsgebühr oder aber ein privatrechtliches Entgelt zur Refinanzierung einzusetzen (§ 2 Abs. 1 S 4 FStrPrivFinG). Zudem wird eine Option zur periodenübergreifenden Kostengestaltung bei der Verzinsung eröffnet; hierdurch sollen entgeltfähige Kosten gezielt in spätere Perioden verlagert werden können, um die Akzeptanz der Maut zu erhöhen (§ 3 Abs. 4 Satz 3 FStrPrivFinG).

---

[204] Vgl. *Alfen* (2003, S. 104).

Nach der Änderung des FStrPrivFinG im Jahr 2002 ist es zunächst erstaunlich, dass der Gesetzgeber das FStrPrivFinG durch das ÖPP-Beschleunigungsgesetz 2005 in rascher Folge erneut novelliert hat. Während man mit dem Änderungsgesetz von 2002 in erster Linie operative Hemmnisse des FStrPrivFinG zu überwinden gedachte, indem man vor allem die für die Gebührenhöhe berücksichtigungsfähigen Kosten konkretisierte, versucht der Gesetzgeber mit dem nunmehr eingeführten Wahlrecht zwischen öffentlichrechtlicher Gebühr und privatrechtlichem Entgelt eher „psychologische Hemmschwellen"[205] potentieller Betreiber und Investoren abzubauen. Die Refinanzierung durch öffentlich-rechtliche Gebühr wird insbesondere von potentiellen ausländischen Investoren und Betreiberkonsortien mit Skepsis betrachtet. Beklagt wurde zudem ein hohes Maß an Rechts- und Investitionsunsicherheit durch die Mautgebührenverordnung ebenso wie die mangelnde Flexibilität einer solchen Verordnung.[206] Gebühren müssten nach deutschem Gebührenrecht außerdem jeweils für Kalkulationsperioden festgelegt werden, was eine „dynamische" Mautberechnung mit niedrigen Anfangsgebühren verhindere.[207]

Diese Kritikpunkte sind von einem vom BMVBS in Auftrag gegebenen Rechtsgutachten zur Prüfung einer Umstellung der öffentlich-rechtlichen Gebühr auf ein privatrechtliches Entgelt ausführlich aufgegriffen und geprüft worden (*Uechtritz et al.* (2005)). Vor diesem Hintergrund wurde die Novellierung schließlich vorgenommen.

b) Das Wahlrecht Gebühr/Entgelt

Das ÖPP-Beschleunigungsgesetz ändert das FStrPrivFinG vor allem im Hinblick auf die Wahlmöglichkeit bei der Refinanzierung. Der Private hat künftig die Möglichkeit, die Maut als öffentlich-rechtliche Gebühr oder als privatrechtliches Entgelt zu erheben, vgl. § 2 Abs. 1 S. 4 FStrPrivFinG. Der Begriff Mautgebühr ist nach § 1 Abs. 4 FStrPrivFinG nunmehr definiert als öffentlich-rechtliche Gebühr oder als privatrechtliches Entgelt:

- Erhebt der Private die Mautgebühr als *öffentlich-rechtliche Gebühr*, so geschieht das auf Grundlage einer Mautgebührenverordnung nach § 5 Abs. 1 S. 1 FStrPrivFinG.
- Die Mautgebühr als *privatrechtliches Entgelt* hingegen bedarf einer Genehmigung nach § 6 Abs. 1 FStrPrivFinG.

---

[205] *Müller-Wrede* (2006, S. 136).

[206] So etwa *Kulle* (2003, S. 132); siehe auch die Zusammenfassung der Kritik bei *Uechtritz et al.* (2005, S. 15 ff.).

[207] Siehe etwa *Kulle* (2003, S. 133).

Das Wahlrecht steht dem Privaten bei der erstmaligen Entscheidung über die Refinanzierung und jeweils erneut spätestens sechs Monate vor Ablauf einer neuen Kalkulationsperiode zu.

Entscheidet sich der Private zur Erhebung der Mautgebühr in Gestalt eines privatrechtlichen Entgelts, so bedarf die Entgelterhebung der Genehmigung durch die oberste Landesstraßenbehörde (§ 6 Abs. 1 FStrPrivFinG). Diese hat vor Erteilung der Genehmigung die Zustimmung des BMVBS einzuholen (§ 6 Abs. 4 FStrPrivFinG). Der Private hat einen Anspruch auf die Erteilung der Genehmigung, wenn die Strecke in der Streckenverordnung (dazu unter d)) enthalten ist und er bei Berechnung der Mauthöhe die in § 3 Abs. 2 bis 5 FStrPrivFinG enthaltenen Maßgaben eingehalten hat, d. h. es handelt sich um eine sog. *gebundene* Entscheidung der Behörde. Die oberste Landesstraßenbaubehörde kann die Genehmigung also nicht etwa deshalb versagen, weil sie eine andere Gewinnspanne für angemessen hält, wenn sich der vom Betreibet angegebene Gewinn im Rahmen der Vorschriften nach § 3 Abs. 2 bis 5 FStrPrivFinG bewegt.[208]

Andererseits ist der privatrechtliche Vertrag mit dem Nutzer – anders als ein Gebührenbescheid – kein unmittelbar vollstreckbarer Titel. Der Anspruch des Betreibers gegen den Nutzer kann also nicht mehr unmittelbar vollstreckt werden; erst ein Zivilurteil macht dies möglich. Allerdings ist die Entrichtung des Entgelts nach §§ 9 und 12 FStrPrivFinG bußgeldbewehrt, so dass rechtspraktisch keine wesentlichen Unterschiede gesehen werden, weil auch hier der Nutzer in eine nachträgliche gerichtliche Überprüfung gezwungen wird.[209]

Die Alternativen Gebühr oder Entgelt ziehen daneben weitere verfahrensrechtliche Konsequenzen nach sich (u. a. Anspruch auf Erlass einer bestimmten Mautgebührenverordnung gegenüber Anspruch auf Entgelt-Genehmigung, Umkehr der Beweislast, Verjährungsfristen sowie die unterschiedliche Rechtsbeständigkeit von Gebührenverordnung und Genehmigung), auf die hier nicht näher eingegangen werden kann.[210] Es wird davon ausgegangen, dass eine Entgeltgenehmigung als tendenziell rechtssicherere, weil angriffsbeständigere Rechtsgrundlage anzusehen ist,[211] so dass Unsicherheiten auf Betreiberseite gemindert werden könnten.

---

[208] Vgl. *Müller-Wrede* (2006, S. 134 f.).

[209] So *Müller-Wrede* (2006, S. 159 f.).

[210] Siehe hierzu im Überblick *Müller-Wrede* (2006, S. 136 ff.), mit weiteren Nachweisen.

[211] So resümierend *Müller-Wrede* (2006, S. 143).

Es bleibt aber die Erkenntnis, dass sich keines der beiden Modelle aus Betreibersicht als eindeutig vorzugswürdig erweist;[212] dementsprechend hat der Gesetzgeber dem Betreiber selbst eine – zudem revidierbare – Wahlmöglichkeit eingeräumt.

Die Abbildung 5 auf Seite 79 fasst die wesentlichen Aspekte des Wahlrechts noch einmal im Überblick zusammen.

c) Neuregelungen zur Mauthöhe

Die Regelungen zur Höhe der Mautgebühr sind nicht geändert worden (siehe § 3 Abs. 2 bis 5 FStrPrivFinG). Allerdings wird in § 3 Abs. 4 Satz 3 FstrPrivFinG neu normiert, dass der Private in den einzelnen Kalkulationsperioden jeweils unterschiedliche Zinssätze für das von ihm eingesetzte Eigenkapital ansetzen kann, sofern in der gesamten Konzessionslaufzeit die durchschnittliche Verzinsung gem. § 3 Abs. 2 Sätze 1 und 2 FStrPrivFinG eingehalten ist.

Soweit hiermit ausdrücklich Möglichkeiten zu einer gestaltenden intertemporalen Kalkulation der Zinslast eröffnet werden, handelt es sich freilich kaum um eine bloße „Klarstellung“, wie *Müller-Wrede* (2006, S. 133) meint. Nach dem betriebswirtschaftlichen Zweck der kalkulatorischen Verzinsung[213] können zwar kalkulatorische Zinsfüße als Referenz auf entgangene Alternativrenditen im Zeitablauf durchaus schwanken; eine gezielte Variation mit Blick auf eine bestimmte Mauthöhe in einzelnen Perioden ist demgegenüber sowohl betriebswirtschaftlich wie verfassungsrechtlich fragwürdig – dazu näher unter Abschnitt H.VI.3.c).

Im Übrigen berührt die Option zugunsten eines privatrechtlichen Entgelts die Mauthöhe nicht: Wird eine öffentlich-rechtliche Aufgabe, zu welcher der Bau von Bundesfernstraßen unstreitig zählt, in privatrechtlicher Rechtsform erfüllt, dann gilt im Verhältnis des Privaten zu den Nutzern das sog. „Verwaltungsprivatrecht“. Danach sind die öffentlich-rechtlichen Bindungen einer Gebührenrefinanzierung analog zu beachten. Andernfalls könnte die öffentliche Hand bei der Erfüllung ihrer Aufgaben „ins Privatrecht flüchten“, um sich öffentlich-rechtlichen Bindungen zu entziehen.[214]

Deshalb unterliegt die Gegenfinanzierung über ein privatrechtliches Entgelt grundsätzlich sämtlichen Beschränkungen, die auch auf Gebühren Anwendung

---

[212] So auch das Ergebnis des die Novelle fundierenden Rechtsgutachtens – siehe *Uechtritz et al.* (2005).

[213] Hierzu eingehend *Gawel* (1994).

[214] Siehe zur Lehre vom Verwaltungsprivatrecht grundlegend *Wolff / Bachof / Stober / Kluth* (2007, § 23, Rn. 29).

finden, u. a. auch der Kostenorientierung.[215] Insbesondere müssen privatrechtliche Entgelte ebenso innerhalb bestimmter Kalkulationsperioden berechnet werden wie Gebühren.[216]

Insoweit besteht auch zum Kommunalabgabenrecht völlige Analogie: Auch die Kommunalabgabengesetze der Länder räumen den Gemeinden regelmäßig ein Wahlrecht ein, die Inanspruchnahme öffentlicher Einrichtungen oder Anlagen entweder im Wege der Erhebung von Benutzungsgebühren oder aber durch Heranziehung zu privatrechtlichen Entgelten durch die Nutzer abgelten zu lassen. Im Falle privatrechtlicher Entgelte sind zwar unmittelbar die Kommunalabgabengesetze der Länder nicht mehr einschlägig; vielmehr erfolgt die Entgeltkontrolle nach § 315 BGB (Billigkeitsprüfung). Nach der Lehre vom Verwaltungsprivatrecht sind aber im Rahmen der Billigkeitsprüfung gerade die kommunalabgabenrechtlichen Prüfmaßstäbe anzulegen. Privatrechtliche Entgelte verschaffen den Kommunen hier keinen zusätzlichen materiellen Entgeltgestaltungsspielraum.[217]

Dieses Ergebnis liegt auch dem geänderten FStrPrivFinG zugrunde, das mit der ausdrücklichen Erwähnung von „Kalkulationsperioden" in § 2 Abs. 3 FStrPrivFinG nunmehr eindeutig regelt, dass Mautgebühren gleich welcher Rechtsnatur innerhalb von Kalkulationsperioden erhoben werden. Die Mautgebührenhöhe ist damit sowohl für die Erhebung als Gebühr als auch für die Erhebung als Entgelt anhand bestimmter Kalkulationsperioden zu ermitteln. Durch die Option zugunsten eines privatrechtlichen Entgelts kann sich mithin ein Betreiber keinerlei zusätzlichen Entgeltspielräume verschaffen. Die Vorzüge eines privatrechtlichen Entgelts liegen vielmehr – sieht man von „psychologischen Momenten" einmal ab – in verfahrens- und prozessrechtlichen Abweichungen (dazu unten), die jedoch in ihrer Vorzugswürdigkeit gegenüber einer Gebührenlösung als ambivalent gelten müssen.

---

[215] Siehe dazu *Schulte / Wiesemann*, in: Driehaus, Kommunalabgabenrecht, § 6, Rn. 9; *Uechtritz et al.* (2005, S. 92).

[216] So jedenfalls mit Blick auf Mautgebühren nach dem FStrPrivFinG *Uechtritz et al.* (2005, S. 60 f., 92); ebenso *Müller-Wrede* (2006, S. 139); a. A. *Drömann / Tegtbauer* (2004, S. 302), denenzufolge die Periodenbezogenheit nicht zum verfassungsfesten Kern einer Gebühr gehöre.

[217] Siehe hierzu insbesondere *Schulte / Wiesemann*, in: Driehaus, Kommunalabgabenrecht, § 6, Rn. 9.

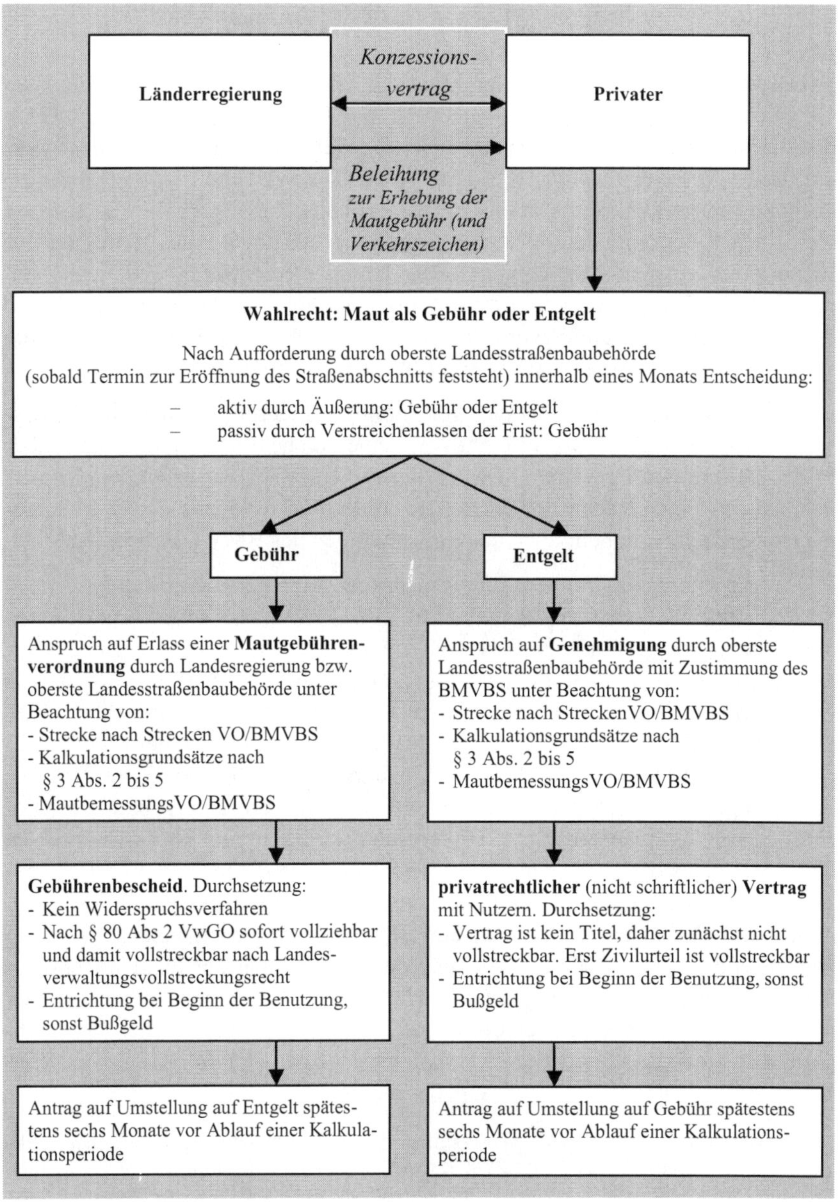

Quelle: *Müller-Wrede* (2006, S. 135).

Abbildung 5: Schematische Darstellung des neuen Betreiber-Wahlrechts nach § 2 FStrPrivFinG 2005

d) Verordnungen zum FStrPrivFinG

Das FStrPrivFinG sieht zur Durchführung verschiedene Rechtsverordnungen vor. Neben der *Streckenverordnung* nach § 3 Abs. 1 Satz 2 FStrPrivFinG, in der die durchzuführenden Projekte gelistet sind, kann eine *Mautbemessungs- und -kalkulationsverordnung* (§ 4 FStrPrivFinG) sowie eine *Mautgebührenverordnung* für die konkrete Mauthöhe eines Projekts (§ 5 FStrPrivFinG) erlassen werden. Seit der Novelle 2002 besteht ein Rechtsanspruch eines Betreibers auf Erlass einer solchen Mautgebührenverordnung. Dementsprechend liegen mit der Warnow-Tunnel-Mauthöheverordnung (WarnowMautHV) von 2003 und der Herrentunnel-Mauthöheverordnung (HerrentunnenMautHV) von 2005 die für die realisierten Projekte erforderlichen Rechtsverordnungen vor.

Die Novelle von 2005 sieht eine geringfügige Änderung bei der Mautbemessungs- und -kalkulationsverordnung vor; eine solche Verordnung wurde aber bisher nicht in Kraft gesetzt.[218] Das zuständige BMVBS hat neben dem Einvernehmen des BMF wegen der wirtschaftspolitischen Relevanz dieser Rahmenmautverordnung nunmehr auch das Einvernehmen des BMWi einzuholen.[219]

Für die Mautgebührenverordnungen (auch: Mauthöheverordnungen) nach § 5 FStrPrivFinG ändert § 5 Abs. 1 FStrPrivG 2005 zunächst den ermächtigten Verordnungsgeber: Für den Erlass ist nunmehr nicht mehr das Bundesverkehrsministerium, sondern die jeweilige Landesregierung zuständig, welche die Ermächtigung ihrerseits auf die oberste Landesstraßenbaubehörde übertragen kann. Der Bund behält aber seinen Einfluss auf die Kalkulation der Mautgebühren und garantiert die einheitliche Handhabung des FStrPrivFinG insofern, als die Mautgebührenverordnung die Mautbemessungsverordnung und die Streckenverordnung beachten muss. Hintergrund der Änderung ist das Bestreben, das zuvor gegebene Auseinanderfallen von Vertragspartner und Verordnungsgeber: Vor 2005 lag die Zuständigkeit für den Erlass der Mautgebührenverordnung beim Bund, Vertragspartner des Betreibers für den Konzessionsvertrag war indes das Land. Diese Aufspaltung der Ansprechpartner für den Betreiber hat der Gesetzgeber nun abgeschafft. Unabhängig davon, für welche Art der Erhebung der Mautgebühr sich der Private entscheidet: Einheitlicher Ansprechpartner ist stets das Land. Anders verhält es sich nur, wenn die Gemeinde Stra-

---

218 Eine Projektstudie von VIFG Verkehrsinfrastrukturfinanzierungsgesellschaft mbH, Servatius Rechtsanwälte und PriceWaterhouseCoopers („Sachstandsbericht F-Modell") hat 2007 im Auftrag des BMVBS Empfehlungen zu den Regelungsgegenständen einer Mautbemessungs- und -kalkulationsverordnung mit näheren Bestimmungen über die Bemessung von Mautgebühren und die Kalkulation von Mautgebührensätzen erarbeitet – siehe http://www.nutzerfinanzierung.de/_downloads/_informationen_zu_modellen_und_projekten/2007_Sachstand_F-Modell_Langfassung.pdf [Stand: 5.1.2010].

219 So die Begründung zum Gesetzentwurf des ÖPP-Beschleunigungsgesetzes, BT-Drs. 15/5668, S. 14.

ßenbaulastträgerin ist; dann fallen Vertragspartner und Verordnungsgeber weiterhin auseinander. Die Neuregelung zielt daher auf den Abbau institutioneller Hemmnisse bei der Durchführung (dazu eingehend Abschnitt G.I).

Ferner stellt § 5 Abs. 2 FStrPrivFinG mit Blick auf den bei der Novelle 2002 eingeführten Rechtsanspruch des Betreibers auf Erlass einer Mautgebührenverordnung jetzt ausdrücklich klar, dass der Private auch einen Anspruch auf Änderung der Mauthöhe gegenüber der Landesregierung bzw. der obersten Landesstraßenbaubehörde hat, sofern sich die der Mauthöhe zugrunde liegenden Tatsachen wesentlich geändert haben.[220] Auch hier motiviert das Bestreben auf Abbau institutioneller Hemmnisse durch Rechtsunsicherheiten die Novelle.

Tabelle 8 fasst die Rechtsverordnungen zum FStrPrivFinG nochmals im Überblick zusammen.

Tabelle 8

Rechtsverordnungen nach dem FStrPrivFinG

Verordnungsgeber Bund	Verordnungsgeber Länder
Streckenverordnung nach § 3 Abs. 1 Satz 2 FStrPrivFinG ► Festlegung der Strecken nach Maßgabe des Gesetzes (= Projekte)	**Mautgebührenverordnung** nach § 5 FStrPrivFinG ► Festlegung der Mautgebühr, insbesondere der Höhe
Mautbemessungs- und -kalkulationsverordnung nach § 4 FStrPrivFinG ► nähere Bestimmung der Mautgebühren und der Kalkulation des Mautgebührensatzes	

e) Zusammenfassung

Kernpunkt der Reform von 2005 war die Eröffnung eines Wahlrechts zugunsten des Betreibers, sich entweder in Gestalt einer öffentlich-rechtlichen Benutzungsgebühr oder aber in Form eines privatrechtlichen Entgelts über die

[220] Ein solcher Anspruch bestand allerdings nach Gesetzesbegründung zur Änderung des FStrPrivFinG von 2002 bereits mit dem Anspruch auf Erlass der Mautgebührenverordnung – vgl. BR-Drs. 1091/01, S. 16.

Nutzer zu refinanzieren. Eine rechtliche Bewertung der Optionen[221] zeigt, dass keines der beiden Modelle in jedem Falle vorzugswürdig ist. Dem hierzu eingeholten Rechtsgutachten von *Uechtritz et al.* (2005) folgend, hat der Gesetzgeber folglich eine Wahlmöglichkeit geschaffen, auf dass der Betreiber selbst die Vor- und Nachteile der beiden Modelle abwägen kann. Insbesondere die Möglichkeit das einmal gewählte Modell für die folgende Kalkulationsperiode wieder umstellen zu können, erlaubt es dem Betreiber, die für ihn günstigste Lösung zu verfolgen. Damit wird dem Betreiber – in den Grenzen öffentlich-rechtlicher Refinanzierungsbindungen – größtmögliche Flexibilität eingeräumt.

Einer der Hauptkritikpunkte, nämlich die „statische" Mautberechnung anhand einzelner Kalkulationsperioden, entfällt aber auch mit der Refinanzierung durch privatrechtliche Entgelte gerade nicht. Zum einen ist die Periodenbezogenheit der Mautgebühr nunmehr ausdrücklich im FStrPrivFinG, d. h. einfachgesetzlich, festgeschrieben. Zum anderen zwänge das Verwaltungsprivatrecht selbst bei Fehlen einer solchen Normierung zur Anwendung dieses gebührenrechtlichen Prinzips, dem als Ausdruck des Äquivalenzprinzips Verfassungsrang zukommen dürfte (dazu eingehend in Kapitel H.). An den starren Regeln des Gebührenschuldnerschutzes kann die Option auf ein privatrechtliches Entgelt gerade nichts ändern.

Die nachfolgende Tabelle 9 fasst die wesentlichen Vor- und Nachteile abschließend nochmals zusammen.

Tabelle 9

Vor- und Nachteile von Gebühren- und Entgeltmodell

Vorteile	Nachteile
Gebührenmodell	
– Gebührenbescheide werden bestandskräftig mit (ohne) Rechtsbehelfsbelehrung nach einem Monat (einem Jahr) – Gebührenbescheid sofort vollziehbar	– Rechtlich nicht abschließend geklärt, ob Anspruch auf Mautgebührenverordnung nach Vorgaben des Betreibers – Mautgebührenverordnung mit abstrakter Normenkontrolle angreifbar

[221] Hierzu insbesondere *Uechtritz et al.* (2005) und *Müller-Wrede* (2006).

Entgeltmodell	
– Anspruch auf Genehmigung ist gebundene Entscheidung, d. h. nach Vorgaben des Betreibers – Beweislast für Unbilligkeit nach § 315 Abs. 3 BGB beim Nutzer	– Vollstreckung erst nach Klage möglich, da Titel vonnöten – Rückforderungsansprüche aufgrund von § 812 BGB wegen Unbilligkeit des Entgelts verjähren erst drei Jahre ab Ende des Jahres, in dem sie entstanden sind: Risiko zahlreicher Rückforderungen über langen Zeitraum

Quelle: *Müller-Wrede* (2006, S. 157, 162).

IV. Das FStrPrivFinG in der praktischen Umsetzung – Die bereits abgeschlossenen und gescheiterten Projekte

1. Die Warnowquerung in Rostock

Die Warnowquerung in Rostock ist das erste in Deutschland nach dem FStrPrivFinG realisierte Betreibermodell. Sie hat bei Inbetriebnahme am 12. September 2003 die bestehende Fährverbindung Rostock – Warnemünde ersetzt.[222]

Im Jahr 1992 wurde die Warnowquerung[223] in den Bundesverkehrswegeplan als „weiterer Bedarf" zunächst mit einem finanziellen Volumen von 600 Millionen DM aufgenommen. Jedoch war keine baldige Erstellung abzusehen, was sich mit Inkrafttreten des FStrPrivFinG im Jahr 1994 änderte. Am 18. Oktober 1995 beschloss die Rostocker Bürgerschaft die Realisierung der Warnowquerung als Betreibermodell auf der Grundlage der Baukonzession. Die Ausschreibung erfolgte beschränkt nach einem öffentlichen Teilnehmerwettbewerb (VOB/A). Der zukünftige Konzessionsnehmer wurde mittels eines Ideenwettbewerbs (siehe Abschnitt G.I.2.) sehr früh in das Projekt eingebunden, wodurch er ein hohes Planungsrisiko trug. Im Juli 1996 erfolgte die Unterzeichnung des Konzessionsvertrages mit dem französischen Baukonzern Bouygues, in dem der Projektgesellschaft der Bau, der Betrieb und die Finanzierung des Tunnels über einen Zeitraum von 30 Jahren übertragen wurde.

[222] Vgl. Warnowquerung GmbH & Co. KG (2004).

[223] Zu den Ausführungen in diesem Abschnitt siehe: *Wolter* (2004, S. 71 ff.), *Alfen* (2001, S. 427 ff.) sowie *Ewers / Alfen* (2000, S. 40).

Insgesamt wurden 219 Mio. € (20 % der Investitionssumme) als Eigenkapital von den Sponsoren in die Projektgesellschaft eingebracht, 68 % wurden von Banken im Rahmen einer Projektfinanzierung bereitgestellt, und die restlichen 12 % sind öffentliche Zuschüsse. Im Oktober 1999 erfolgte der Planfeststellungsbeschluss, zwei Monate später stand die Finanzierungszusage der beteiligten Banken. Im September 2003 wurde die Warnowquerung in Betrieb genommen. Im Juni 2003 wurde dazu die Verordnung für die Benutzung des Warnowtunnels erlassen.[224] Der so genannte Heimfall des Projekts nach Ablauf der Konzessionszeit im Jahr 2033 erfolgt zum Zeitwert. Die Stadt Rostock hat gemäß Konzessionsvertrag nach einem Drittel der Zeit ein Rückkaufrecht, jedoch nicht zur neuen Vergabe an einen Dritten.

In Bezug auf die Risikoverteilung zwischen den einzelnen Projektbeteiligten wurde Neuland beschritten, da Erfahrungen mit dem BOT-Modell in Deutschland nicht vorlagen. Da die Ausschreibung mittels Ideenwettbewerb erfolgte, trug die Projektgesellschaft ein hohes Genehmigungsrisiko, da es im Planfeststellungsverfahren zu nicht vorhersehbaren Auflagen und damit zu Kostensteigerungen kommen konnte. Der Projektgesellschaft war es aber gelungen, bei Nichterlangung des Baurechts innerhalb von fünf Jahren nach Vertragsunterzeichnung den Konzessionsvertrag kündigen zu dürfen. Des Weiteren wurde ihr in diesem Fall die Erstattung der für die Erlangung des Baurechts entstandenen Kosten bis zu einer Höhe von max. 10,26 Mio. € zugestanden.

Das Genehmigungsrisiko aus Auflagen aus der Baugenehmigung hat die Projektgesellschaft getragen. Allerdings durfte diese bei einer Kostenüberschreitung von mehr als 10 % den Vertrag kündigen, es sei denn, der Konzessionsgeber bewilligte in dieser Höhe Zuschüsse.

Das Baugrundrisiko hat die Projektgesellschaft getragen, nachdem die Stadt Rostock den Baugrund auf ihre Kosten auf etwaige Munitionsfunde untersucht und diese ggf. beseitigt hat. Die Stadt Rostock kam ebenfalls für Mehrkosten auf Grund von Denkmalfunden auf. Mehrkosten aufgrund von Altlasten teilten sich der Konzessionsgeber und -nehmer zu je 50 %.

Zum Recht der Mauterhebung forderte die Projektgesellschaft eine Garantie vom Konzessionsgeber, bei einer Unterbrechung der Mauterhebung aus Rechtsgründen oder Gründen höherer Gewalt eine Verlängerung der Konzession zu erhalten. Diese hat in einem Umfang zu erfolgen, der der Projektgesellschaft einen Ausgleich für die Unterbrechung gewährt. Für die Festsetzung der Maut wird für die ersten drei Jahre von einer für das Projekt erstellten Verkehrsprognose ausgegangen. Danach findet jährlich eine Überprüfung der Maut statt. In die anrechenbaren Kosten gehen alle Kosten für Bau, Erhaltung und

---

[224] Siehe WarnowMautHV (2003).

Betrieb ein. Hierin enthalten sind auch die jeweiligen Finanzierungskosten. Das Risiko der Unterschreitung der prognostizierten Verkehrsmenge trägt die Projektgesellschaft.

Treten Risiken höherer Gewalt oder unvorhersehbare, von niemandem zu vertretende Umstände ein, wird sich die Stadt Rostock zu 50 % bzw. zu maximal 10,26 Mio. € an den Kosten daraus beteiligen. Vorher muss jedoch geklärt sein, ob es eine andere dem Konzessionär zumutbare Lösung wie z. B. die Erhöhung der Maut oder Verlängerung der Konzessionszeit gibt.

In den Ausschreibungsunterlagen waren Angaben zum prognostizierten Verkehr zu finden, die vom Konzessionsgeber jedoch nicht garantiert wurden. Des Weiteren machte die Stadt keine Zusage, dass während der Projektlaufzeit keine der Warnowquerung konkurrierenden Verkehrswege geplant würden. Die Projektgesellschaft wird lediglich angehört, wenn derartige Planungen eingeleitet werden. Es besteht für die Projektgesellschaft demnach ein hohes Auslastungsrisiko. Nachfolgende Abbildung 6 verdeutlicht die Projektstruktur:

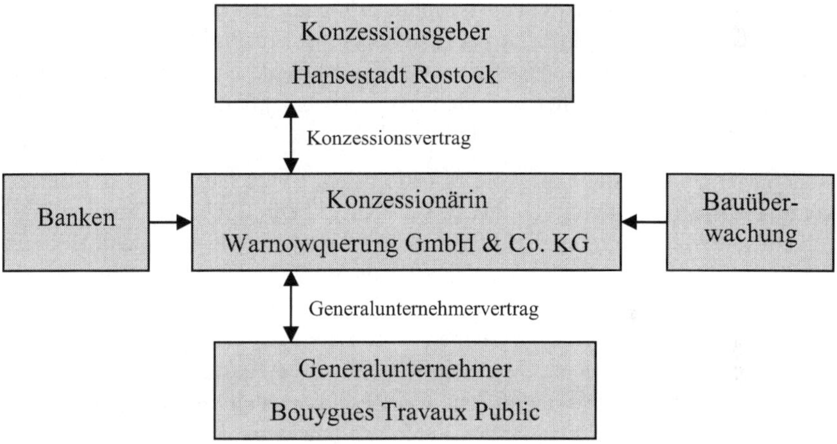

Quelle: Warnowquerung GmbH & Co. KG (2004).

Abbildung 6: Projektstruktur Warnowquerung

Gemäß § 2 Abs. 1 FStrPrivFinG hat die Landesregierung Mecklenburg-Vorpommern am 11. Juni 2003 die für dieses Projekt zukünftige Mauthöhenverordnung im Rahmen einer Rechtsverordnung beschlossen. Die Maut beträgt nach der Warnow-Tunnel-Mauthöhenverordnung (WarnowMautHV) zwischen 2,00 und 2,50 Euro. Die beiden unterschiedlichen Preise resultieren daraus, dass für die Sommermonate ein höheres und in den verbleibenden Monaten des Jahres eine niedrigere Maut vom Nutzer gefordert werden. Ferner ist der Kauf eine Zehnerkarte möglich, die einen durchschnittlichen Preis von 1,50 Euro pro Durchfahrt ermöglicht. Die Verordnung ist zunächst auf drei Jahre festgeschrieben und wird anschließend in Abhängigkeit vom Verkehrsaufkommen neu festgelegt.

In sehr frühen Gutachten, die den Tunnelbau begründet hatten, ging man in der Verkehrsprognose von bis zu 35.000 Fahrzeugen pro Tag aus. Diese Prognose wurde von den Betreibern aber vor der Eröffnung auf 13.000 Fahrzeuge reduziert, doch auch diese Erwartungen konnten nach dem mittlerweile fast einjährigen Betrieb bei weitem nicht gehalten werden, sind es doch lediglich im Schnitt 6.800 Autos, die die Doppelröhre des Warnowtunnels durchqueren.[225] Im strukturschwachen Mecklenburg-Vorpommern mit rückläufiger Einwohnerzahl, besonders geringer Mautakzeptanz und einer zwischenzeitlich durchgängig befahrbaren Küstenautobahn A 20, die Lübeck mit Stettin verbindet und Verkehr aus Rostock abzieht, waren die Rahmenbedingungen für auskömmlicher Nutzerfinanzierungen besonders ungünstig. Sollte das Verkehrsaufkommen weiterhin so niedrig bleiben, so ist mit weiteren Mauterhöhungen zu rechnen, damit die Betreibergesellschaft kostendeckend arbeiten kann. Dies dürfte allerdings gerade nicht zu einer Akzeptanzerhöhung bei der Bevölkerung beitragen, die ohnehin als kritisch gilt. Zur theoretischen Problematik der Rückkopplung von Gebührenanpassungen auf eine kritische Nachfragemenge siehe Abschnitt G.II.2. Inzwischen soll sich das Verkehrsaufkommen bei ca. 11.000 Passagen auf niedrigem Niveau stabilisiert haben.[226]

Zwischenzeitlich hatte sich die Situation derart verschärft, dass die Betreiberin, die Warnowquerung GmbH & Co KG, in bedrohliche Zahlungsschwierigkeiten geraten war. Angesichts von Verkehrsmengen, die 65 %, und Erlösen, die 75 % hinter den Erwartungen lagen, sei die Zahlungsunfähigkeit auf der Basis des ursprünglichen Konzessionsvertrages „unvermeidbar“, zitierte die Ostsee-Zeitung aus internen Berichten.[227] Bereits nach einem Jahr nach Inbetriebnahme konnte die Konzessionärin 900 T€ an die Hansestadt Rostock nicht zurückzahlen, die diese für den Bau von Zufahrtsstraßen ausgelegt hatte. Die Süddeutsche Zeitung (2006a, S. 7) sprach gar von einem „Millionengrab“.

Um die drohende Insolvenz abzuwenden, wurde 2006 – gegen heftige politische Widerstände und nur drei Jahre nach Eröffnung – die Konzessionslaufzeit von 30 auf 50 Jahre verlängert. Angesichts drohender jährlicher Betriebskosten von etwa drei Millionen Euro war jedoch die Hansestadt Rostock nicht daran interessiert, das Projekt vorzeitig an die öffentliche Hand zurückfallen zu lassen. Das notleidende Projekt gilt damit vorläufig als stabilisiert.

---

[225] Vgl. SZ (2004, S. 6).
[226] Vgl. SZ (2008b, S. 2).
[227] Siehe SZ (2006a, S. 7).

2. Die Travequerung in Lübeck

Die Travequerung[228] in Lübeck (auch als „Lübecker Herrentunnel" bezeichnet) wird ebenfalls auf der Grundlage des FStrPrivFinG von 1994 realisiert. Der Herrentunnel ersetzt eine nach geltenden Standards baufällige Klappbrücke („Herrenbrücke") im Zuge der Bundesstraße 75, die mehrmals täglich den Verkehr blockiert, wenn sie für die Durchfahrt von Schiffen geöffnet wird. Die Stadt Lübeck hat das Vorhaben, ebenfalls wie bei der Warnowquerung, einen Ideenwettbewerb im Jahre 1998 europaweit ausgeschrieben. Bereits im Jahre 1999 konnte ein Konzessionsvertrag mit den deutschen Baukonzernen HOCHTIEF und Bilfinger Berger unterschreiben werden. Die Investitionssumme für den so genannten „Herrentunnel" von 161 Mio. € wurde zu 11 % durch den Eigenkapitalbeitrag der Sponsoren, zu 34 % durch Fremdkapital von Banken im Rahmen einer Projektfinanzierung und zu 55 % durch öffentliche Zuschüsse bereitgestellt. Der für F-Modelle ungewöhnlich hohe Zuschuss wird mit besonderen Verpflichtungen des Bundes bei diesem Projekt begründet. Auch das Planfeststellungsverfahren, das für den Konzessionsnehmer ein großes Risiko darstellt, konnte zügig abgeschlossen werden.

Der neue Herrentunnel konnte am 26. August 2005 eröffnet werden. Die alte Herrenbrücke wurde bis Ende 2006 abgerissen. Mit Eröffnung beginnt die 30-jährige Konzessionslaufzeit des Projekts. Die Projektstruktur wird in Abbildung 7 dargestellt.

Mit Unterzeichnung des Konzessionsvertrages hat der Konzessionsgeber Planung, Bau, Finanzierung und Betrieb and die Projektgesellschaft vergeben. Die Projektgesellschaft hat zwei Gesellschafter, die sich die Geschäftsführung zu jeweils 50 % teilen. Die Projektlaufzeit endet mit Ablauf des Konzessionsvertrages im Jahre 2035. Der Tunnel ist dann in einwandfreiem Zustand kostenlos an die Konzessionsgeber zu übergeben. Für die Objekterstellung wurde ein Projektersteller gebunden, der durch einen Totalunternehmervertrag mit Pauschalpreisvereinbarung die nötige Kostensicherheit in der Erstellungsphase liefert. Diese Kostensicherheit ermöglicht den Gesellschaftern eine Haftungsbegrenzung auf ihr Eigenkapital. Der Betrieb des Herrentunnels selbst wird durch die Projektgesellschaft durchgeführt. Die Einnahmen aus der erwirtschafteten Maut dienen ausschließlich der Refinanzierung des aufgewandten Kapitals. Die Eröffnung ist für 2005 geplant. Die Maut für soll anfangs zwischen 0,50 € (bei automatischer Gebührenerhebung für Pkw) und 6,00 Euro (bei manueller Zahlungsweise für Schwerlast-Lkw mit Anhänger) liegen.

---

[228] Zu den Ausführungen in diesem Abschnitt siehe: *Wolter* (2004, S. 73 ff.), *Alfen / Knop* (2001, S. 7 ff.), *Ewers / Alfen* (2000, S. 42) sowie *Keppel / Hinrichs* (2000, S. 258 ff.).

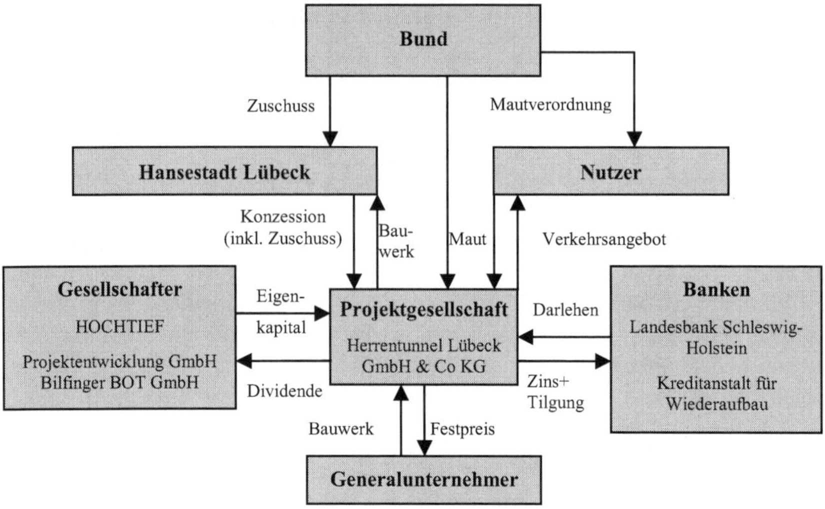

Quelle: *Alfen* (2001, S. 427).

Abbildung 7: Projektstruktur Travequerung

Doch auch hier wurde das prognostizierte Verkehrsaufkommen von den effektiven Nutzerzahlen derart dramatisch unterschritten, dass Bilfinger Berger das Projekt bereits bilanziell komplett abgeschrieben hat; auch Hochtief hat eine „angemessene Abschreibung" auf das Eigenkapital von elf Millionen Euro vorgenommen.[229] Die privaten Betreiber geben dem Projekt keine Chance mehr, halten jedoch wegen der Signalwirkung und der Hoffnung auf künftig verbesserte Rahmenbedingung mit entsprechenden Ertragschancen am Objekt fest.

3. Die gescheiterte Privatfinanzierung der Strelasundquerung

Parallel zum seit 1936 existierenden Rügendamm von Stralsund zur Insel Rügen (Abbildung 8) sollte Deutschlands zum Planungszeitpunkt längste Brücke mit 2.800 Metern durch private Investoren nach dem F-Modell gebaut werden. Im Jahr 1999 begann die Deutsche Einheit Fernstraßenplanungs- und -bau GmbH (DEGES) als Projektverantwortliche die Planung des Projektes. Der Planfeststellungsbeschluss zu diesem Projekt lag im Januar 2002 vor. Zuvor jedoch wurde das Projekt durch zahlreiche Klagen erschwert, bevor dieser bestandskräftig wurde. Zudem wurde nach diesem Verfahren gegen die geplante

---

[229] Vgl. SZ (2006b, S. 21).

seilverspannte Brücke im Bereich des Ziegelgrabens wegen des Vogelschlagrisikos im Rahmen des nordischen Vogelzuges und der Austauschbeziehungen zwischen den westlich und östlich der zweiten Strelasundquerung gelegenen, geschützten Vogelschutz- und Flora-Fauna-Habitat-(FFH-)Gebiete bei der Europäischen Union Beschwerde eingelegt.[230] Das Ausschreibungsverfahren für die Vergabe einer Konzession für die zweite Strelasundquerung wurde dann im April 2003 offiziell aufgehoben, da von den sieben Bewerbern keine „ausschreibungskonformen" Angebote abgegeben wurden.[231] Einer der Mitbieter, die STRABAG Beteiligungs AG, behauptet allerdings laut Aussagen des Vorstandsvorsitzenden *Birtel*, ein ausschreibungskonformes Angebot abgegeben zu haben, und dass das Projektes „seitens der Bundesregierung bewusst blockiert wird".[232]

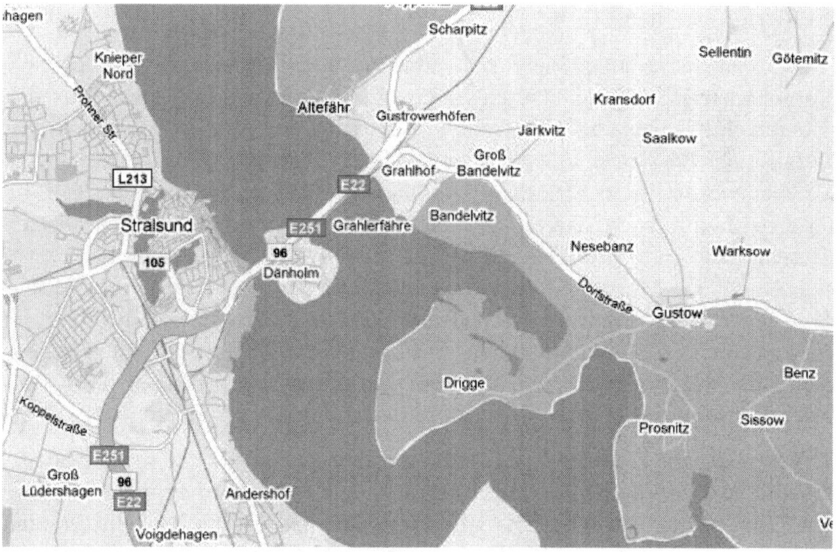

Quelle: Google Maps.

Abbildung 8: Rügendamm und Verkehrsanbindung durch B 96

Das Scheitern des Projektes geht auf eine Vielzahl von Ursachen zurück,[233] die sich keineswegs in der vergaberechtlichen Beschwerde vor der EU-Kom-

[230] Vgl. Lovells (2004, S. 7 ff.) sowie DEGES (2003).

[231] Vgl. DEGES (2003).

[232] Vgl. *Birtel* (2003).

[233] Siehe hierzu auch eingehend die Hemmnisanalyse von F-Modellen in Kapitel G.

mission bzw. auf die Abgabe eines nicht-konformen Angebots erschöpfen. Insbesondere spielt hier eine Rolle, dass die für Pkw auch zukünftig zugelassene Alt-Brücke als kostenfreie Alternative zur Verfügung stehen sollte.[234] Damit war die betriebswirtschaftliche Rentabilität des Projektes innerhalb der von der öffentlichen Hand vorgegebenen Rahmenbedingungen nicht mehr gegeben. Die Vorgabe zur Errichtung einer relativ teuren Pylonbrücke belastete zusätzlich die Rentabilität des Projektes. Weiterhin verbot das angewandte konventionelle Vergabeverfahren einen Verhandlungsprozess zwischen öffentlicher Hand und Bietern, in welchem entscheidende Parameter des Projektes hätten angepasst werden können, um eine betriebswirtschaftliche Rentabilität zu erreichen.[235] Die Bauwirtschaft kritisierte zudem, dass die Baukosten von den staatlichen Planern um ein Drittel zu niedrig angesetzt worden ist und die Verkehrsprognose um zehn Prozent zu hoch veranschlagt wurde.[236] Auch wurden die Vorgaben des Gebührenrechts nach dem FStrPrivFinG für die Mautpreisgestaltung als kritisch eingeschätzt.

Bei der Strelasundquerung sah das beteiligte Bundesland Mecklenburg-Vorpommern jedoch auch Vorteile in einem Scheitern des Projektes, da es sich dadurch eine vollständig öffentliche Finanzierung der zweiten Brücke und den Verzicht auf die Erhebung von Mautgebühren erhoffte.[237] Der dort zuständige Verkehrsminister Otto Ebnet (SPD) erklärte, dass er sich eigentlich seit 1998 für eine Mautfreiheit in Bezug auf dieses Projekt eingesetzt hatte. Seiner späten Einsicht nach hatte man das „private Betreibermodell schon immer als zeitliches Risiko für die Fertigstellung betrachtet“. Die private Realisierung sei zudem neu für die Bundesländer und man verfüge über keinerlei Erfahrungen diesbezüglich und „fahre somit quasi ins Ungewisse“.[238] Eine Forderung seitens der Landesregierung war auch, dass man die ortsansässigen Pendler sowie Touristen nicht mit zusätzlichen finanziellen Belastungen konfrontieren wollte.[239]

Von weiteren Planungen, die Strelasundquerung erneut für die privatwirtschaftliche Realisierung auszuschreiben und eine Konzession an die Privatwirtschaft im Rahmen des FStrPrivFinG zu erteilen, hat man mittlerweile Abstand genommen.[240] Indessen sind alle baurechtlichen Genehmigungsverfahren für eine konventionelle, öffentliche Finanzierung positiv beschieden, nachdem die EU-Kommission in Brüssel die endgültige Abweisung des Beschwerdeverfah-

---

[234] Vgl. Lovells (2004, S. 8).

[235] Vgl. *Beckers / von Hirschhausen* (2003b, S. 6 f.).

[236] Vgl. RP-Online (2004).

[237] Vgl. *Beckers / von Hirschhausen* (2003b, S. 6).

[238] Vgl. Landtag MV (2003, S. 471 ff.).

[239] Vgl. Landtag MV (2003, S. 471 ff.).

[240] Vgl. *von Glyszynksi* (2004).

rens, das erhöhtes Kollisionsrisiko für Vögel durch seilverspannte Teile der Brücke ansah, bekannt gegeben hat.

Am 31. August 2004 begann mit der ersten Ortbetonpfahlgründung der Bau der zweiten Strelasundquerung, eines der längsten Brückenbauwerke Deutschlands (Abbildung 9). In einem vom Land Mecklenburg-Vorpommern und der Ostsee-Zeitung veranstalteten Namenswettbewerb setzte sich die Bezeichnung „Rügenbrücke" durch, die dem seinerzeitigen BMVBW durch den Wirtschaftsminister des Landes Mecklenburg-Vorpommern offiziell vorgeschlagen wurde. Die Brücke wurde im Oktober 2007 fertig gestellt.

Quelle: © http://de.wikipedia.org/wiki/Benutzer:Klugschnacker

Abbildung 9: „Rügenbrücke" (Pylon-Neubau) mit alter Klappbrücke im Hintergrund

G. Hemmnisanalyse der Betreibermodelle (F-Modelle) nach dem FStrPrivFinG

Das Zwischenergebnis der bisherigen Erfahrungen mit dem FStrPrivFinG (Kapitel F.) erscheint ernüchternd. Im folgenden Kapitel werden nun eingehend die verschiedenen Hemmnisse untersucht, die einer erfolgreichen Realisierung von F-Modellen nach dem FStrPrivFinG bisher entgegen standen. Zu diesem Zweck wird eine grobe Dreiteilung der Hemmnisfaktoren vorgenommen: Institutionelle Aspekte (Abschnitt G.I.) betrachten die Rolle der Machbarkeitsuntersuchung, des Vergabeverfahrens sowie des Gebührenrechts für den Projekterfolg. Ökonomische Aspekte (Abschnitt G.II.) nehmen Fragen der Risikoallokation, insbesondere beim Verkehrsmengenrisiko, und der Preissetzung über das Rechtskleid der Gebühr in den Blick. Polit-ökonomische Aspekte der Durchsetzung sowie der Akzeptanz beschließen die Analyse (Abschnitt G.III.).

Diese Hemmnisanalyse greift neben einer Auswertung des Schrifttums und verschiedenen Expertengesprächen auch auf die Ergebnisse einer eigenen Befragung relevanter Akteure der Ministerialbürokratie, der Politik und der Bauwirtschaft sowie der Verbände zurück.[241] In die Untersuchung floss ebenso ein finanzwissenschaftliches Gutachten für die Projektentwicklungsgemeinschaft Strelasundquerung ein, das die Möglichkeiten einer auskömmlichen Mautgebührengestaltung am konkreten Fall untersucht hat (*Gawel* 2002).

I. Institutionelle Hemmnisse

1. Die Rolle der Machbarkeitsuntersuchung

Voraussetzung für die Ausschreibung eines Projektes im Rahmen des FStrPrivFinG ist eine positiv beschiedene Machbarkeitsuntersuchung. Diese soll den Nachweis erbringen, dass ein Projekt die notwendigen Voraussetzungen mitbringt, um rentabel durchgeführt zu werden.[242] Maßgebliche Gesichts-

---

[241] Kontaktiert wurden der Zentralverband der Deutschen Bauindustrie, der Hauptverband der Deutschen Bauindustrie, die Hochtief AG, die Bilfinger Berger BOT GmbH, die verkehrspolitischen Sprecher der Bundestagsfraktionen sowie die entsprechenden Bundes- und Landesministerien, die mit dem FStrPrivFinG in Berührung gekommen sind.

[242] Vgl. *Keppel* (2003, S. 62).

punkte sind hierbei zunächst die Gesamtkosten eines Projektes. Diese umfassen die Entwicklungskosten, Baukosten, aber auch die Betriebskosten eines Objekts.[243] Mangelhafte Untersuchungen des Projektes im Vorfeld sind häufig ein Grund für ein Scheitern von Betreibermodellen, was wiederum zu einer nachfolgenden Belastung öffentlicher Haushalte führt.[244] Anhaltspunkte dafür, wie die Kosten-Ertrags-Struktur eines Projektes aussehen wird, erhält man durch die Klassifizierung eines Projektes nach seiner späteren Funktion im Verkehrsnetz. Die Weltbank unterscheidet hierbei in ihren Reports grundsätzlich „Congestion Relievers", „Inner City Arteries", „Development Roads" und „Bridges/Tunnels". Jede dieser Gruppen weist aufgrund unterschiedlicher Kostenintensität und einem stärkeren oder schwächeren Verkehrsaufkommen unterschiedliche Rentabilität auf.[245] So ist z. B. ein Tunnel besonders kostenintensiv, bietet aber in der Regel auch ein höheres und stabileres Verkehrsaufkommen als eine „Development Road", die z. B. entlegene Agrargebiete mit Wirtschaftszentren verbindet.[246]

Das Verkehrsaufkommen ist grundsätzlich ausgesprochen schwierig zu prognostizieren. Es hängt davon ab, ob die Nutzer die Gebühren akzeptieren, was sie grundsätzlich dann eher tun werden, wenn sie einen subjektiven Nutzenzuwachs aus der Privatisierung haben und die Preise als „fair" ansehen. Andernfalls besteht insbesondere in Deutschland, wo bereits ein gut ausgebautes Straßennetz besteht, die Gefahr eine Verlagerung des Verkehrs auf die nichtmautpflichtigen Straßen.[247]

Vor der Aufnahme eines Projektes in die Liste der im Rahmen des F-Modells zu realisierenden Infrastrukturprojekte werden solche umfangreichen Machbarkeitsuntersuchungen durchgeführt.[248] Nur wenn das Verhältnis zwischen zu erwartenden Mauteinnahmen und Investitions-/Betriebskosten relativ stabile Rentabilität erwarten lässt, kann eine privatwirtschaftliche Projektfinanzierung erfolgreich durchgeführt werden, und das Projekt wird in die Liste aufgenommen.[249]

---

[243] Vgl. *Fisher / Babbar* (1996, S. 3).

[244] Vgl. *Trusiewytsch* (1999, S. 136).

[245] Vgl. *Estache / Romero / Strong* (2000, S. 7).

[246] Bei Letzterem dürfte es sich allerdings um eine Kategorie handeln, die im gut ausgebauten deutschen Straßenverkehrsnetz kein Gegenstück mehr findet.

[247] Vgl. *Estache / Romero / Strong* (2000, S. 8 f., 12). Hierzu eingehend unter G.II.

[248] Zum Zustandekommen der Projektliste siehe Abschnitt F.III.

[249] Vgl. *Keppel* (2003, S. 62 f.).

2. Das Problem der Vergabe bei der Projektentwicklung

Mit der Durchführung eines Betreibermodells im Rahmen der F-Modelle ist der Abschluss eines Konzessionsvertrags verbunden, in dem die Rechte und Pflichten zwischen dem Konzessionsgeber und der Projektgesellschaft als Konzessionsnehmer geregelt werden.[250] Wie schon in Abschnitt F.III. erwähnt, sind für Betreibermodelle grundsätzlich zwei Varianten möglich, die sich hinsichtlich des Zeitpunkts der Konzessionsvergabe und des Umfangs der auf den Privaten übertragenen Aufgaben unterscheiden. Bei der „konventionellen Vergabe" führt die Straßenbauverwaltung wie bisher bei öffentlicher Finanzierung die üblichen Vorarbeiten im Bereich der Planung des Straßenprojekts bis zum Planfeststellungsbeschluss durch, während beim so genannten „Ideenwettbewerb" die Aktivitäten der Straßenbauverwaltung auf erste Voruntersuchungen beschränkt bleiben.[251] Hier übernimmt der spätere Konzessionsnehmer auch die Vorbereitung und Durchführung des Planfeststellungsverfahrens. Das macht den Konzessionsvertrag relativ komplex in Bezug auf die Beschreibung der Bauleistung und auf Regelungen zu Mehrkosten aus dem Planfeststellungsbeschluss bzw. deren Behandlung. Der Ideenwettbewerb bietet auf der anderen Seite aber den Vorteil, dass der Private früh sein Wissen einbringen kann und somit gezielt Einfluss auf die Gestaltung der Betriebsphase und damit die Gesamtkosten des Projektes nehmen kann.[252] Zudem kann bei diesem Verfahren der Vorschlag für eine private Fernstraßenprojektentwicklung sowohl von öffentlicher Stelle als auch vom Privaten selbst kommen.[253] Bei der konventionellen Planung übernimmt der Private somit erst dann Aufgaben, wenn für das jeweils in Frage kommende Projekt bereits ein bestandskräftiger Planfeststellungsbeschluss vorliegt. Die Ausschreibung des Projekts erfolgt hier erst nach Beendigung des Planfeststellungsverfahrens.[254] Vorteilhaft ist bei dieser Variante, dass mit der Planfeststellung eine für den Bieter hohe Rechtssicherheit besteht und somit kein Genehmigungsrisiko zu übernehmen ist. Die Variante der konventionellen Planung eignet sich somit besonders für solche Projekte, bei denen schon weitgehende Planungsleistungen durch die Auftragsverwaltung erbracht wurden.[255] Als Nachteil muss der bis dahin meistens noch nicht vollständig abgeschlossene Grunderwerb gewertet werden; diese Variante birgt daher damit ein großes Termin- sowie ein generelles Realisierungsrisiko.[256]

---

[250] Vgl. *Wolter* (2004, S. 24).

[251] Vgl. *Keppel / Hinrichs* (2000, S. 261 f.).

[252] Vgl. *Wolter* (2004, S. 24).

[253] Vgl. *Benz* (2000, S. 59).

[254] Vgl. *Limberger et al.* (2001, S. 2).

[255] Vgl. *Wolter* (2004, S. 24).

[256] Vgl. *Benz* (2000, S. 60).

Im Gegensatz zur Projektentwicklung nach konventioneller Art wird neben dem Bau und dem Betrieb einer Fernstraße auch die Planung an einen Betreiber vergeben; somit wird der Private beim Ideenwettbewerb bereits zu einem früheren Zeitpunkt mit Aufgaben im Rahmen der Projektverwirklichung betraut.[257] Hier findet die Ausschreibung schon vor oder während der Planungsphase statt. Hierdurch kann die planerische Kreativität der privaten Unternehmen frühzeitig eingebunden werden. Gleichwohl bleibt es der öffentlichen Hand vorbehalten, die grundsätzlichen Rahmendaten des Projekts vorzugeben.[258] Der private Investor hat in diesem Falle einerseits erheblich größere Spielräume bei der Gestaltung des Projekts, andererseits muss er aber auch zusätzliche Risiken mit übernehmen. Zu diesen Risiken gehört vor allem die Ungewissheit über den Zeitraum bis zur Erlangung des Baurechts. Gerade die zu übernehmenden Genehmigungskosten lassen sich kaum vorhersehen und stellen ein hohes Risikopotential dar. Darüber hinaus kann erst mit Vorliegen des Planfeststellungsbeschlusses abschließend beurteilt werden, welche Kosten dem Investor tatsächlich entstehen werden, da erst zu diesem Zeitpunkt Klarheit über entsprechende Auflagen aus dem Planfeststellungsverfahren besteht.[259]

Beim Scheitern der Strelasundquerung wurde das konventionelle Vergabeverfahren angewandt: Das Verfahren – mit beschränkter Ausschreibung nach vorherigem Teilnahmewettbewerb – verbot einen Verhandlungsprozess zwischen öffentlicher Hand und den Bietern. Durch Einräumen einer entsprechenden Verhandlungsoption wäre es unter Umständen möglich gewesen, die betriebswirtschaftliche Rentabilität des Projekts sicherzustellen.[260] Ferner waren kaufmännische Nebenangebote nach den Verdingungsunterlagen, die sich auf den Entwurf des Konzessionsvertrages bezogen, weitgehend ausgeschlossen, da sie die von der Vergabestelle vorgesehene vertragliche Risikoverteilung berührten.[261] Indizien für eine effizientere Lösung liegen wohl beim Verfahren des Ideenwettbewerbs – geht man von den bisher gemachten Erfahrungen der Warnowquerung und der Travequerung aus (dazu näher Abschnitt F.IV.), die beide nach diesem Verfahren realisiert wurden.[262]

Das im geltenden Vergaberecht anzuwendende strikte Nachverhandlungsverbot bei den Vergabeverfahren wurde den komplexitätsbedingten Anforderungen gerade im Fall der gescheiterten Strelasundquerung nicht gerecht.[263] Aus

---

[257] Vgl. *Limberger et al.* (2001, S. 2).

[258] Vgl. Deutsche Bank Research (2003, S. 5).

[259] Vgl. *Keppel / Hinrichs* (2000, S. 262).

[260] Wie zuvor erwähnt, war dies nur ein Grund für das Scheitern des Projekts. Vgl. *Beckers / von Hirschhausen* (2003b, S. 6).

[261] Vgl. Lovells (2004, S. 7 ff.).

[262] Siehe Abschnitte F.IV.1.–3.

[263] Vgl. *Schunck* (2004).

diesem Grunde wurde auch im seinerzeitigen BMVBW geprüft, ob die Anwendung eines neuen sog. „strukturierten Verhandlungsverfahrens“ möglich ist, welches der Komplexität und dem vermehrten Abstimmungs- und Verhandlungsbedarf im Vergabeverfahren durch Ermöglichen von Nachverhandlungen besser Rechnung tragen dürfte.[264]

3. Verfahrensrechtliche Probleme der Refinanzierung

Ein weiterer Hemmschuh kann sich für potenzielle Betreiber aus verfahrensrechtlichen Risiken der Refinanzierung ergeben: Hier stellt sich die Frage, wie rechtssicher die Erlösseite des Projekts ausgestaltet ist. In diesem Zusammenhang ist mannigfaltige Kritik u. a. an folgenden vier Aspekten des F-Modells geübt worden:

- Besteht für den Betreiber ein Anspruch auf Erlass einer bestimmten Mautgebührenverordnung, kann er sich mithin darauf verlassen, dass seinen Vorgaben durch den Verordnungsgeber gefolgt wird? („Genehmigungsrisiko“)?
- Zu welchem Zeitpunkt besteht Gewissheit über die anzusetzenden Entgeltsätze, wie viel Zeit verstreicht insbesondere nach Abschluss des Konzessionsvertrages, bis eine verlässliche Entgeltgenehmigung bzw. eine Mauthöhenverordnung vorliegen („Verzögerungsrisiko“)?
- Mit wie vielen verschiedenen (autonomen) Akteuren hat der Betreiber zu tun, fallen insbesondere konzessionärer Vertragspartner und Verordnungsgeber bzw. Genehmigungsinstanz auseinander mit der Gefahr abweichender Auffassungen („Akteurspluralitäts-Risiko“)?
- Wie rechtssicher ist eine einmal zugestandene Erlösposition durch Genehmigung oder Verordnung, d. h. wie ist es um die Rechtsbeständigkeit der jeweiligen Rechtsakte bestellt („Anfechtungsrisiko“)?

Alle vier Verfahrensrisiken stellen die Erlösseite eines F-Modells strukturell in Frage. Es ist daher zu prüfen, wie das FStrPrivFinG mit diesen Risiken umgeht und ob eine befriedigende Lösung für die Betreiber gefunden wurde. Diesen Fragen wurde insbesondere in der rechtswissenschaftlichen Literatur nachgegangen.[265] Die nachfolgende Tabelle 10 fasst die wesentlichen Ergebnisse dieser Diskussion zusammen.

---

[264] Vgl. *Schunck* (2004) und *von Glyszynski* (2004).

[265] Siehe insbesondere *Müller-Wrede* (2006, S. 136 ff.), mit zahlreichen weiteren Nachweisen.

Tabelle 10

Verfahrensrechtliche Erlösrisiken im FStrPrivFinG

Problem	**Bewertung**
Genehmigungsrisiko	
Mit welcher Sicherheit kann der Betreiber auf behördliche Zustimmung zu seiner Kalkulation vertrauen? Kritik insbesondere, dass kein Anspruch auf eine *bestimmte* Mautgebührenverordnung bestehe.	Rechtlich umstritten und daher nicht eindeutig, dass Anspruch auf *Mautgebührenverordnung* nach Vorgaben des Betreibers besteht. Dagegen bei *Entgeltmodell*: Anspruch auf Erteilung der Genehmigung nach § 6 Abs. 2 FStrPrivFinG; gebundene Entscheidung.
Verzögerungsrisiko	
Ungleichzeitigkeit von Konzessionsvertrag und rechtssicherer Erlösgrundlage; Vertragsschluss ohne Kenntnis der zugestandenen Entgeltsätze.	Anspruch auf Mautgebührenverordnung entsteht mit Vertragsabschluss. Sicherheit über die Refinanzierung besteht damit allerdings nur dem Grunde, nicht aber der Höhe nach, weil die ansatzfähigen Kosten naturgemäß nicht mit Beginn, sondern erst mit dem Abschluss des Projekts feststehen. Für die Zwischenzeit gilt § 5 Abs. 1 S. 4 FStrPrivFinG (und zwar sowohl für Mautgebührenverordnung als auch für Genehmigung). Solange die Kosten nicht nachgewiesen sind, können die Mautgebühren nur anhand der Kalkulation des Betreibers erfolgen. Maßgeblich für die Mautgebührenhöhe sind aber sowohl für Gebühr als auch für Entgelt die nachgewiesenen Kosten. Die spätere Aktualisierung der ansatzfähigen Kosten ist damit kein Spezifikum des Gebührenmodells.
Akteurspluralitäts-Risiko	
Betreiber steht bei Vertragsschluss und „Entgelt-Genehmigung" möglicherweise unterschiedlichen staatlichen Akteuren gegenüber, die abweichende Positionen vertreten können.	Das Land ist Vertragspartner des Konzessionärs. Nach der Änderung des FStrPrivFinG durch das ÖPP-BeschlG ist die Landesregierung auch zuständig für den Erlass der Mautgebührenverordnung. Das Land ist damit zugleich Vertragspartner des Konzessionärs und zuständig für die Mautgebührenverordnung.

Fortsetzung nächste Seite

Fortsetzung Tabelle 10

	Nachteil: Die Zuständigkeit des Landes für die Mautgebührenverordnung ermöglicht die Normenkontrolle nach § 47 VwGO (siehe Anfechtungsrisiko). Im Falle eines privatrechtlichen Entgelts ist nach § 6 Abs. 1 die oberste Landesstraßenbaubehörde zuständig, so dass die föderale Rechtseinheit ebenfalls gewahrt ist.
Anfechtungsrisiko	
Eine einmal zugestandene Erlösposition muss gegenüber den Nutzern rechtssicher durchgesetzt werden können. Auch die staatliche Rechtsgrundlage muss Anfechtungen stand halten (Normenkontrolle).	1. Normenkontrolle der Rechtsgrundlage: Inzidente Normenkontrolle im Rahmen einer verwaltungsgerichtlichen Anfechtungsklage stellt kein Problem dar, da keine Rechtswirkung auf außenstehende Rechtsverhältnisse besteht. Durch Zuständigkeitsänderung nach § 2 Abs. 1 FStrPrivFinG aber nunmehr abstrakte Normenkontrolle nach § 47 Abs. 1 Nr. 2 VwGO möglich. Nach *Müller-Wrede* (2006) müssen die auf Grund einer unwirksamen Mautgebührenverordnung ergangenen Gebührenbescheide trotzdem mit der Anfechtungsklage angegriffen werden. Gebührenbescheide auf dieser Basis können also trotzdem bestandskräftig werden und so die nötige Rechtssicherheit für den Betreiber schaffen. Demgegenüber ist die Entgeltgenehmigung von den Nutzern nicht angreifbar und daher in der Praxis wohl unproblematischer. 2. Durchsetzung des Entgeltanspruchs gegenüber dem Nutzer *Gebührenbescheid* ist sofort vollziehbar. *Entgeltforderung* ist kein Titel und daher erst nach Klageerhebung durch den Betreiber vollstreckbar. Entgeltforderung ist aber zusätzlich bußgeldbewehrt und daher in der Rechtspraxis wohl gleichwertig.

Quelle: eigene Darstellung nach *Müller-Wrede* (2006, S. 144).

4. Die Rolle des materiellen Gebührenrechts

Als vierter institutioneller Hemmnisfaktor kommen materielle Beschränkungen der Refinanzierungsmöglichkeiten durch das Gebührenrecht zum Tragen. Die zentrale Erlösfrage nutzerfinanzierter Betreibermodelle ist nur dann befriedigend zu lösen, wenn bei der Entgeltgestaltung hinreichende Spielräume zu einer auskömmlichen Gebührenerhebung bestehen. Dies betrifft die Höhe, die zeitliche Gestaltung und die Tarifierung und Bemessung eines Entgeltes, d. h. die gesamte Preispolitik des Betreibers. Hierüber entscheidet das Gebührenverfassungsrecht, das einfachgesetzliche Gebührenrechts des FStrPrivFinG sowie das untergesetzliche Kalkulationsrecht in den Rechtsverordnungen[266] sowie im jeweiligen Konzessionsvertrag. Wenn und soweit dort Restriktionen eingezogen sind, die die Erlösseite von F-Projekten schwächen, kommen gesamtwirtschaftliche effiziente Verkehrsinfrastruktur-Projekte u. U. nicht zum Zuge, weil das Gebührenrecht eine marktorientierte Preissetzung und damit eine ausreichende Refinanzierung nicht gestattet. Diese Beschränkungen gelten materiell gerade auch für die seit 2005 eröffnete Möglichkeit zur Erhebung eines privatrechtlichen Entgelts.[267] Wegen der engen Verflechtung der Problematik wird dieser Aspekt im Rahmen des Verkehrsmengenrisikos unter den ökonomischen Hemmnissen unter G.II. mitdiskutiert. Im Mittelpunkt steht dabei die preispolitische Frage, inwieweit das Gebührenrecht Entgeltgestaltungen zulässt, die eine nachhaltige Akzeptanz der Entgeltlichkeit von Verkehrsinfrastruktur befördern, z. B. durch im Zeitablauf ansteigende Entgeltsätze (Periodenproblem – dazu Abschnitt G.II.3.).

II. Ökonomische Hemmnisse

1. Probleme der Risikoallokation durch das FStrPrivFinG

Wie schon in Abschnitt E.IV. erwähnt wurde, sind mit der Bereitstellung von öffentlicher Verkehrsinfrastruktur zahlreiche besondere Risiken verbunden. Insbesondere bei Erstellung und Betrieb von Bundesfernstraßen ergeben sich vielfältige hohe Risiken, die die betriebswirtschaftliche Rentabilität auch gesamtwirtschaftlich effizienter Projekte belasten und privatwirtschaftliches Engagement gefährden. Aus ökonomischer Sicht kommt bei privatwirtschaftlichen Projekten dem Aspekt der Risikoallokation eine entscheidende Bedeutung

[266] Hierzu näher in Abschnitt F.III.3.d).

[267] Hierzu ausführlich bereits in Abschnitt F.III.3.

zu. Während bei der konventionellen Realisierung – Planung durch das Bauamt, Vergabe der Bauleistung, Betrieb durch die Ämter, Finanzierung durch die öffentliche Hand – alle Projektrisiken bei der öffentlichen Hand verbleiben, ermöglicht es die privatwirtschaftliche Realisierung, Risiken auf Private zu übertragen.[268] Aus Sicht der Privaten ist der Einstieg in den privat finanzierten Straßenbau deshalb mit erheblichen Risiken verbunden, weil Bau und Betrieb von Verkehrsinfrastruktur privates Kapital

- langfristig,
- in einem unsicheren und komplexen Umfeld sowie
- zu einem großen Teil irreversibel und hochspezifisch binden.[269]

Der durch das jeweilige Finanzierungs- und Kooperationsmodell realisierten Risikoallokation[270] kommt somit eine entscheidende Rolle zu: Für den Erfolg von Projekten nach dem Betreibermodell ist es entscheidend, dass die jeweiligen Risiken erkannt, dem „richtigen" (kostengünstigsten) Akteur zugewiesen und soweit wie möglich abgesichert werden.[271]

Private Investoren müssen folglich anstreben, ihr Engagement projektspezifischen und allgemeinen politischen Risiken gegenüber abzusichern. Dabei stoßen sie in Deutschland auf Repräsentanten der öffentlichen Hand, die in diesem Bereich über wenig Erfahrung verfügen. Hinzu kommt, dass hierzulande nur ein eingeschränktes Instrumentarium zur Kompensation eintretender Risiken existiert.[272]

Unabhängig von der erforderlichen Prüfung im Einzelfall trägt der öffentliche Sektor üblicherweise gesetzgeberische und politische Risiken sowie das Planungsänderungsrisiko, während der private Sektor finanzielle, entwurfs- und baubedingte Risiken sowie Betriebs- und Marktrisiken übernimmt. Für den privaten Investor treten zudem technische Risiken auf in Form von Planungs-, Konstruktions-, Bau- oder Materialfehlern. Diese wirken in der Regel nicht nur Kosten erhöhend sondern auch Erlös mindernd. Ferner treten Beschaffungsrisi-

---

[268] Vgl. Bundesverband Deutscher Banken (2004, S. 11 ff.).

[269] Vgl. *Schulte-Althoff* (1992, S. 235 f.).

[270] Unter Risikoallokation wird die Festlegung verstanden, „auf wessen Vermögens- bzw. Wohlfahrtsposition sich ein durch eine risikobehaftete Größe beeinflusster Zahlungsstrom auswirken soll. Im Rahmen der Allokation von Kostenrisiken wird festgelegt, nach welcher Regel der Konzessionär für seine Leistung kompensiert und somit welche Entlohnungsregel angewandt wird." Siehe hierzu *Beckers / von Hirschhausen* (2003b, S. 10).

[271] Vgl. *Alfen* (2001, S. 430), *Beckers / von Hirschhausen* (2003a, S. 28) und *Ewers / Alfen* (2000, S. 45).

[272] Vgl. *Ewers / Alfen* (2000, S. 45).

ken auf, die auf eine unvollständige, verfehlte oder verzögerte Verfügbarkeit wichtiger Zulieferungen zurückzuführen sind. Primäre Erlösrisiken entstehen aus einer unplanmäßigen Entwicklung von Preisen und/oder Mengen der abgesetzten Leistung. Quelle dieser Risiken sind Handlungen der Nachfrager und konkurrierende Anbieter, die auf dem Absatzmarkt agieren.[273] Aus höherer Gewalt resultierende Risiken sind üblicherweise von öffentlicher Hand und Privaten gemeinsam zu tragen.[274]

Tabelle 11 stellt die Risiken im Überblick dar, denen die auftretenden Akteure bei Realisierung von Verkehrsinfrastruktur typischerweise ausgesetzt sind.

Tabelle 11

Risiko-Kategorien bei Bereitstellung von Verkehrsinfrastruktur

Risikokategorien (in alphabetischer Reihenfolge)	
Art des Risikos	*Kurzbeschreibung (sofern nicht selbst erklärend)*
Alternativstrecken-Risiko	
Baukosten-Risiko	
Beschaffungs-Risiko	Risiko, welches auf unvollständige, verfehlte oder verzögerte Verfügbarkeit wichtiger Zulieferungen zurückzuführen ist.
Besteuerungs-Risiko	
Betriebskosten-Risiko	
Finanzierungskosten-Risiko	Den Beschaffungsrisiken ähnlich, hat jedoch in der Regel keine eigenständige Wirkung auf die Erlöse.
Force-Majeure-Risiko	Risiken durch höhere Gewalt. Typische Beispiele sind Naturkatastrophen.

Fortsetzung nächste Seite

273 Vgl. *Ewers / Alfen* (2000, S. 46).

274 Vgl. Bundesverband Deutscher Banken (2004, S. 13).

Fortsetzung Tabelle 11

Inflations-Risiko	
Intraorganisatorisches Risiko	Unternehmensinterne Fehlerquellen, zum Beispiel Management- oder Betriebsrisiken.
Mauteinnahme-Risiko	Unsicherheit über die Höhe der Einnahmen bei einer privaten Maut (bzw. Unsicherheit über Höhe der Einnahmen aus einem bestimmten Anteil an einer staatlichen Maut).
Planungs-Risiko	Unsicherheit, ob Planfeststellungsbeschluss für geplante Linienführung, Dimensionierung etc. erteilt wird und über ggf. daraus resultierende Einnahmen- und Kostenvariationen.
Politische und juristische Risiken	Unsicherheit über politische und juristische Entscheidungen und über durch diese Entscheidungen beeinflusste Zahlungsströme.
Technisches Risiko	
Unterhaltungskosten-Risiko	
Verkehrsmengen-Risiko	Unsicherheit über die zukünftige Verkehrsmenge bei einer bestimmten Mauthöhe (Nachfragefunktion).

Quelle: eigene Darstellung. Siehe auch dazu *Beckers / von Hirschhausen* (2003b, S. 10) sowie *Ewers / Tegner* (2000, S. 46).

Wie in Abschnitt E.IV. bereits näher erläutert, soll ein Risiko dem „richtigen", d. h. steuerungsmächtigsten Akteur zugewiesen und damit so kostengünstig wie möglich abgesichert werden. Die in den 2001 vom seinerzeitigen BMVBW erstellten „Musterkonzessionsverträgen"[275] vorgesehene Risikoverteilung ist in einigen wesentlichen Punkten leider kaum geeignet, diesem Anspruch gerecht zu werden.[276] So weisen die Musterverträge z. B. das Risiko, dass die entsprechend den Mustern im Konzessionsvertrag vereinbarten Regelungen auch rechtsbeständig sind, ausschließlich dem privaten Konzessionär zu. Bestimmte grundsätzliche rechtliche oder wirtschaftliche Rahmenbedingungen müssen trotz der langen Laufzeiten von 30 Jahren verlässlich festgeschrieben und/oder kalkulierbar sein. Dies stellt für den privaten Investor si-

[275] Die „Musterkonzessionsverträge" wurden unter Zuhilfenahme einer Gutachtergruppe erstellt. Siehe dazu *Limberger et al.* (2001).

[276] Vgl. *Alfen* (2001, S. 430).

cher, dass ihm die wirtschaftliche Grundlage für die zu Projektbeginn getätigten Investitionen nicht entzogen werden. Bei internationalen Projekten kommt es deshalb immer wieder vor, dass Konzessionsgeber das Risiko der Veränderung solcher überlebenswichtiger Rahmenbedingungen auf ihre Konzessionäre abwälzen, obwohl sie eindeutig in ihrer bzw. der staatlichen Sphäre liegen, während der private Investor nicht die geringsten Einflussmöglichkeiten darauf hat. Eine ausgewogene Risikoverteilung im Vertrag hätte diese für alle Beteiligten schädliche Situation von Anfang an vermieden. Auch in den BMVBW-Mustern wurde dem nur sehr bedingt Rechnung getragen.[277]

Eine durch das FStrPrivFinG selbst oder die darauf gestützten Konzessionsverträge bedingte ineffiziente Risikoallokation bedeutet Wohlfahrtseinbußen auf verschiedenen Ebenen:

- ineffiziente Risikoallokationsregeln erhöhen unnötig die Kosten der Risikobewältigung zu Lasten der Steuerzahler (Anschubfinanzierung), der privaten Betreiber (Rentabilitätseinbuße) oder der Nutzer (zu hohe Mautgebühren),
- sie können darüber hinaus dazu führen, dass die betriebswirtschaftliche Rentabilität des Projekts nicht mehr gegeben und privates Kapital nicht zu entsprechendem Investment bereit ist (Scheitern des Projekts). Die Wohlfahrtseinbuße liegt dann im vollständigen Verzicht auf Nettonutzen stiftende Straßenwege bzw. deren Verzögerung, soweit nicht die öffentliche Hand ersatzweise tätig wird (Beispiel: Strelasundquerung).

Von besonderem ökonomischen Interesse ist in diesem Zusammenhang die Allokation des Verkehrsmengenrisikos, da hierbei die (unsichere) Nachfrage nach Straßennutzungen und damit die Erlösseite der Infrastrukturprojekte angesprochen ist. Die normativen Optionen einer optimalen Allokation des Verkehrsmengenrisikos bei F-Modellen, die Qualität der Lösungen des FStrPrivFinG bzw. der Konzessionsverträge (positive Analyse) sowie Verbesserungsmöglichkeiten erörtert der nachfolgende Abschnitt G.II.2.

2. Die Rolle des Verkehrsmengen-Risikos

a) Struktur und Bedeutung des Verkehrsmengen-Risikos

Sieht man von der staatlichen Anschubfinanzierung zunächst ab, so besteht die einzige Einnahmequelle der Projektgesellschaft in den Mautzahlungen der

---

[277] Vgl. *Alfen* (2001, S. 430).

Nutzer. Ohne diese – und zwar in der erwarteten Höhe – ist die Gesellschaft nicht überlebensfähig.[278] Damit wird deutlich, welche Bedeutung die Prognose von Erlösen – und zwar sowohl der Höhe nach als auch in zeitlicher Sicht (Erlöspfad) – für den Erfolg von Betreibermodellen hat. Die Finanzierung der Investitionskosten erfolgt, wie schon weiter oben erwähnt, durch Zuschüsse der öffentlichen Hand und durch private Mittel. Die privaten Mittel setzen sich zusammen aus Eigenkapital der Investoren und Fremdkapital der Banken. Die benötigten Einnahmen pro Periode müssen somit jederzeit die laufenden Ausgaben für Betriebs- und Erhaltungskosten, Schuldendienst und Dividenden decken.[279] Die Mauthöhe ergibt sich anhand der Division der benötigten Einnahmen – soweit durch ansatzfähige Kosten gedeckt – durch das prognostizierte Verkehrsaufkommen. Wegen der Preissensibilität der Nachfrage ist dieses Vorgehen ein iterativer Prozess, in dem ermittelt werden muss, welche Effekte die gewählten Mauthöhen wiederum auf das Verkehrsaufkommen haben – und damit auf das Ausweichverhalten der Nutzer (dazu auch das Modell unter G.II.2.d)).[280]

Im Zentrum dieser Überlegungen steht das so genannte Verkehrsmengenrisiko. Dieses beschreibt das Risiko schwankender, rückläufiger oder ganz allgemein „unzureichender“ Nachfrage nach dem betreffenden Mautgut. Bei der Mautgebührenkalkulation besteht Unsicherheit über die zukünftige Verkehrsmenge bei einer bestimmten Mauthöhe – kurz: die Nachfragefunktion ist unbekannt und muss geschätzt werden. Eine Vielzahl der in der Vergangenheit privat betriebenen und über Straßenbenutzungsgebühren refinanzierten Fernstraßen war aufgrund falscher Verkehrsprognosen unwirtschaftlich.[281]

Im Zusammenspiel mit der Mauthöhe bzw. der Unsicherheit über zukünftige Mauthöhen sowie dem Mauterfassungsrisiko ergibt sich hieraus das gesamte Mauteinnahmerisiko (Abbildung 10).[282]

---

[278] Vgl. Bundesverband Deutsche Bauindustrie (1999, S. 27).

[279] Vgl. Bundesverband Deutsche Bauindustrie (1999, S. 28).

[280] Vgl. Bundesverband Deutsche Bauindustrie (1999, S. 28).

[281] Vgl. *Benz* (2000, S. 66).

[282] Vgl. *Beckers / von Hirschhausen* (2003a, S. 35).

<table>
<tr><td>Verkehrsmengen-Risiko
(Nachfragefunktion)</td><td rowspan="3">Mauteinnahme-Risiko</td></tr>
<tr><td>Mauthöhen(änderungs)-Risiko
(Genehmigungs-Risiko, Anfechtbarkeit der Rechtsgrundlage, Verzögerungs-Risiko, Akteurspluralitäts-Risiko)</td></tr>
<tr><td>Mauterfassungs-Risiko
(Zahlungsmoral, Schuldnerliquidität, Anfechtbarkeit, Transaktionskosten der Durchsetzung)</td></tr>
</table>

Abbildung 10: Verkehrsmengen- und Mauteinnahme-Risiko

Die Erlösseite von Betreibermodellen ist insgesamt durch das Mauteinnahmerisiko geprägt; dieses zerfällt gedanklich in Teilrisiken, die die Einnahmen des Betreibers dadurch belasten, dass

- die realisierte Verkehrsmenge (Nachfrage) zu gering ausfällt (Verkehrsmengenrisiko),
- die staatlich festgelegte Mauthöhe trotz u. U. ausreichender Nachfrage nicht auskömmlich ist (Mauthöhenrisiko) oder unerwartet bzw. unzureichend variiert wird (Mauthöhenänderungsrisiko),[283]
- die fällige Mautgebührenschuld nur teilweise oder zu zu hohen Kosten eingetrieben werden kann (Mauterfassungsrisiko).

Die Einflussmöglichkeiten des privaten Betreibers auf das Mauteinnahmerisiko gelten – mit Ausnahme des Inkassorisikos – als denkbar gering: Wesentliche Einflussfaktoren der Nachfrage sind seinem Zugriff entzogen; allenfalls durch Qualitätsentscheidungen bei der Gestaltung der Strecke kann die Nachfrage positiv oder negativ beeinflusst werden. Die Rahmenbedingungen des automobilen Individualverkehrs und das umgebende Streckennetz beispielsweise obliegen politischen Entscheidungen. Auf die konkrete Mauthöhe hat der Betreiber ebenfalls keinen Einfluss, da die Entscheidung über die Höhe der Gebühr als hoheitliche Festlegung – z. B. im Rahmen einer Mauthöhen-Verordnung nach § 2 Abs. 1 FStrPrivFinG – staatlichen Autoritäten vorbehalten ist (Betreiber als *price taker*).[284]

Der private Investor bzw. Konzessionär, dessen Entlohnung ja wie oben geschildert an die Verkehrsmenge gekoppelt ist, wird daher – in Abhängigkeit des

---

[283] Hierunter fallen auch die bereits in Abschnitt G.I.3. diskutierten verfahrensrechtlichen Einnahmerisiken.

[284] Hierzu auch *Beckers* / *Miksch* (2002).

Ausmaßes dieses Zusammenhangs – einen bestimmten Risikozuschlag verlangen.[285] Zukünftige Verkehrsmengen sind aufgrund zahlreicher Einflussfaktoren schwer zu prognostizieren, weshalb das Verkehrsmengenrisiko als hoch einzustufen ist.

Das Verkehrsmengenrisiko wird von politischer Seite spezifisch erhöht, wenn mautfreie Alternativstrecken aus sozial- oder regionalpolitischen Gründen aufrechterhalten werden – wie dies im Fall der Strelasundquerung mit der Beibehaltung der alten Klappbrücke geschehen ist. Die Politik mutet dem Konzessionär damit ein nahezu perfekt homogenes, aber entgeltfreies Substitut zu, das das Verkehrsaufkommen der Mautstrecke empfindlich belastet.

Schwer zu prognostizieren ist auch die spezifische Zahlungsbereitschaft potentieller Nutzer, da hierfür keine Erfahrungswerte vorliegen und die F-Modelle als singuläre Ausnahmen in einem weiterhin ganz überwiegend entgeltfreien Wegesystem bestehen müssen. Auch die finanzpsychologische Akzeptanz der Maut gilt als kritisch: Bei Verkehrsprojekten dieser Art wird unter anderem bei der Bevölkerung als psychologischer Grund für eine negative Entwicklung des Verkehrsaufkommens die „gefühlte" Doppelbelastung aus Maut und der zu erbringenden Mineralöl- und Kraftfahrzeugsteuer genannt.[286] Ob allerdings die Entscheidung zur Nutzung einer mautpflichtigen Strecke tatsächlich in nennenswertem Umfang auch von der subjektiven Last-Wahrnehmung bei verkehrsbezogenen Steuern abhängt, erscheint offen. In einem von finanzpsychologischen Effekten freien neoklassischen Verhaltensmodell macht ein rationales Wirtschaftssubjekt die Nutzungsentscheidung nur von der Abwägung der Grenzkosten, d. h. der Höhe der Mautgebühr, und der Grenznutzen abhängig. Dass ein – ggf. medial angefachtes – kumulatives Belastungserleben der Nutzer den trotzigen Verzicht auf offensichtliche individuelle Verkehrsvorteile auslöst, mutet konstruiert an.[287] Ergiebiger erscheinen hier Erklärungsversuche des *behavioural pricing*, die Phänomene wie individuelle Preiswahrnehmung und Preisbewertung (z. B. anhand von Fairness-Vorstellungen) betrachtet. Auf die Rolle der Maut-Akzeptanz für die Bewältigung des Verkehrsmengenrisikos geht Abschnitt G.II.3.d) näher ein.

---

[285] Vgl. Bundesverband Deutsche Bauindustrie (1999, S. 27–34).

[286] Vgl. *Wolter* (2004, S. 38).

[287] Hierfür bietet im vorliegenden Fall nicht einmal die experimentelle Wirtschaftsforschung Anhaltspunkte, die den Einfluss von Fairness-Normen auf die Allokation untersucht und dabei durchaus in geeigneten Settings auf gezielte Verzichte auf Rationalverhalten stößt.

b) Optimale Allokation des Verkehrsmengen-Risikos (normative Analyse)

Abhängig vom konkreten Ausmaß und den jeweiligen Ursachen des Verkehrsmengen-Risikos ist im Einzelnen unter Effizienzgesichtspunkten die Frage zu entscheiden, wie dieses Risiko alloziiert werden soll (vgl. Abschnitt E.IV.).

(1) Potentielle Risikoträger

Als Träger dieses Risikos kommen grundsätzlich drei Akteure in Betracht:

- Die öffentliche Hand, die bei Ausbleiben einer ausreichenden Nachfrage die erforderliche Deckung aus Steuermitteln zuschießt;
- der private Betreiber, der eine unzureichende Inanspruchnahme seines Verkehrsabschnitts mit Verlusten und Aufzehrung des haftenden Eigenkapitals „bezahlt" oder die Risiken innerhalb des privaten Sektors vertraglich weiterreicht, z. B. an Versicherungen oder Bauunternehmer,[288]
- schließlich die Nutzer, die eine mangelnde Inanspruchnahme des Mautabschnitts durch entsprechend steigende Gebührensätze ausgleichen, um Kostendeckung herzustellen.

(2) Ökonomische Kriterien einer effizienten Risikoallokation im Infrastrukturbereich

Bei der Entscheidung über die Allokation von Risiken im Verkehrs- und Infrastrukturbereich sind drei wesentliche Kostendeterminanten zu beachten:[289]

- *Risikoaversion und Kosten der Risikoübernahme*: Private Wirtschaftssubjekte (Individuen und Unternehmen) sind i. d. R. risikoavers und bevorzugen einen sicheren Geldbetrag gegenüber einer risikobehafteten Zahlung mit demselben Erwartungswert. Die Höhe der Risikoaversion und damit die Kosten der Übernahme von Risiken divergieren zwischen Wirtschaftssubjekten. Wird nun ein Risiko von einem risikoaverseren Wirtschaftssubjekt, z. B. einer natürlichen Person, an ein weniger risikoaverses Wirtschaftssubjekt, z. B. eine Versicherung, übertragen, so sinken aus volkswirtschaftlicher Sicht die Kosten der Risikoübernahme.
- *Anreizstrukturen*: Wer ein Risiko trägt, erhält Anreize, die Eintrittswahrscheinlichkeit des Risikos und dessen Varianz im eigenen Interesse zu be-

[288] Zu den Möglichkeiten, Betreibermodelle über Versicherungen abzusichern, näher *Limberger et al.* (2001, S. 221 ff.). In Betracht kommen hier beispielsweise Planungshaftpflichtversicherungen während der Planungsphase, Transport- und Betriebsunterbrechungsversicherungen während der Bauphase sowie Betriebshaftpflicht- oder Bestandsrisikoversicherungen im kommerziellen Betrieb.

[289] Dazu *Irwin et al.* (1997, S. 234).

einflussen, um damit die Kosten einer Risikoübernahme zu senken. Bei nicht-beeinflussbaren Größen können häufig zumindest Anreize gesetzt werden, die Auswirkungen von Risiken zu begrenzen oder Aktivitäten zur Aufdeckung von Risiken zu entfalten. Anreize werden dort am stärksten wirksam, wo am ehesten Einflussmöglichkeiten bzw. Steuerungspotential besteht.

- *Transaktionskosten*: Der im Rahmen der Risikoallokation durchgeführte Risikotransfer zehrt selbst Kosten (Transaktionskosten), die möglichst gering gehalten werden sollten: Die Auswirkungen der risikobehafteten Größe müssen unter Ressourcenverzehr ermittelt, institutionell zugeordnet und der Wert von Kompensationsmaßnahmen festgelegt werden.

Eine optimale Allokation eines Risikos setzt voraus, dass alle drei Effekte in ihrer Kostenkonsequenz gegeneinander abgewogen werden.

(3) Kosten der Risikoübernahme des Staates und bei privaten Wirtschaftssubjekten

In der ökonomischen Literatur wird die Frage, ob beim Staat durch die Übernahme von Risiken keine Kosten anfallen oder diese Kosten unterhalb derer privater Wirtschaftsubjekte liegen, kontrovers diskutiert. Die Renditeforderungen von Investoren an Unternehmen bzw. an die von diesen emittierten Wertpapiere setzen sich zusammen aus dem risikolosen Zinssatz und einem Risikozuschlag, der den Kosten der Risikoübernahme bei den Investoren aufgrund ihrer Risikoaversion entspricht. Die Risikoaversion von Investoren überträgt sich auf die jeweiligen Unternehmen, so dass die Unternehmen dieselben Kosten der Risikoübernahme haben wie ihre Eigentümer.[290] Staatsanleihen der westlichen Welt hingegen werden als weitgehend risikolose Anlagen angesehen,[291] weshalb Investoren lediglich eine Rendite in der Höhe des Zeitwertes des Geldes verlangen, aber auf einen Risikozuschlag verzichten. Deshalb wird zum Teil die Auffassung vertreten, dass Risikoübernahme beim Staat keine Kosten verursache. Demnach könnte der Staat Risiken immer kostengünstiger übernehmen als private Wirtschaftssubjekte. Diese Einschätzung übersieht jedoch, dass der Staat nur deshalb so günstig am Kapitalmarkt Mittel aufnehmen kann, weil die Steuerzahler des Landes dem Zwang des Steuersystems unterliegen und implizit die Rückzahlung garantieren.[292] Dieser Zwang stellt aus volkswirtschaftlicher Sicht wiederum Kosten dar.

---

[290] Vgl. *Brealey / Myers* (2003, S. 94 ff.). Nach dem Capital Asset Pricing Model (CAPM) wird nur „systematisches" und nicht spezifisches Risiko bepreist.

[291] Im Zuge der Finanzkrise 2008 ff. hat sich diese Sichtweise freilich differenziert.

[292] Vgl. z. B. Wissenschaftlicher Beirat beim BMVBW (1997, S. 73) oder *Klein* (1996, S. 5).

Allerdings lassen sich überzeugendere Argumente dafür anführen, dass der Staat Risiken kostengünstiger tragen kann als Private. Um eine (wohlfahrts-) ökonomisch fundierte Aussage treffen zu können, muss untersucht werden, welche Kosten den Individuen entstehen, wenn „ihr" Staat sich selbst und damit auch die einzelnen Individuen – als implizit garantierende Steuerzahler – risikobehafteten Zahlungsströmen aussetzt. *Vickrey* (1964) weist daraufhin, dass der Staat in eine Vielzahl von Projekten investiert, mithin spezifisches Risiko vollständig diversifiziert und deshalb risikoneutral ist. *Arrow / Lind* (1970) führen als zweites Argument für eine Risikoneutralität des Staates an, dass der Staat Risiken auf eine große Anzahl von Individuen verteilt. Unter der Annahme, dass die Zahlungsströme eines Projektes nicht mit dem sonstigen Einkommen der Bevölkerung korreliert sind, zeigen *Arrow / Lind* (1970, S. 370), dass die über die gesamte Gesellschaft summierten Kosten der Risikoübernahme bei einer unendlich großen Anzahl Individuen gegen Null geht.[293] Nach *Kerf* (1998) führt die Ineffizienz im Anreizsystem der öffentlichen Verwaltung dazu, dass Risiken wesentlich schlechter gemanagt werden als in privaten Unternehmen. Um eine Aussage über den Gesamteffekt aus Vorteilen (gemäß der Argumentation von *Arrow / Lind* (1970) und *Vickrey* (1964)) bei der Übernahme von Risiken durch den Staat und Nachteilen (aufgrund der staatlichen Ineffizienz) anhand von Beobachtungen über das Verhalten einzelner Wirtschaftssubjekte herleiten zu können, wendet *Kerf* (1998) einen Vergleich an. Theoretisch könnte ein großer privater Fonds durch Diversifizierung und eine Verteilung von Risiken auf viele Anleger das staatliche System kopieren und die Kosten der Risikoübernahme eliminieren. Dieses ist in der Praxis jedoch nicht zu beobachten: Investoren stellen auch an große Fonds höhere Renditeansprüche als an risikolose Staatsanleihen. Die mit der Unternehmensgröße zunehmenden internen Organisations- und Transaktionskosten verhindern, dass eine Eliminierung der Kosten der Risikoübernahme in einem Fonds ökonomisch sinnvoll ist. Daraus folgert *Kerf* (1998), dass die Kosten der Risikoübernahme des Staates nicht geringer sind als die privater Wirtschaftssubjekte.

Allerdings ist damit nicht gezeigt, dass die Kosten der Risikoübernahme des Staates nie unter denen privater Wirtschaftssubjekte liegen. Wenn Risiken nicht kontrollierbar und ihre Auswirkungen auch durch ein effizientes (Risiko-) Management nicht beeinflussbar sind, dann ist die staatliche Ineffizienz – als Nachteil einer staatlichen Risikoübernahme – irrelevant. Außerdem fallen die

---

[293] Bei der Aufteilung eines Risikos auf eine größere Personenanzahl ist ein erster Effekt, dass bei den einzelnen risikoaversen Wirtschaftssubjekten die durch eine Risikoübernahme verursachten Kosten zurückgehen, da diese jeweils einem kleineren Risiko ausgesetzt sind. Ein zweiter Effekt ist, dass zur Ermittlung der Gesamtkosten der Risikoübernahme über eine größere Anzahl Individuen summiert werden muss. Der erste Effekt überwiegt jedoch den zweiten, so dass bei einer Risikoaufteilung auf unendlich viele Individuen die Gesamtkosten der Risikoübernahme gegen Null gehen.

Kosten der Organisation des Staatsgebildes unabhängig von der konkreten Übernahme eines nicht kontrollierbaren Risikos an, (so dass die aus ökonomischer Sicht relevanten inkrementalen Organisations- und Transaktionskosten Null sind). Deshalb liegen in einem derartigen Fall (bei nicht kontrollierbaren Risiken) gemäß der Argumentation von *Arrow / Lind* (1970) die Kosten der Risikoübernahme des Staates unter denen privater Wirtschaftssubjekte.

Alternativ können bei mautpflichtigen Straßeninfrastrukturen Risiken auch vollständig oder teilweise an die Nutzer weitergegeben werden, indem die Tarife (Gebührenhöhe) oder die Zeitdauer der Erhebung von Nutzungsgebühren (Konzessionslaufzeit) in Abhängigkeit von der Ausprägung der Risiken (z. B. des Verkehrsmengenrisikos) variiert werden. Da so – ähnlich wie bei einer staatlichen Risikoübernahme – eine Verteilung des Risikos auf eine Vielzahl von Individuen erfolgt, sinken gemäß *Arrow / Lind* (1970) die Kosten der Risikoübernahme. Allerdings ist eine derartige Risikoallokation nur bei nicht durch die Betreiber kontrollierbaren und von diesen unbeeinflussbaren Risiken in Betracht zu ziehen.[294]

(4) Formen der Risikoallokation

Die Gestaltung der Risikoübernahme kann grundsätzlich durch

- Gestaltung der Anschubfinanzierung und Nachschusspflichten des Konzessionsgebers („Garantien"),
- konzessionsvertragliche Entgeltregelungen zugunsten des Konzessionärs,[295]
- variable Konzessionslaufzeiten zur Refinanzierung,
- Gestaltung des Rückgriffs auf die Gebührenschuldner,
- außerordentliche Kündigungsrechte des Konzessionärs (exit option)

erfolgen.

Die Risikoallokation kann in expliziter und impliziter Form erfolgen. Bei der expliziten Risikoallokation wird im Konzessionsvertrag vereinbart, wer welche Risiken trägt und wann ggf. Kompensationen auf welche Art und Weise durchgeführt werden. Bei der impliziten Risikoallokation wird die Zuordnung einzelner Risiken nicht im Konzessionsvertrag festgeschrieben, sondern es werden während der Laufzeit der Konzession in Verhandlungen zwischen dem Konzessionär und dem Staat Kompensationsmaßnahmen vereinbart. Ziel der Vergabe von Konzessionen für Straßeninfrastruktur sollte es (zumindest im Falle des A-Modells) sein, das Unternehmen auszuwählen, das die geforderte Leistung

---

[294] Hierzu auch *Engel / Fischer / Galetovic* (1997b, S. 100).

[295] Hier kommen beispielsweise feste oder variable Zahlungen und Zielvereinbarungen in Betracht – dazu beispielhaft *Beckers / Miksch* (2002).

am kostengünstigsten erstellen kann. Bei einer impliziten Risikoallokation besteht die Gefahr des strategischen Bietens, d. h. dass Unternehmen mit hoher Lobbyismus- und Nachverhandlungskompetenz für sich günstigere Kompensationsmaßnahmen aushandeln können. Diese Unternehmen werden den Effekt bei der Konzessionsvergabe antizipieren und evtl. andere, kostengünstigere Unternehmen unterbieten können. Um dies zu verhindern, sollte die Risikoallokation soweit wie möglich in expliziter Form erfolgen.

(5) Optimale Allokation des Verkehrsmengenrisikos bei F-Modellen

– *Charakteristika des Verkehrsmengenrisikos und die Kosten der Risikoübernahme*: Trägt der Konzessionär einer mautfinanzierten Straßeninfrastruktur das Verkehrsmengenrisiko, so wird er hierfür (als Ausgleich für die ihm entstehenden Kosten der Risikoübernahme) einen entsprechend hohen Zuschlag verlangen, der letztendlich auf die Mautgebühren umgelegt wird und damit von den Nutzern zu tragen ist.[296] Zukünftige Verkehrsmengen sind hauptsächlich von verschiedenen vom Konzessionär nicht zu beeinflussenden Faktoren, wie der allgemeinen wirtschaftlichen Entwicklung, der Verkehrsplanung etc. abhängig, so dass dieser auch bei größten Bemühungen im Endeffekt nur einen geringen Einfluss auf die Verkehrsmenge ausüben kann. Auch die Anpassungsflexibilität an schwankende Auslastungen sind wegen der Unteilbarkeit des Gutes und der hohen Fixkosten nahe Null. Deshalb können durch eine Übertragung dieses Risikos an den Staat oder die Nutzer die Kosten der Risikoübernahme aus gesamtwirtschaftlicher Sicht gesenkt werden. Dort können die Risiken auch zu geringeren Kosten übernommen werden, wobei der Staat als risikoneutraler Akteur besondere Vorzüge aufweist.

  Ein paradoxer Effekt tritt allerdings ein, wenn die Einnahmen des Konzessionärs völlig unabhängig von den tatsächlichen Verkehrsmengen sind und das Verkehrsmengenrisiko somit vollständig an den Staat oder die Nutzer übertragen wird; dann ist der Konzessionär indirekt einem – wenn auch sehr geringen – negativen Verkehrsmengenrisiko ausgesetzt: Bei höheren Verkehrsmengen steigen bei gleich bleibenden Einnahmen die Betriebskosten, da die Fahrzeuge beim Befahren einer Straße eine Abnutzung bewirken und so die Kosten für den Erhalt der Straßeninfrastruktur erhöhen. Die Kosten der Risikoübernahme beim Konzessionär (und zugleich aus gesamtwirtschaftlicher Sicht) sind folglich minimal, wenn die Mehreinnahmen bei höheren Verkehrsmengen genau die zusätzlichen Kosten des Unterhalts und Betriebs decken.

---

[296] Im Falle eines Schattenmautmodells würde der Konzessionär seine höheren Kosten aus der Risikoübernahme beispielsweise mittels einer erhöhten Schattenmaut an den Staat weiterreichen.

- *Charakteristika des Verkehrsmengenrisikos und Anreizstrukturen*: Wenn das Verkehrsmengenrisiko ganz oder teilweise dem privaten Konzessionär zugeordnet wird, so hat dieser Anreize, die Qualität der Straßeninfrastruktur zu erhöhen, um zusätzliche Verkehre anzuziehen. Wegen der relativ geringen nutzungsabhängigen Betriebskosten erzielt der Konzessionär hohe Deckungsbeiträge je gefahrenem Kilometer, so dass er auch bei einer „relativ geringen" Übernahme des Verkehrsmengenrisikos bereits große Anreize zur Qualitätssteigerung erfährt. Begrenzt wird dieser Effekt durch die geringe Beeinflussbarkeit der Verkehrsmenge.

  Wenn das Verkehrsmengenrisiko vollständig an den Staat oder die Nutzer übertragen wird, fehlen dem Konzessionär – aufgrund des beschriebenen „negativen" Verkehrsmengenrisikos – nicht nur Anreize, Verkehr auf die Straße zu locken, sondern er besitzt sogar Anreize, Verkehr von der Straße „fernzuhalten". Allerdings sind diese fehlenden bzw. kontraproduktiven Anreize für den Privaten beim Gut Straßeninfrastruktur durch das Festlegen von Qualitätsstandards oder Zielvereinbarungen – trotz verbleibender Nachteile – verhältnismäßig gut beherrschbar.

  Inwieweit der Staat bei Übernahme des Verkehrsmengenrisikos wirksame Anreize erfährt, von kontraproduktiven Rahmenbedingungen der Umwelt-, Steuer- und Verkehrspolitik abzusehen, erscheint zweifelhaft. Allenfalls planerische Annex-Entscheidungen wie die Aufrechterhaltung entgeltfreier Alternativstrecken beispielsweise beim Brückenbau könnten so beeinflusst werden.

- *Transaktionskosten und optimaler Risikotransfer beim Verkehrsmengenrisiko*: Die Transaktionskosten einer Risikoallokationslösung hängen insbesondere von der konzessionsvertraglichen Lösung[297] ab: Je nach Ausgestaltung von Konzessionsverträgen kann der Transfer des Verkehrsmengenrisikos zwischen dem Konzessionär, dem Staat und den Nutzern von Straßeninfrastrukturen zu erheblichen Transaktionskosten führen. Bei geschickter Vertragsgestaltung können sie u. U. jedoch auch relativ gering gehalten werden. Eine optimale Risikoallokation – gemäß den vorgestellten Determinanten – ist aus gesamtwirtschaftlicher Sicht dann erreicht, wenn die Vorteile (Grenznutzen) aus zusätzlichen Anreizen beim Konzessionär den Nachteilen (Grenzkosten) aufgrund der höheren Kosten der Risikoübernahme sowie Transaktionskosten entsprechen.

- *Nutzerfinanzierung und Verzicht auf staatliche Risikoabsicherung zur Vermeidung von Fehlinvestitionen*: Eine Risikoallokation wäre auch dann ineffizient, wenn eine Absicherung des Konzessionärs die Realisierung

---

[297] Zu den konzessionsvertraglichen Modellen der Risikoteilung zwischen Staat und Betreiber u. a. *Beckers / Miksch* (2002).

volkswirtschaftlich unrentabler Prestigeprojekte ermöglicht. Trägt ein privater Konzessionär bei einem BOT-Projekt das Verkehrsmengenrisiko vollständig, so wird er sorgfältig überprüfen, ob die erwarteten zukünftigen Verkehrsmengen bei den geplanten Nutzergebühren tatsächlich die Investition rechtfertigen. Gleiches gilt für den Fall, dass das Verkehrsmengenrisiko ganz oder teilweise auf die Nutzer übertragen wird, da auch dann die Einnahmen des Konzessionärs von deren Zahlungsbereitschaft abhängen. Eine Risikoteilung zwischen dem Konzessionär und dem Staat erfolgt üblicherweise über staatliche Garantien, bei denen ein Referenzwert für die erwartete Verkehrsmenge festgelegt wird und bei Abweichungen finanzielle Kompensationen durchgeführt werden. Der kritische Punkt bei derartigen Garantien ist die Festlegung des Referenzwertes. Sofern der Staat diesen zu hoch festsetzt, subventioniert er zwangsläufig das Projekt. Da staatliche (Kompensations-)Zahlungen aufgrund von Garantien erst in der Zukunft (und somit in zukünftigen Wahlperioden) anfallen, können Verkehrsmengengarantien von Politikern zur Subventionierung von Projekten missbraucht werden. Je größer die staatliche Absicherung gegen das Verkehrsmengenrisiko ist, umso höher ist die Wahrscheinlichkeit für eine derartige „indirekte" staatliche Finanzierung über Verkehrsmengengarantien.

Aus diesen Überlegungen wird in der Literatur der Schluss gezogen, eine optimale Allokation des Verkehrsmengenrisikos sei bei einer Teilung des Verkehrsmengenrisikos zwischen dem Konzessionär und den Nutzern gegeben, da so einerseits eine effiziente Risikoallokation unter Berücksichtigung der Kosten der Risikoübernahme und der Anreizstrukturen erreichbar ist und andererseits die indirekte Finanzierung von unwirtschaftlichen Prestigeprojekten (sog. „white elephants") über staatliche Garantien verhindert wird.[298] Der Staat bleibt jedoch aus Anreizgründen und wegen geringerer Risikoübernahmekosten in der Risikoträgerschaft für politisch determinierte Globalrisiken. Zudem sichert bei gesamtwirtschaftlich effizienten, aber betriebswirtschaftlich nicht rentablen Projekten die Teil-Risikoübernahme des Staates die Realisierung des Projekts.

Bei Projekten nach dem A-Modell kann aufgrund der einheitlichen streckenbezogenen Lkw-Maut im gesamten BAB-Netz das Verkehrsmengenrisiko nicht von den Nutzern übernommen werden; hier sind die Gebührenhöhen nicht projektspezifisch variierbar. Bei F-Modellen hingegen ist diese Option gegeben. Das Nutzerkollektiv kann sogar als *cheapest cost avoider* bezüglich des Verkehrsmengenrisikos gelten – eine rege Inanspruchnahme bannt das Nachfragerisiko. Jedoch hat der einzelne Nutzer keinen individuellen Anreiz, eine Maut-

[298] So etwa *Beckers / Miksch* (2002).

gebührenerhöhung als Antwort auf die Realisierung des Verkehrsmengenrisikos abzuwenden: Die Nutzen aus einer Entgeltermäßigung oder -stabilisierung aufgrund starker Nachfrage stellen ein öffentliches Gut dar – bei gleichzeitig privaten Kosten der Erstellung.

Eine gemischte Risikoallokation erweist sich daher als optimal, wobei der Staat über eine Anschubfinanzierung einen Ausgleich hoheitlich induzierter Rentabilitätsrisiken leistet. Der Betreiber sollte durch Teilrisiken unter Qualitätsanreiz für das Mautgut gehalten werden und völlig unrentable Prestige-Projekte durch fehlendes Investment aufdecken helfen. Die Nutzer stehen über die Gebührenhöhe bzw. die Konzessionslaufzeit ebenfalls in (begrenzter) Risikoträgerschaft.

Wem das Verkehrsmengenrisiko unter Effizienzgesichtspunkten bei Projekten nach dem F-Modell zugewiesen werden sollte, wird kontrovers beurteilt. So wird argumentiert, dass angesichts der besonderen Kostenstruktur derartiger Projekte mit hohen Fixkosten und nur geringen variablen Kosten die Anpassungsflexibilität des Betreibers gering ist. Auch kann der Betreiber – mit Ausnahme des Gebührenhebels (Höhe, Tarif und Satzdifferenzierungen) – kaum auf die Inanspruchnahme durch die Nachfrager einwirken (Werbung, Komfort und Service der Erhebungstechnik). Dies gilt insbesondere für die politisch bedingte Vorhaltung eines homogenen, aber entgeltfreien Substituts (Alternativstrecke). Infolge der nur begrenzten Beeinflussbarkeit des Verkehrsmengenrisikos durch den Betreiber sind auch die Anreizwirkungen durch die Übertragung des Risikos begrenzt. Daraus wird die Forderung abgeleitet, dass dieses Risiko nicht bzw. nur zu einem geringen Anteil von einem privaten Unternehmen getragen werden soll.

Im Gegensatz zum Konzessionsnehmer kann demgegenüber der Auftraggeber, also der Staat, durch eine Vielzahl von politischen Entscheidungen die Verkehrsmenge bei einem betreffenden Verkehrsprojekt stark beeinflussen. Damit sind erhebliche Risiken für den Konzessionär verbunden. So wirkt die nachträgliche Genehmigung von Verkehrsinfrastrukturen, die parallel zur mautpflichtigen Straße errichtet werden (z. B. neue Bahnlinien), ebenso negativ auf das Verkehrsaufkommen bei der Straße wie eine politische Garantie für eine bereits bestehende kostenlose Alternativstrecke. Das Gleiche gilt für Behinderungen bei der komplementären Infrastruktur, also für den Fall, dass Zufahrtsmöglichkeiten zur Autobahn bzw. ihr vorgelagerte Strecken nicht gebaut, behindert oder zeitweilig gesperrt werden (z. B. durch Baustellen). Auch andere Bestimmungsfaktoren der Verkehrsnachfrage wie steuerliche Rahmenbedingungen (Mineralölsteuer, Öko-Steuer) liegen im Verantwortungsbereich der öffentlichen Hand. Als Rahmengeber für die Verkehrs-, Umwelt- und Steuerpolitik kann die öffentliche Hand zum Beispiel unmittelbaren Einfluss auf die Erstellung von Alternativstrecken und somit mittelbar Einfluss auf die Rentabilität der Projekte nehmen.[299] Solche restriktiven Maßnahmen werden unausweichlich auch den Wert des langfristig in Infrastruktur gebundenen Kapitals beeinflussen, welches zudem am Ende der Laufzeit an die öffentliche Hand zurückfällt.

Mit planungsrechtlichen und politischen Entscheidungen greift daher der Staat erheblich in die Nachfrage nach Mautstrecken ein, ohne hierfür im Betreibermodell unmittelbar die Verantwortung zu übernehmen. Ob unter den gegebenen Rahmenbedingungen jeweils ein rentables Projekt noch möglich ist, kann günstigenfalls im Rahmen einer Machbarkeitsstudie im Voraus zuverlässig ermittelt werden. Die fehlende Risikoübernahme des Staates führt in diesem Fall möglicherweise zum Verzicht auf die Projektrealisierung, weil eine privatrentable Durchführung nicht gesichert erscheint. Darüber hinaus besteht aber auch in der Betriebsphase das Risiko nachträglicher planungsrechtlicher oder ökonomischer Eingriffe in den Datenkranz der Verkehrsnachfrage (Ausbau des Verkehrsnetzes, Mineralölsteuererhöhungen u. ä.), welche die Rentabilität im Nachhinein gefährden.

Zum Ausgleich staatlich bedingter Rentabilitätslücken – etwa durch Garantie einer kostenlosen Alternativstrecke – kommen entsprechende Zuschüsse aus allgemeinen Deckungsmitteln, etwa im Wege einer Anschubfinanzierung in Betracht. Soweit die politisch induzierte Nachfragedämpfung bei einem Mautprojekt als im öffentlichen Interesse liegend betrachtet wird, steht die Allgemeinheit auch in der Finanzierungsverantwortung. Schwieriger zu bewerten ist die Frage, ob auch eine Mitfinanzierungs-Regel gefunden werden muss, um spätere staatliche Eingriffe in den verkehrspolitischen Datenkranz abzufedern. Eine solche Bestandsgarantie im erwerbswirtschaftlichen Datenkranz kann in der Marktwirtschaft kein Unternehmen beanspruchen; entsprechende Risiken bleiben unternehmerisches Wagnis.

Daher kann grundsätzlich auch argumentiert werden, dass der Konzessionär das Verkehrsmengenrisiko als sein wesentliches unternehmerisches Risiko selbst tragen sollte. Durch die im Musterkonzessionsvertrag vorgesehenen Instrumente zum Schutz des Betreibers vor politischen Entscheidungen mit einem Einfluss auf Verkehrsmenge und Einnahmenhöhe wird dieses Risiko – trotz der Selbstbehalte – abgemildert.[300] *Limberger et al.* (2001, S. 228) nennen hier verkehrsplanerische Selbstbindungen des Konzessionsgebers, staatliche Garantien, Nachschusspflichten der Sponsoren, variable Konzessionlaufzeiten und Kündigungsmöglichkeiten für den Konzessionär.

---

[299] Vgl. *Ewers / Alfen* (2000, S. 44).

[300] Vgl. Deutsche Bank Research (2003, S. 8). In diesem Sinne auch *Limberger et al.* (2001, S. 216 ff.).

Wegen der genannten Probleme einer Risikoübernahme durch Staat und private Betreiber wird im Schrifttum für die F-Modelle letztlich eine weitestmögliche Übertragung des Risikos an die Nutzer befürwortet,[301] wie sie durch das Gebührenrecht im FStrPrivFinG auch vorgesehen ist.

c) Die Risikoallokation im FStrPrivFinG als Hemmnisfaktor (positive Analyse)

Das FStrPrivFinG implementiert mit dem Gebührenhebel zur Finanzierung der Projekte und der darüber hoheitlich vermittelten Kostendeckungs- und Gewinngarantie für den Betreiber zunächst eine Risikozuweisung an die Nutzer. Reicht das tatsächliche Gebührenaufkommen nicht aus, um die gesetzlichen Ansprüche des Betreibers zu decken, so werden die Gebührensätze entsprechend angepasst. Das Nutzerkollektiv übernimmt insoweit die Haftung für eine auskömmliche Auslastung des Infrastrukturobjekts. Der Staat bleibt bis auf die Anschubfinanzierung ohne Budgetrisiko; vor dem Rücktransfer des Infrastrukturobjekts an die öffentliche Hand soll sich das Projekt annahmegemäß amortisiert haben. Die Haftung für Mindernutzungen der Mautgüter liegt nach dem FStrPrivFinG mithin beim Nutzerkollektiv.

Dies gilt freilich nicht mehr, wenn es sich um „kritische Projekte" handelt. Ein Mautprojekt möge als „kritisch" bezeichnet werden, wenn es keine Entgeltgestaltung über den Gebührenhebel gibt, der die Kosten des Projekts zu decken vermag. Anders formuliert: die Nachfragefunktion lässt keine kostendeckenden Erlöse zu (Abbildung 12).

Bei den Berechnungen für die Maut wird von einem bestimmten Verkehrsaufkommen ausgegangen. Steigt demgegenüber das effektive Verkehrsaufkommen an, so ergeben sich höhere Einnahmen als geplant und somit kann die Maut für den Nutzer in zukünftigen Perioden nach unten abgesenkt werden. Auf diese Weise tragen die Nutzer das Verkehrsmengenrisiko. Dies geschieht im FStrPrivFinG, indem die Mauthöhe unter Berücksichtigung aktueller Verkehrsmengen gem. § 3 Abs. 2 und 3 FStrPrivFinG so angepasst werden kann, dass der Konzessionär gemäß der angewandten Entlohnungsregel für seine Leistungserstellung kompensiert wird. Ein *kritisches* Projekt zeichnet sich allerdings dadurch aus, dass die Nachfragefunktion keine Entgeltgestaltung (Gebührenhöhe) kennt, die zu Kostendeckung führt. Daraufhin müssten die Mautgebühren für eine höhere Akzeptanz (Rechtsverschiebung der Nachfragefunktion) eigentlich gesenkt werden, um im Zeitablauf höhere Verkehrsmengen zu generieren. Nach § 3 Abs. 2 FStrPrivFinG wird die Mautgebühr aber anzu-

[301] Vgl. *Beckers / von Hirschhausen* (2003a, S. 35).

heben sein und damit das Defizit u. U. noch vergrößert (dazu das Modell im nachfolgenden Abschnitt G.II.2.d)).

Soweit der Gebührenhebel bei den als *kritisch* zu bezeichnenden Projekten nicht ausreicht, um Deckung der Betreiber-Ansprüche (Kosten und Gewinnzuschlag) sicherzustellen, weil aufgrund der spezifischen Nachfragefunktion kein zulässiger Gebührensatz ein Gebührenaufkommen zu generieren vermag, das diese Ansprüche voll bediente (vgl. Abschnitt G.II.2.d)), verbleibt das Verkehrsmengenrisiko beim Betreiber.

Das FStrPrivFinG sieht demnach eine gemischte Risikoallokation vor, bei der dem Betreiber über den Gebührenhebel eine Refinanzierungsgarantie ermöglicht wird, die nur bei „kritischen" Projekten versagt. Ob ein bestimmtes Vorhaben in diese Kategorie fällt, soll gerade durch die Machbarkeitsstudien im Vorfeld geklärt werden. Das Risiko einer Fehleinschätzung über die gebührenwirtschaftliche Auskömmlichkeit des Projekts, aber auch einer späteren Nachfrageänderung in den kritischen Bereich geht zu Lasten des Betreibers.

Welche Rolle haben die Risikoallokationsregeln des FStrPrivFinG mit Blick auf das Verkehrsmengenrisiko für den Misserfolg der F-Modelle gespielt? Nach Aussagen der Deutschen Bauindustrie hat sich die Projektliste des Bundesverkehrsministeriums zu den F-Modellen in besonderer Weise mit dem Verkehrsmengen-Problem auseinanderzusetzen: Das Verkehrsaufkommen der bisher ausgewählten Projekte in der Liste des seinerzeitigen BMVBW (Stand 2004 – siehe Tabelle 7) gilt vor allem aus Sicht der Bauindustrie bzw. Bauwirtschaft als zu gering.[302] Die Projekte sind daher bei Gebührenfinanzierung als „kritisch" im Sinne des Abschnitts G.II.2. einzustufen. So enthält der aktuelle Bundesverkehrswegeplan bis 2015 zwar noch fünf Vorhaben, als wirklich viel versprechend wird aber nur der Albaufstieg der A 8 zwischen Stuttgart und Ulm gehandelt. Bis Ende 2004 wollte Baden-Württemberg mit dem Planfeststellungsverfahren für den Albaufstieg Baurecht geschaffen haben, parallel dazu sollte die Ausschreibung des 350 Mill. Euro teuren Autobahnabschnitts vorbereitet werden. „Der Albaufstieg ist das einzige F-Modell, das wegen seiner Verkehrsmenge wirklich interessant ist", erklärte Heiko Stiepelmann, Sprecher des Hauptverbandes der Bauindustrie.[303] Tatsächlich aber ist das Planfeststellungsverfahren zwischenzeitlich zwar abgeschlossen, der avisierte Baubeginn 2008 konnte jedoch nicht gehalten werden. Eine Wirtschaftlichkeitsstudie ergab nach Angaben des Bundesverkehrsministeriums, dass entgegen der ersten 2001 erstellten Machbarkeitsstudie das Projekt als F-Modell nicht geeignet erscheine.[304] Erhöhte Erhaltungs- und Betriebskosten, vor allem aber der Erhalt der

---

[302] Vgl. Handelsblatt (2003, S. 4).

[303] Vgl. Handelsblatt (2003, S. 4).

[304] Vgl. SZ (2008a).

bisherigen Autobahn als mautfreie Alternative belasten die Rentabilität des Projekts: Der zweispurige Albaufstieg in Richtung München (Abbildung 11) soll zu einer normalen, unbemauteten Straße mit Gegenverkehr werden; dies haben sich die umliegenden Gemeinden ausbedungen, die den Anschluss nicht verlieren wollten.[305] Erneut schaffen sich die Planer damit eine entgeltfreie Alternativstrecke, die die Nachfrage nach dem Mautobjekt schwächt (dazu auch weiter unten Abschnitt e)). Die Stuttgarter Zeitung urteilt im Juni 2009, das Mautmodell für den Albaufstieg sei „vom Tisch".[306]

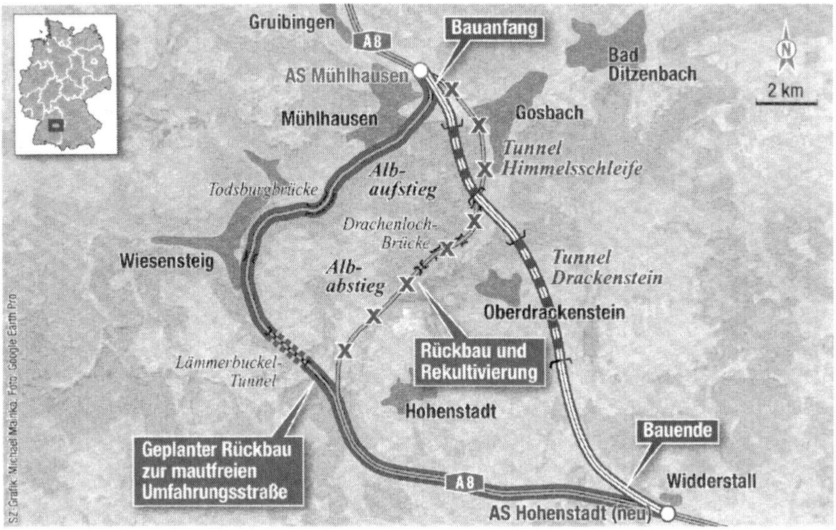

Quelle: SZ (2008a)

Abbildung 11: Albaufstieg A 8 Stuttgart-Ulm

Die bisher geringe Anzahl an durchgeführten Projekten ist insbesondere durch den Faktor zu erklären, dass bisher vornehmlich Projekte für das F-Modell in Betracht gezogen wurden, auf denen aufgrund der erwarteten Verkehrsmengen eine betriebswirtschaftliche Rentabilität fraglich ist. Genau diese Projekte sind aber für das F-Modell aufgrund seiner Regelungen zur Allokation des Verkehrsmengenrisikos ungeeignet.[307] Betriebswirtschaftlich „kritische" Projekte, die sich mangels Nachfrage über den Gebührenhebel nicht selbst tragen können, in einer Kosten-Nutzen-Analyse aber als volkswirtschaftlich nützlich

[305] Ebenda.

[306] Stuttgarter Zeitung (2009).

[307] Vgl. *Beckers / von Hirschhausen* (2003a, S. 53).

bewertet werden, bedürfen im Gebührensystem einer ausreichenden staatlichen Anschubfinanzierung. Alternativ ist auch eine Aufgabe des Gebührenmodells hin zu einer regulierten Preisfestlegung des Betreibers denkbar, die erhebliche zusätzliche Finanzierungsspielräume sichert (dazu Abschnitt H.).

d) Ein preistheoretisches Modell der Allokation des Verkehrsmengenrisikos bei den Nutzern über Gebühren

Das Mindernutzungsrisiko kann vom Nutzerkollektiv durch höhere Gebührensätze oder eine verlängerte Konzessionslaufzeit übernommen werden. Nachfolgend sei die Risikoübernahme durch Variation der Mautgebührensätze betrachtet. Eine geringe oder rückläufige Nachfrage bei gegebenem Mautpreis äußert sich in einer Linkslage bzw. Linksverschiebung der Nachfragefunktion $x(g)$, wobei x die Verkehrsmengennachfrage und g den (Maut-) Gebührensatz bezeichnen.

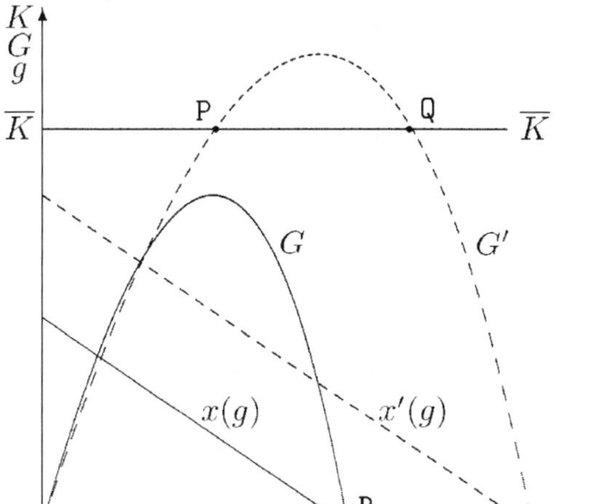

Abbildung 12: Verkehrsmengennachfrage, Erlöse und Kosten bei „kritischen" Projekten

Mit $G = x(g) \cdot g$ ergibt sich das Gebührenaufkommen bzw. der Erlös des Betreibers. Die Kostenfunktion $K(x)$ sei zur Vereinfachung als konstant angenommen, d. h. die Kosten variieren nicht mit dem Grad der Inanspruchnahme (Verkehrsmenge) und sind daher vollständig fix. Aus der Darstellung der Abbildung 12 wird deutlich, dass ein Betreiber-Projekt mit der Nachfragefunktion $x(g)$ und der Kostenfunktion K = const. durch keine Entgeltfestsetzung g zur Kostendeckung gelangen kann. Die Erlöse decken in keinem Fall die fixen Kosten des Projekts. Die Kostendeckungsgarantie der Gebührenerhebung läuft hier leer; das Projekt ist „kritisch".

Wird in einer solchen Konstellation – in der Praxis ohne Kenntnis der konkreten Nachfragefunktion, aber mit Blick auf eine Kostenunterdeckung – der Gebührensatz angehoben, so setzt eine dynamische Gebührenspirale ein, die bis zur völligen Verdrängung der Nachfrage und damit zum endgültigen Marktaustritt des Anbieters führen wird (Abbildung 13):

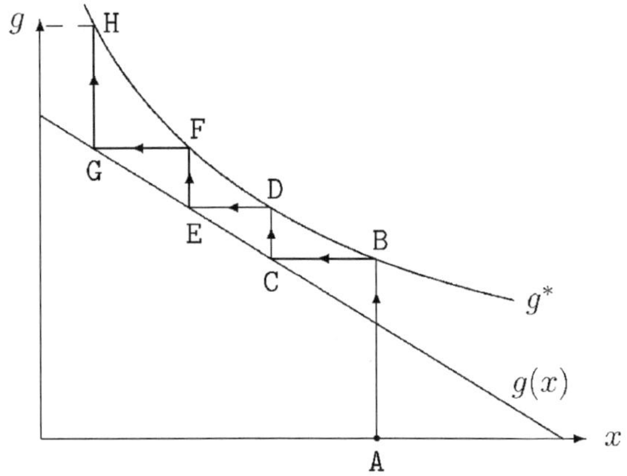

Abbildung 13: Dynamische Gebühren-Nachfrage-Spirale

Die Funktion g^* beschreibt dabei die Örterfunktion jeweils kostendeckender Gebührensätze mit $g^*(x) = K/x$. Wegen der Konstanz der Kosten beschreibt g^* eine Hyperbel. Unterstellt der Anbieter (Betreiber) nun eine erwartete Nachfragemenge in Höhe von $x = x_A$, so ist ein zugehöriger vermeintlich kostendeckender Gebührensatz in Höhe von $g^*(x_A)$ zu wählen (Punkt B). Die Nachfrager sind aber nur bereit, zum Preis von $g^*(x_A)$ die Menge x_C abzunehmen. Es tritt eine unerwartete Kostenunterdeckung ein. Gemäß der Funktion g^* ist nunmehr als Antwort der neue Gebührensatz $g^*(x_C)$ zu wählen, der jedoch abermals nicht zur Kostendeckung führt, da die Nachfrage – entsprechend der Nachfragefunktion – zu diesem Preis nochmals schrumpft usw. Wird dieser Prozess ungebremst fortgesetzt, so kalkuliert sich der Anbieter vollständig aus dem Markt heraus – der Markt bricht zusammen. Der Gebührenhebel enträt bei kritischen Projekten nicht nur einer kostendeckenden Lösung (mangelnde Existenz eines Gleichgewichts), er ist zudem noch instabil (fehlende Stabilität).

Stabile Konvergenzpfade sind im Gebührenmodell nur zu erwarten, wenn eine Gleichgewichtslösung existiert, es mithin Gebührensätze gibt, die zur Deckung der vorgegebenen Kosten führen können (Abbildung 14):

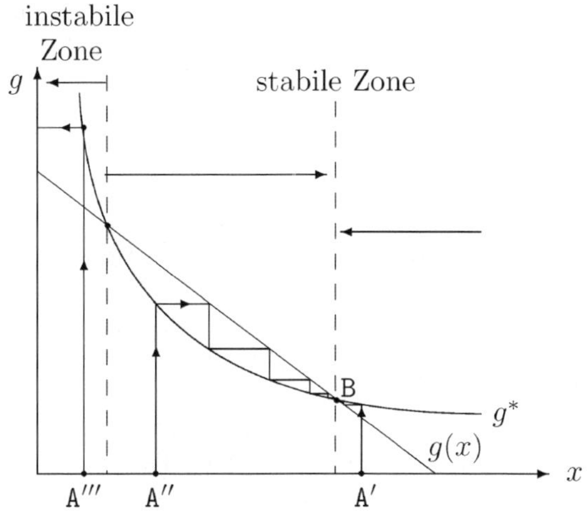

Abbildung 14: Stabile Gebühren-Konvergenz
bei nicht-kritischen Projekten

Startet der Anbieter – ohne Kenntnis der Nachfragefunktion – bei A' oder A'', so wird er durch Gebührensatzanpassungen die Gleichgewichtslösung in $g^* = g(x)$ auffinden. Eine erwartete Nachfrage in A''' hingegen führt zur Gebühren-Nachfrage-Spirale und Marktzusammenbruch.

Trotz Zuweisung des Verkehrsmengenrisikos an die Nutzer und Kostendeckungsgarantie zugunsten des Betreibers führt die Preiselastizität der Verkehrsmengen-Nachfrage effektiv zu einer gemischten Risikoallokation:

- das Nutzerkollektiv übernimmt Lasten durch steigende Gebührensätze und Zusatzlasten der Abgabenerhebung durch Substitution des Mautgutes,
- die Betreiber schultern Lasten insbesondere bei ex post kritischen Projekten durch Verluste (ggf. Insolvenz),

- u. U. tritt sogar der Konzessionsgeber (Staat) erneut in die Risikohaftung ein, wenn der Betreiber kollabiert. Dieser Fall konnte bei der Warnowquerung in Rostock nur durch Verlängerung der Konzessionslaufzeit (vorläufig) abgewendet werden (vgl. Abschnitt F.IV.1.).

Der Risikodestinatar des Modells, das Nutzerkollektiv, deckt sich hierbei nicht mit dem effektiven Risikoträger. Dabei übernehmen selbst im Extremfall des Marktzusammenbruchs auch die (Nicht-)Nutzer gewisse Kosten in Höhe der Wohlfahrtseinbuße durch Verdrängung aus der Nutzung des Mautgutes und Substitution durch weniger ergiebige Alternativen (Zusatzlast der Abgabenerhebung – *excess burden*). In diesem Fall (Marktzusammenbruch) besteht zwar keine Maut-Zahllast mehr, wohl aber eine Zusatzlast durch Verdrängung der Verkehrsnachfrage auf minder ergiebige Strecken (Wohlfahrtsminderung als Zusatzlast).

e) Verschärfung des Verkehrsmengenrisikos durch kostenfreie Alternativstrecken

Die private Finanzierung einzelner gebührenpflichtiger Teilstrecken im öffentlichen gebührenfreien System wirkt wie eine Art „Fremdkörper".[308] Diese Systemfremdheit äußert sich darin, dass für den Straßennutzer in der Regel gebührenfreie Alternativen zu den Mautstrecken existieren. Dies war auch – wie bereits dargestellt – ein zentrales Problem der gescheiterten Strelasundquerung (Abschnitt F.IV.3.) sowie aktuell des Albaufstiegs an der A 8 Stuttgart-Ulm (Abschnitt G.II.2.c)). Die aus ökonomischer Sicht denkbare Lösung, das Verfügungsrecht über sämtliche Alternativrouten einfach in die Hände eines einzigen Betreibers zu legen, scheitert an rechtlichen Hemmnissen, an der Komplexität des weit verzweigten Verkehrssystems und an wettbewerbspolitischen Bedenken.[309] Fernstraßen, die in Deutschland nach dem Betreibermodell errichtet wurden oder errichtet werden sollen, sind normalerweise in ein bereits vorhandenes, dichtes Netz von Strecken eingebunden. So ist es fast unvermeidbar, dass die Mautstrecken gegen unbemautete Alternativen konkurrieren müssen. Hinzu kommt, dass auch von politischer Seite und von interessierten Verbänden häufig gefordert wird, Fernstraßen lediglich auf solchen Relationen errichten zu lassen, die über mautfreie Parallelstrecken verfügen, oder lediglich Maut von „fremden Autofahrern" einzunehmen, wohingegen „lokale" Nutzer weiterhin kostenlos fahren sollen.[310] Nun scheint offensichtlich, dass kostenfreie Konkurrenzstrecken die Wirtschaftlichkeit von privat bereitgestellten Straßen

[308] Vgl. *Ewers / Alfen* (2000, S. 43 f.).

[309] Vgl. *Ewers / Alfen* (2000), S. 44).

[310] Vgl. Landtag MV (2003, S. 471 ff.) und *Eitel* (2004).

unmittelbar beeinflussen. So sehr eine mautfreie Alternativstrecke sozial- oder regionalpolitisch wünschenswert sein mag, so sehr beengt es demzufolge den möglichen Einsatzbereich des privaten Straßenbaus und -betriebs.[311]

Um einem Konflikt zwischen kostenloser öffentlicher Bereitstellung und privater, bemauteter Bereitstellung aus dem Weg zu gehen, erscheint es daher ratsam, zukünftig als in Frage kommende Betreiber-Strecken nur solche auszuwählen, die

- über eine hohen Verkehrsanteil verfügen,
- geringe Verlagerungseffekte (Substitutionsreaktionen) befürchten lassen,
- hohe Zahlungsbereitschaft der Nutzer vermuten lassen *und* zugleich ausreichende Mautakzeptanz,
- und damit eine stabile Nachfrage mit auskömmlichem Erlösvolumen gewährleisten können.[312]

3. Preistheoretisches Modell einer „Akzeptanzmaut" zur Bewältigung des nutzeralloziierten Verkehrsmengenrisikos

a) Vorbemerkungen

Ein Blick auf die drei nach dem FStrPrivFinG bisher realisierten oder zumindest in die Konzessionsvertragsphase überführten Projekte zeigt ein ernüchterndes Bild (vgl. Abschnitt F.IV.):

- die *Strelasundquerung* ist von den Investoren wegen des nicht beherrschbaren Verkehrsmengenrisikos ex ante als „kritisches" Projekt enttarnt worden; die Realisierung scheiterte im Vergabeverfahren, weil Angebot und Konzessionsbedingungen nicht zur Deckung zu bringen waren;
- der *Herrentunnel* bei Lübeck wurde mangels Nachfrage ex post kritisch; das Projekt ist vom Investor bereits kurz nach Inbetriebnahme voll abgeschrieben worden;
- die *Warnowquerung* in Rostock stellte sich ebenfalls wegen völlig unbefriedigender Nutzerzahlen ex post als kritisch heraus; die Insolvenz des Betreibers konnte nur durch die Verlängerung der Konzessionslaufzeit von 30 auf nunmehr 50 Jahre (vorläufig) abgewendet werden.

---

[311] Vgl. *Ewers / Alfen* (2000, S. 44).

[312] Vgl. *von Glisczynski* (2004).

Es stellt sich daher die Frage, worin die ökonomischen Gründe für die empirische Dominanz „kritischer“ Projekte zu sehen sind. Hierfür kommen vor allem zwei Aspekte in Betracht:

1. Die *(Fehl-)Anwendung* eines hoheitlichen *Gebührenhebels* zur Refinanzierung von *risikobehafteten Leistungsabgaben* (Abschnitt b));
2. die *unzureichende Akzeptanz* der Bemautung. Aus der Theorie des *behavioural pricing* lassen sich Anhaltspunkte dafür ableiten, dass selbst bei gegebener ökonomischer Zahlungsbereitschaft die Nachfragezurückhaltung auf eine als unzureichend empfundene Preisfairness zurückzuführen sein könnte (Abschnitt c)).

b) Gebühr und Refinanzierung risikobehafteter Leistungen

Die Gebühr – ganz gleich ob formalrechtlich als Benutzungsgebühr oder als privatrechtliches Entgelt[313] – folgt einer ganz speziellen Refinanzierungslogik, die sich – wie unter G.II.2. aufgezeigt – nicht ohne Friktionen auf riskante und nachfrageunsichere private Leistungsabgaben übertragen lässt. Es handelt sich um eine hoheitliche Zwangsrefinanzierung für eine praktisch risikolose Investition in ein staatliches Monopolangebot:

- durch Anschluss- und Benutzungszwang ohne Ausweichmöglichkeit schafft sich der Staat eine Zwangsnachfrage, die sich häufig noch auf unvermeidliche lebensnotwendige Bedarfe richtet, die kaum preiselastisch reagieren (z. B. Abfall, Abwasser),
- durch auf Kostendeckung zielende Kalkulationsregeln gewährt die Gebühr als Finanzierungshebel eine preisliche Kostendeckungsgarantie,
- und vermittels eines hoheitlichen Abgabenhebels wird zudem ein Zahlungszwang etabliert, der auch das Inkassorisiko minimiert (hoheitliche Durchsetzung des Zahlungsanspruchs).

Ein durch Gebühren refinanziertes staatliches Investment kann daher üblicherweise als weitgehend risikolos gelten. Das Gebührenrecht reflektiert dieses Szenario durch umfangreiche Begrenzungen der staatlichen Abgabengewalt: Vermittels restriktiver Kalkulationsregeln werden die Gebührenschuldner vor willkürlicher Abschöpfung geschützt. Eine marktorientierte Preissetzung ist dabei – zum Schutz des auf Zwangsnachfrage und Zwangszahlung ohnehin fi-

---

313 Es sei nochmals daran erinnert, dass die seit der Novelle des FStrPrivFinG 2005 mögliche Erhebung eines privatrechtlichen Entgelts an den materiellen öffentlichrechtlichen Beschränkungen der Refinanzierung nichts zu ändern vermag – dazu bereits Abschnitt F.III.3.

xierten Bürgers – gerade nicht vorgesehen, aber andererseits zur auskömmlichen Finanzierung des Angebots auch nicht erforderlich.

In Bereichen, in denen keine gesicherte (Zwangs-)Nachfrage, sondern gerade ein Mengenrisiko gegeben ist – wie bei der Bemautung von Verkehrsinfrastruktur –, führt diese Refinanzierungs-Logik zu Problemen.[314] Die Bereitstellung von Straßeninfrastruktur repräsentiert eine konkurrenzwirtschaftliche Leistungsabgabe ohne Zwangsnachfrage, die aus verschiedenen Gründen auf geringe Zahlungsbereitschaften oder eine geringe Nachfragemenge treffen kann:

- unmittelbare Alternativstrecken bieten enge Substitute (Beispiel Rügendamm: alte Klappbrücke neben Pylon-Neubau);
- ein dichtes allgemeines Verkehrsnetz bietet weite Substitute zur Vermeidung bemauteter Einzelobjekte;
- es besteht kein Benutzungszwang;
- die Nachfrage nach dem Mautgut verkörpert keinen lebensnotwendigen Bedarf und gestaltet sich entsprechend preisempfindlich;
- die Nachfrager entscheiden in „Fiskalillusion“: die bisher entgeltfreie Nutzung des Streckenabschnitts und der Ausnahmecharakter des Mautobjekts setzen „Referenzpreise“ nahe Null und beschädigen die wahrgenommene Preisfairness und damit die Akzeptanz der Maut.

Es liegt auf der Hand, dass die vom Gebührenrecht ohne Ansehen dieser Besonderheiten statuierten allgemeinen Restriktionen der Kalkulation nicht mehr adäquat sind. Sie behindern nicht nur ein auskömmliches *pricing* der Mautgüter; sie erscheinen darüber hinaus auch nicht mehr unter dem Gebührenschuldnerschutzaspekt oder dem Gesichtspunkt der Begrenzung hoheitlicher Abgabengewalt bei Zwangsnachfrage legitimiert.

In welcher Weise das an herkömmlichen, risikofreien Leistungsabgaben gewachsene Gebührenschuldnerschutzrecht die Preissetzung eines Anbieters beschränkt, sei nachfolgend in Tabelle 12 beispielhaft illustriert (dazu eingehend Kapitel H.):

---

[314] Dies gilt in ähnlicher Weise für kommunale Benutzungsgebühren im Friedhofswesen, das ebenfalls mangels Anschluss- und Benutzungszwang sowie aufgrund quasiwettbewerblichen Umfeldes (interkommunaler Wettbewerb, Konkurrenz privater Dienstleister, Mehrproduktangebote der Kommunen selbst) keine am Markt durchsetzbare Kostendeckungsgarantie kennt – dazu jüngst *Gawel* (2010b).

Tabelle 12

Restriktionen unternehmerischer Preissetzung durch Gebührenrecht

Preiskalkulationshebel	Restriktion des Gebührenrechts
Mischkalkulation zwischen Produkten	Kostendeckung für jeden Gebührentatbestand, keine Quersubventionierung
Penetrationspreise mit späterer Nachholung	Kostendeckung für jede Periode
Preisdifferenzierung (z. B. *peak load pricing*, monopolistische Preisdifferenzierung oder Mengenrabattierung)	Gleichbehandlungsgebot (Art. 3 GG) / Grundsatz der speziellen Entgeltlichkeit (Bemessung nach Art und Umfang der Inanspruchnahme) / Kostenorientierung der Gebühr (keine Bemessung nach wirtschaftlichem Vorteil der Nutzer)
branchenüblicher Gewinnaufschlag (*cost plus pricing*)	marktferne Begrenzung von Gewinnaufschlägen; Begrenzung der Eigenkapitalverzinsung

Die Folgen dieser Restriktionen wurden oben bereits in Abschnitt G.II.2. illustriert:

- Die gesetzliche Kostendeckungsgarantie der Gebühr kann bei „kritischen" Projekten gerade nicht eingelöst werden; Versuche, die Kostenlücke durch Entgeltgestaltung (z. B. Tarifierung) zu schließen, werden durch das Gebührenrecht restringiert;
- der Versuch, die Kostendeckung durch schlichte Gebührensatzanhebung zu erzwingen, löst bei „kritischen" Projekten eine negative Gebühren-Nachfrage-Spirale bis zum völligen Marktzusammenbruch aus (Abbildung 13).

Es stellt sich daher die Frage, ob und inwieweit die privatwirtschaftliche Finanzierung „kritischer", aber effizienter Projekte auch gebührenimmanent gesichert werden kann.

c) Strategische Optionen zur Lösung kritischer Projekte

Um die Kostenlücke eines „kritischen" Projekts (vgl. Abbildung 12) zu schließen, kommen grundsätzlich vier strategische Hebel in Betracht, die nachfolgend näher betrachtet und mit Blick auf ihre gebührenrechtliche Machbarkeit analysiert werden sollen:

- *kostenorientierte Hebel*
  1. Kostensenkung
  2. staatliche Subventionen
- *nachfrage- bzw. erlösorientierte Hebel*
  3. deglomerative Preisdifferenzierung (Verbesserung der Erlösfunktion durch Tarifmodelle)
  4. Akzeptanzverbesserung (Erhöhung der Zahlungsbereitschaft, i. e. Rechtsverschiebung der Nachfragekurve)

Die Auswirkungen dieser Optionen auf das Modell eines „kritischen“ Projekts (Abbildung 12) ist der nachfolgenden Abbildung 15 zu entnehmen.

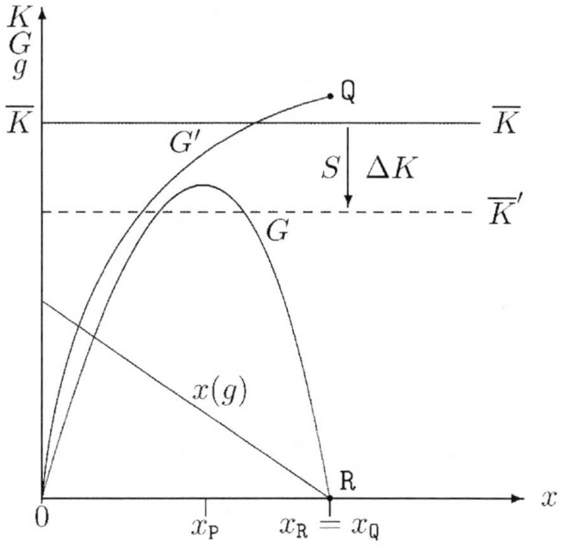

Abbildung 15: Refinanzierung kritischer Projekte
und strategische Lösungsoptionen

Die einfachste Lösung zur Schließung der Kostenlücke bestünde naturgemäß in Anstrengungen zur Kostensenkung (ΔK), wie dies im erwerbswirtschaftlichen Bereich als „Sanierungsprogramm“ nahe liegen würde (Option 1). Allerdings ist vorliegend davon auszugehen, dass angesichts der überragenden Bedeutung kapazitätsbezogener, d. h. fixer Kosten gerade keine Spielräume zur kurz- oder mittelfristigen Kostenvariation gegeben sind. Auch bieten die Projektkosten durch Einschaltung privater Betreiber eher die Gewähr, bereits nach Minimalkosten kalkuliert zu sein. Kostensenkungsspielräume dürften daher realistischerweise keinen Ausweg aus der Kostenlücke „kritischer" Projekte bieten.

Alternativ könnte die Kostenlücke durch Subventionierung *S*, also staatliche Zuschüsse geschlossen werden (Option 2). Diese „Lösung" erscheint trivial, da auf diesem Wege die staatliche Anschubfinanzierung soweit aufgestockt wird, dass auch notleidende und möglicherweise auch unwirtschaftliche Projekte unter privater Beteiligung realisiert werden können. Ein solches Verfahren ermangelt der durch Einschaltung Privater erhofften Trennschärfe zwischen wirtschaftlichen und unwirtschaftlichen Verfahren (Effizienz durch Risikotransfer) und setzt problematische Anreize zur Untertreibung der Erlöspotentiale eines Verkehrsinfrastruktur-Projekts. Zudem beeinträchtigt diese Lösung die angestrebte Entlastung der öffentlichen Haushalte mittels Einschaltung privaten Kapitals. Die Option soll aus diesen Gründen daher hier nicht weiter verfolgt werden.

Option 3 setzt hingegen auf der Erlösseite an: Durch Preisdifferenzierung, d. h. Tarif- und Entgeltmodelle der Mautgebühr kann bei gegebener Nachfragefunktion die Erlössituation verbessert werden (Verschiebung der Erlöskurve nach oben). Option 4 setzt unmittelbar an der Nachfragefunktion an und sucht die Erlössituation durch Erhöhung der Zahlungsbereitschaften mittels Akzeptanzverbesserung, technisch gesprochen: durch Rechtsverschiebung der Nachfragefunktion, zu verbessern.

Unterstellt man für Option 3 im einfachsten Fall eine monopolistische Preisdifferenzierung, so wird eine einheitliche Mautgebühr aufgegeben zugunsten einer Separation des Marktes nach unterschiedlich hohen Zahlungsbereitschaften der Nachfrager. Hierdurch kann der Erlös bei gegebener Nachfragefunktion erhöht (Abbildung 15) und so möglicherweise über die Kostenschwelle gehoben werden. Ein einfaches preistheoretisches Modell einer derartigen monopolistischen Preisdifferenzierung mit linearer Preis-Absatz-Funktion (Nachfragefunktion), konstanten Kosten und ohne Isolierungskosten (Transaktionskosten der Marktseparation) ergibt das in Tabelle 13 veranschaulichte Bild.

Mittels Preisdifferenzierung kann der Erlös durch Aneignung von Konsumentenrenten *R* gesteigert werden. Im theoretischen Grenzfall vollständiger Preisdifferenzierung kann der Monopolist Grenzerlöse in Höhe der durch die Nachfragefunktion jeweils angezeigten Preise realisieren und die Konsumentenrente (Differenz zwischen Reservationspreis der Nachfragefunktion und gefordertem Marktpreis) vollständig abschöpfen. Der Gesamterlös ergibt sich dann als Fläche unterhalb der Nachfragekurve. Im Modell ohne Isolierungskosten und konstanten Produktionskosten liegt die optimale Angebotsmenge dann bei der Sättigungsmenge x_R. Hier wird der Gesamterlös maximal. Gemäß Abbildung 15 besteht dann die Chance, die Kostenlücke zu schließen und das Mautprojekt in die betriebswirtschaftliche Rentabilitätszone zu bringen.

Tabelle 13

Erlös und optimale Angebotsmenge mit und ohne Preisdifferenzierung

ohne Preisdifferenzierung	*mit Preisdifferenzierung*
Erlös (Gebühreneinnahmen): $G = p(x) \cdot x$	**Erlös (Gebühreneinnahmen):** $G' = G + R$ $= 1/n\, xp(x) + (n-1)/n \int p(x)dx$ (n-fache PD) $\lim G' = \int p(x)dx$ (vollständige PD)
Grenzerlös: $dG/dx = p(1 + 1/\eta)$ *Amoroso-Robinson*-Relation	**Grenzerlös:** $dG'/dx = p(x)$
optimale Ausbringungsmenge: $x_R/2$	**optimale Ausbringungsmenge:** x_R

Auf die Realität übertragen bedeutet dies, dass die Rentabilität eines „kritischen" Infrastrukturprojektes u. U. dadurch zu sichern ist, dass die Erlössituation durch gesplittete Tarifmodelle verbessert wird. Danach würden Nutzer mit höherer Zahlungsbereitschaft höher bepreist als solche mit niedrigerer Zahlungsbereitschaft. Auch peak-load-pricing-Tarife sind denkbar, die Phasen mit geringerer Nachfrage (geringerer Zahlungsbereitschaft) niedriger tarifieren als Volllast-Phasen. Durch verbesserte Kapazitätsauslastung kann dadurch der Gesamterlös gesteigert werden. Für die Praxis ergeben sich folgende Tarifoptionen im Mautfall, die der Option 3 (Preisdifferenzierung) sachlogisch zuzuordnen sind:

- differenzierte Bepreisung privater und gewerblicher Fahrten (wegen differenter Zahlungsbereitschaften),
- differenzierte Bepreisung von Ortsfremden (z. B. Touristen) und lokalen Nutzern,
- Sommer-/Winter-Tarife,
- Tag-/Nacht-Tarife,
- Mengenrabatte/Zeitkarten.

Differenzierungen nach der Wegstrecke entfallen bei Ingenieur-Bauwerken wegen der einheitlichen Wegstrecke der Passage und bieten auch mangels spezifischer Zahlungsbereitschaftsdifferenzen entgelt- und erlösstrategisch keine zusätzlichen Spielräume. Die naheliegende Differenzierung nach Fahrzeugarten (z. B. Pkw – Lkw) referiert auch auf Kostenunterschiede (spezifische Abnutzung von Wegstrecken) und ist daher ebenfalls nicht geeignet, spezifische Zahlungsbereitschaften für homogene Leistungen zur Erlössteigerung zu nutzen.

Die entscheidende Frage zur Beurteilung der durch das FStrPrivFinG gesetzten Hemmnisse bei der Bewältigung des Verkehrsmengenrisikos besteht darin, ob das Gebührenrecht entsprechende Tarifdifferenzierungen zulässt oder womöglich dysfunktional restringiert (dazu im Überblick nachfolgender Abschnitt 4. sowie eingehend Kapitel H.).

Die zur Schließung einer Kostenlücke oben viertgenannte Option sieht eine Verbesserung der Akzeptanz einer Bemautung und damit eine unmittelbare Erhöhung der Zahlungsbereitschaften vor (Rechtsverschiebung der Nachfragefunktion). Eine formale Darstellung des Erlös-Effektes dieser Option wurde bereits in Abbildung 12. gegeben: Die Rechtsverschiebung der Nachfragefunktion führt zu einer höher verlaufenden Erlösparabel mit der Chance, nunmehr die bisher fehlende Kostendeckung zu erreichen. Der nachfolgende Abschnitt d) erörtert, wie eine solche Akzeptanzverbesserung über den Mautgebührenhebel selbst in Gang gesetzt werden kann (Modell einer „Akzeptanzmaut").

d) Das Modell einer Akzeptanzmaut

Im Rahmen der Diskussion von Hemmnissen der Betreibermodelle nach dem FStrPrivFinG wurde bereits verschiedentlich auf Akzeptanzdefizite für bemautete Fernstraßen hingewiesen. In den vorangegangenen Abschnitten wurde die preistheoretische Konsequenz derartiger Akzeptanzdefizite, die sich in geringeren Zahlungsbereitschaften äußern, betrachtet (Kostenlücke). Mangelnde Mautakzeptanz lässt sich nun auch mittels der Theorie des *Behavioural Pricing*[315] erklären und wird so preistheoretisch wieder gestaltbar (Endogenisierung des Akzeptanzaspekts). Ziel der Überlegungen ist die Konzeption einer „Akzeptanzmaut", die gebührenimmanent die Probleme „kritischer" Projekte löst, selbst wenn die übrigen zuvor entwickelten strategischen Ansätze der Kostensenkung, Subventionierung oder Tarifdifferenzierung – aus den zuvor jeweils genannten Gründen – keine realistischen Alternativen darstellen.

Ausgangspunkt des *behavioural pricing* ist eine verhaltenswissenschaftliche, insbesondere psychologische Fundierung des preisbezogenen Nachfrageverhal-

---

[315] Hierzu im Überblick *Pechtl* (2005, S. 16 ff.).

tens. Während in neoklassischen Modellen der Preistheorie ein Individuum lediglich den vorgegebenen Anbieter-Preis mit der eigenen maximalen Zahlungsbereitschaft (Reservationspreis) zu vergleichen hat, um zu einer Nachfrageentscheidung zu kommen, spielen bei Modellen des behavioural pricing u. a. auch

- die subjektive *Preiswahrnehmung* und
- die subjektive *Preisbewertung* eine wichtige Rolle, insbesondere die empfundene „Preisfairness", welche etwa dann in Frage steht, wenn die Nachfrager den Eindruck haben, in einer Zwangslage vom Anbieter ausgenutzt zu werden.

Eine wichtige Modellklasse des *behavioural pricing* stellen die sog. *Referenzpreismodelle* dar.[316] Danach erfolgt die individuelle Preisbewertung anhand eines „Urteilsankers" als Referenzwert, zu dem sich der gegebene Anbieter-Preis in Beziehung setzen muss. Als Vergleichsmaßstab kommen hierbei verschiedene Preiskategorien in Betracht:

- aktuelle Vergleichswerte,
- historische Vergleichswerte,
- intrinsische Referenzpreise wie beispielsweise der Reservationspreis, der für ein Gut vergleichbarer Art und Güte erwartete Preis, ein als üblich angesehener „Normalpreis" etc.

Für unsere Zwecke liegt es auf der Hand, dass bei der Bepreisung bislang unentgeltlicher Verkehrsinfrastrukturinanspruchnahme als Referenzpreis wohl nur ein Wert von Null in Betracht kommt:

- aktuelle Vergleichswerte (z. B. die unentgeltliche alte Parallelbrücke, aber auch alle übrigen unentgeltlichen Brücken im nationalen Verkehrsnetz) indizieren den Wert Null;
- historische Vergleichswerte liefern ebenfalls Null-Informationen;
- aufgrund der genährten Fiskalillusion dürften auch alle intrinsischen Referenzpreise (Erwartungshaltung, als üblich angesehener Preis und Reservationspreis als maximale Zahlungsbereitschaft für ein Mautgut) bei Null justiert sein.

Zugleich kann bei Ausnahmeobjekten, um die es sich bei allen nach dem F-Modell projektierten Maßnahmen im ansonsten unentgeltlichen Verkehrsnetz ja (noch) handelt, die Preisfairness als kritisch gelten: Wer eine bestimmte Passage, z. B. den Übergang zum Feriendomizil Rügen, nunmehr nur noch gegen Entgelt gestattet, setzt sich dem Argwohn aus, eine Zwangslage der Nutzer

---

[316] *Lichtenstein et al.* (1990).

(fehlende Ausweichstrecken) zu missbrauchen. Die Akzeptanz für derartige Projekte dürfte daher auch aus theoretischer Sicht sehr gering ausfallen.

Auf *Thaler* (1985) geht ein für unsere Zwecke geeignetes Referenzpreismodell mit Framing-Effekt zurück: Unter *Framing* ist dabei zunächst der „Rahmen", gleichsam das institutionelle Setting für eine Bewertungsentscheidung zu verstehen. Ein Framing-Effekt tritt dann auf, wenn dieses Setting selbst Einfluss auf die Entscheidung nimmt (Relevanz des Bewertungsrahmens). Bei Referenzpreismodellen werden negative Abweichungen eines zu bewertenden Verkaufspreises vom Referenzpreis als Gewinn („gain"), positive hingegen als Opfer („loss") empfunden. Die experimentelle Wirtschaftsforschung hat nun herausgefunden, dass Menschen die Bewertung von „gains" und „losses" keineswegs betragsgleich, sondern vielmehr unterschiedlich vornehmen. So geht auf *Kahneman / Tversky* (1979) die sog. *prospect theory* zurück, wonach die Nutzenbewertung von „gains" konkav, jene von „losses" hingegen konvex erfolgt. Dies hat zur Folge, dass eine – absolut – gleich große Abweichung vom Referenzpunkt nach oben weniger Nutzen stiftet als die betraglich identische Abweichung nach unten Opferempfinden auslöst (*losses loom larger effect*).

Vor diesem Hintergrund hat *Thaler* (1985) die Unterscheidung von Akquisitionsnutzen und Transaktionsnutzen der Nachfrager eingeführt:

– der *Akquisitionsnutzen* (auch: Erwerbungsnutzen) eines Nachfragers beschreibt die Differenz zwischen dem Reservationspreis p_{Res}, d. h. der maximalen Zahlungsbereitschaft für ein Gut dieser Art und Güte, und dem Verkaufspreis p;

– der *Transaktionsnutzen* hingegen kennzeichnet die Differenz zwischen dem Verkaufspreis p und einem Referenzpreis p_R, z. B. einem „fairen Preis".

Ein neoklassisch orientiertes Individuum orientiert sich ausschließlich am Akquisitionsnutzen und lässt sich von überraschenden „gains" oder „losses" gegenüber dem Referenzpreis nicht beeindrucken oder enttäuschen. Ein gefühlsbefähigtes Individuum im Modell des *behavioural pricing* jedoch wird auch Enttäuschungen oder freudige Überraschungen gemäß dem Transaktionsnutzen in die Kaufentscheidung einfließen lassen. Die von *Thaler* (1985) eingeführte Unterscheidung kann nun erklären, warum ein Konsument den Erwerb eines Gutes mit höchstem Akquisitionsnutzen (d. h. höchster Konsumentenrente) gleichwohl verweigert, da er vom Verkaufspreis – gemessen am Referenzpreis – „enttäuscht" ist. Dies könnte im Mautfall erklären, warum Ingenieur-Bauwerke, die aufgrund ihrer „überraschenden" Entgeltpflicht als Fremdkörper im Straßennetz erscheinen, unterhalb ihres Akquisitionsnutzens bewertet und nachgefragt werden. Insoweit gehen auch alle Verkehrsprognosen fehl, die den „loss effect" enttäuschter Transaktionsnutzen nicht berücksichtigen.

Greift man die Idee der *prospect theory* nach *Kahnemann / Tversky* (1979) auf und bewertet *gains* und *losses* unterschiedlich, so ergäbe sich folgende Bewertungsfunktion:

$$\Phi = \phi_1 \, (p_{\text{Res}} - p) + \phi_2 \, (p_{\text{R}} - p), \qquad \phi_1 \, , \phi_2 > 0$$

Eine Anwendung auf das Mautmodell[317] würde dann davon ausgehen, dass die bisher unentgeltliche Zurverfügungstellung von Verkehrsinfrastruktur und der verbleibende Ausnahmecharakter einzelner entgeltpflichtiger Straßennetzbestandteile die Fiskalillusion nähren und problematische Referenzpreise für Mautgüter setzen ($p_{\text{R}} = 0$).

$$\Phi = \phi_1 \, (p_{\text{Res}} - p) - \phi_2 \, (p), \qquad \phi_1 \, , \phi_2 > 0$$

In einem solchen Modell bedeutet jeder positive Preis für das Mautgut eine Enttäuschung, die den Akquisitionsnutzen aufzuzehren droht. Im Modell ergibt sich als Lösungsmöglichkeit nur die Hebung des Referenzpreises. Wie könnte eine solche Anpassung des Referenzpreises gelingen?

- Die Nutzen des Mautgutes, vor allem aber einer Nutzerfinanzierung könnten intensiv kommuniziert werden, so dass privatwirtschaftliche Lösungen weniger unfair erscheinen;
- Alternativstrecken könnten geschlossen werden, um Vergleichs-Referenzpreise nicht zuungunsten des Mautobjekts ausfallen zu lassen; allerdings könnte gerade dadurch auch die Fairness-Einschätzung beeinträchtigt werden (Schaffung einer Zwangslage);
- Leistungsmehrung des mautpflichtigen Angebots: Erscheint die Leistung des neuen Angebots wahrnehmbar höher, z. B. durch besseren Komfort, Mehrstreifigkeit der Verkehrsführung, Zeitersparnis der Passage, so kann dies die Fairness-Bewertung entgeltpflichtiger Angebote verbessern;[318]
- „Updating" der Referenzpreise: Es kann schließlich versucht werden, die Referenzpreise im Zeitablauf durch einfache Gewöhnungseffekte anzuheben („Update").[319] Dabei werden zunächst moderate Einführungspreise verlangt, die im Zeitablauf die Referenzpreise nach oben verschieben und später höhere Verkaufspreise zulassen.

Das Updating-Modell kann zur Konstruktion einer „Akzeptanzmaut" verwendet werden, die im Zeitablauf zunächst niedrige Mautgebühren, später –

[317] Dazu *Gawel* (2007).

[318] Der akzeptanzverbessernde Effekt von Leistungsdifferenzierungen ist aus dem *peak load pricing* bekannt, wenn beispielsweise Hochsaisonpreise mit zusätzlichen Leistungen verknüpft werden.

[319] Zu solchen Update-Modellen für Referenzpreise u. a. *Briesch et al.* (1997), *Kucher* (1987), *Kopalle / Lindsey-Mullikin* (2003).

nach Ansteigen der Referenzpreise – auch höhere und nachholende Preisgestaltungen zulässt. Dies führt auf einen ansteigenden Zeitpfad der „Akzeptanzmaut", die die Kostendeckung des Projekts in einer intertemporalen Totalbetrachtung sicherzustellen sucht (Abbildung 16):

- *Akzeptanzmaut* $g(t)$: intertemporaler Preispfad mit Updating von Referenzpreisen und Akzeptanzsteigerung (Ziel: Verschiebung der Nachfragefunktion mit Kostendeckung in der Totalperiode).
- *Kostendeckungsmaut* g^*: intertemporal konstanter Preis mit periodenbezogenem Kostendeckungsanspruch (herkömmliches Gebührenrecht gem. FStrPrivFinG).

Das herkömmliche Gebührenrecht kennt eine solche Akzeptanzmaut-Konstruktion naturgemäß nicht, da hierfür auch gar kein Bedarf besteht. Nach der Logik des Gebührenrechts *kann* (und *muss* daher auch – zum Gebührenschuldnerschutz) in jeder Periode eine Kostendeckung durch Benutzungsgebühren hergestellt werden. Die periodenbezogene Mautkonstruktion sei hier als „Kostendeckungsmaut" bezeichnet.

Die Akzeptanzmaut muss jedoch die Nebenbedingung erfüllen, zumindest in der Totalperiode die (fixen) Projektkosten zu decken (und – bis auf einen angemessenen Gewinnzuschlag – zugleich nicht zu überschreiten):

$$\int g^* \mathrm{d}\, t = \int g(t)\ \mathrm{d}\, t = K_{\text{fix}}.$$

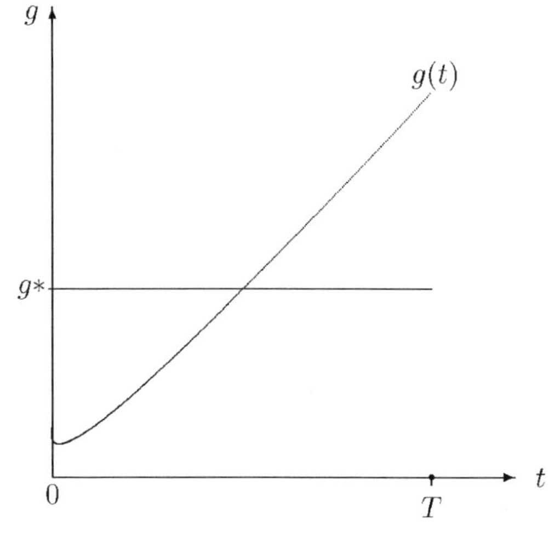

Abbildung 16: Zeitpfade von Kostendeckungs- und Akzeptanzmaut

Eine intertemporale Updating-Funktion für eine Akzeptanzmaut könnte nun wie folgt aussehen:

$$p_{R\,t+1} = \lambda\, p_{Rt} + (1-\lambda)\, p_t \qquad \text{mit } [0;1] \ni \lambda$$

Der neue Referenzpreis in Periode t+1 ergibt sich als gewogenes Mittel aus dem bisherigen Referenzpreis p_{Rt} und dem aktuellen Verkaufspreis p_t. Der Parameter λ bestimmt, wie stark der aktuelle Preis auf den Referenzpreis der kommenden Periode durchschlägt. Im Ergebnis liegt hier eine exponentielle Glättung der Preiszeitreihe vor.

Es stellt sich allerdings die Frage, inwieweit das verfassungsrechtliche, das nach dem FStrPrivFinG einfachgesetzliche sowie das in den Rechtsverordnungen und Konzessionsverträgen untergesetzlich verankerte Gebührenrecht eine solche Akzeptanzmaut zulässt.[320] Aufschlussreich wäre daher nunmehr eine ökonomische Analyse des Mautgebührenrechts zur Realisierung einer Akzeptanzmaut mit Updating-Funktion eingangs kritischer Referenzpreise; dies wird eingehend in Kapitel H. untersucht.

4. Restriktionen des Gebührenrechts bei der Preissetzung

Kehren wir zunächst zurück zur Frage, welche Hemmnisse für das Scheitern der F-Modelle in der Praxis verantwortlich zeichnen, so wurde bereits verschiedentlich, insbesondere bei der zuvor diskutierten Allokation des Verkehrsmengenrisikos deutlich, dass eine wichtige Gruppe von Hemmnisfaktoren darauf zurückzuführen ist, dass die Refinanzierung der Projektkosten vom Gesetzgeber materiell im Gewand einer Gebührenlösung erfolgen soll (aus deren Begrenzungen auch ein privatrechtliches Entgelt nicht auszutreten vermag). Der Betreiber hat also nicht die Möglichkeit, eine – womöglich auch staatlicher Aufsicht unterliegende – marktorientierte bzw. unternehmerische Preissetzung vorzunehmen, sondern ist an die Grenzen des Gebührenrechts und seiner Kalkulations- und Gestaltungsprinzipien gebunden. Dies gilt aufgrund der Grenzen des Verwaltungsprivatrechts gerade auch, wenn ein privatrechtliches Entgelt nach § 2 FStrPrivFinG gewählt wird.[321] Der Staat greift damit in die Preissetzung des Anbieters und somit letztlich in seine Erlöschancen in spezifischer Weise ein. (Abschnitt G.II.3.a))

Neben den materiellen Grenzen einer marktorientierten Gebührenbemessung können auch Unzulänglichkeiten des Verfahrens der Entgeltfestsetzung und

---

[320] Hierzu aus rechtlicher Sicht auch *Müller-Wrede* (2006) sowie *Uechtritz et al.* (2005).

[321] Hierzu bereits Abschnitt F.III.3.

-anpassung die Leistungsfähigkeit einer Gebührenlösung beeinträchtigen (dazu bereits Abschnitt G.I.3.). So beinhaltet die Konstruktion des FStrPrivFinG zahlreiche Rechtsunklarheiten in Bezug auf die Prinzipien und das Verfahren der Mautregulierung, die für private Investoren zusätzliche Risiken auf der Einnahmenseite generieren. Nicht zuletzt besteht die Gefahr, dass aufgrund dieser Unklarheiten Dritte eine Klage gegen Projekte nach dem FStrPrivFinG erheben, die in einem für die Investoren wirtschaftlich nachteiligen Sinne entschieden werden können. Derartige Unsicherheiten bestehen vor allem bezüglich des Prinzips und des Verfahrens der Mautregulierung, die als wesentliche Konstruktionsfehler des ursprünglichen Gesetzes von 1994 bezeichnet werden.[322] Mit der Gesetzesnovelle von 2002 sollten bereits wesentliche Defizite durch Klarstellungen und Präzisierungen ausgeräumt werden.[323] Die Novelle von 2005 sollte hier nochmals nachbessern, insbesondere in Gestalt des Betreiber-Wahlrechtes zwischen Gebühr und privatrechtlichem Entgelt.[324]

a) Materielle Grenzen einer marktorientierten Gebührenbemessung

aa) Grundlagen der Gebührenerhebung nach dem FStrPrivFinG

Konzeptionell basiert das F-Modell auf dem Gedanken der Äquivalenzfinanzierung, denn es erscheint auch volkswirtschaftlich zweckmäßig, entstehende Wegekosten dem Straßennutzer direkt anzulasten.[325] Damit wird der Straßenbau der klassischen Steuerfinanzierung, die die Lasten nach dem Leistungsfähigkeitsprinzip, allenfalls nach einer gruppenmäßigen Kostenäquivalenz unterverteilte, entzogen. Im Regime einer gebührenbasierten Äquivalenzfinanzierung muss sich der Nutzer einer öffentlichen Leistung eigens für deren Inanspruchnahme qualifizieren, in dem er ein so genanntes spezielles Entgelt (oder auch Vorzugslast genannt) entrichtet, in der Regel also eine Gebühr (oder eines privatrechtlichen Entgelts).[326] Der Betreiber einer privaten Fernstraße nach dem F-Modell erhält gemäß § 2 Satz 1 FStrPrivFinG i.V.m. § 1 Abs. 2 FStrPrivFinG das Recht zur „Erhebung von Mautgebühren". Alternative Modelle der Bepreisung öffentlicher Leistungen, etwa auf Basis einer bloßen Missbrauchsaufsicht privatrechtlicher Entgelte (Preisregulierung), werden bei F-Modellen nicht angewandt.

---

[322] Vgl. *Alfen* (2000, S. 100).

[323] Dazu bereits Abschnitt F.III.2.

[324] Siehe hierzu Abschnitt F.III.3.

[325] Vgl. Pällmann-Kommission (2000, S. 31), *Hansjürgens* (1998, S. 220) – dazu auch Kapitel E.

[326] Vgl. *Drömann* / *Tegtbauer* (2004, S. 297).

Nach einhellig gepflegter Rechtsinterpretation handelt es sich bei der Maut, die zur Refinanzierung der F-Modell-Projekte erhoben wird, im juristischen Sinne um eine Gebühr. Unabhängig von der Benennung sind Abgabenerfindungen des Gesetzgebers materiell als Gebühren anzusehen, wenn es sich um „öffentlich-rechtliche Geldleistungen [handelt], die aus Anlass individuell zurechenbarer, öffentlicher Leistungen dem Gebührenschuldner durch eine öffentlich-rechtliche Norm oder sonstige hoheitliche Maßnahme auferlegt werden und dazu bestimmt sind, in Anknüpfung an diese Leistung deren Kosten ganz oder teilweise zu decken. Ihre besondere Zweckbestimmung, Einnahmen zu erzielen um speziell die Kosten der individuell zurechenbaren öffentlichen Leistungen ganz oder teilweise zu decken, unterscheidet die Gebühr regelmäßig von der Steuer.“ [327, 328]

Grundsätzlich lässt sich eine Gebühr am empfangenen Vorteil des Nutzers, aber auch an den verursachten Kosten der Leistungserstellung beim Anbieter ausrichten. Nach dem FStrPrivFinG ist die Mautgebühr der F-Modelle kostenorientiert.[329]

Einfachgesetzliches Recht sowie interpretierende Rechtsprechung und Literatur sind seit langem geprägt vom Recht der kommunalen Benutzungsgebühren, die nicht die Gebühr schlechthin, sondern vielmehr eine besondere Ausprägung geformt haben, etwa als kosten-, nicht vorteilsorientiertes Entgelt mit striktem Kostenüberschreitungsverbot.[330] Das in den Kommunalabgabengesetzen der Länder kodifizierte Kostendeckungsgebot der kommunalen Benutzungsgebühr besagt einerseits, dass die Einnahmen aus einer Gebühr die Kosten der gebührenpflichtigen Leistungen insgesamt decken müssen. Andererseits resultiert aus dem Kostendeckungsgebot das Kostenüberschreitungsverbot, wonach die Gebühreneinnahmen die rechtlich anerkannten Kosten auch nicht überschreiten dürfen. Dem Kostendeckungsgebot kommt nach herrschender juristischer Auffassung jedoch kein Verfassungsrang zu, sondern stellt nur einfachgesetzliches Recht dar, das im Rahmen des Gebührenbegriffs auch verändert werden kann.[331] Das FStrPrivFinG postuliert auch keine Kostendeckung, sondern lässt einen angemessenen Gewinnzuschlag zu. Die Tatsache, dass der

[327] Vgl. BVerfG, Beschluss vom 6. Februar 1979 – 2 BvL 5/76 – BVerfGE 50, S. 217, S. 226, m. w. N.

[328] Wie bei jeder neuartigen Abgabe, ist die Qualifizierung der Rechtsform nicht unumstritten: So wird in Zweifel gezogen, ob die von den Privaten zu erhebende Geldleistung als Gebühr qualifiziert werden kann, da es der Erbringung einer öffentlichen Leistung ermangele, weil Private keine öffentliche Leistung erbrächten – vgl. *Bucher* (1996, S. 188 f.). Die h. M. sieht dies aufgrund des Beleihungsvorganges jedoch als unproblematisch an – siehe nur *Drömann / Tegtbauer* (2004).

[329] Vgl. *Limberger et al.* (2001, S. 67 ff.).

[330] Vgl. *Gawel* (2002, S. 8).

[331] Dazu im Einzelnen *Gawel* (1995, S. 353 ff.).

Staat zur Finanzierung wichtiger Infrastrukturprojekte nicht mehr ohne ergänzende Mobilisierung privaten Kapitals auskommt, hat insoweit zur Modifizierung des herkömmlichen Rechts der Benutzungsgebühren geführt, indem nämlich auftretende Risiken und die Gewinnerwartungen privater Investoren einen Gewinnzuschlag ermöglichen.[332]

An der traditionellen Kostenorientierung der Benutzungsgebühr hält jedoch das FStrPrivFinG fest. Dies ist insbesondere bei der Entgeltgestaltung restringierend, da der wirtschaftliche Vorteil der Nutzer nicht in die individuelle Bemessung der Gebühr als Gegenleistung für die staatliche Leistung einfließen darf. Bemessungsunterschiede müssen sich daher stets aus Kostendifferenzen legitimieren. Dies ist eine einfachgesetzliche Restriktion, da das Wesen der Gebühr als Gegenleistungsabgabe sowohl die Kosten- als auch die Vorteilsorientierung kennt.

bb) Unsicherheiten im Gebührenbegriff des FStrPrivFinG

Kritikpunkte am FStrPrivFinG im Zusammenhang mit den zu erhebenden (Maut-)Gebühren schafft daher weniger das Gebührenverfassungsrecht, das lediglich Gleichbehandlung und Äquivalenz der Gebührenbemessung einfordert, als vielmehr die am Kommunalabgabenrecht über Jahrzehnte gewachsenen restriktiven Interpretationen, die sich auch im FStrPrivFinG, noch mehr aber in den überregulierten Konzessionsverträgen widerspiegeln. Diese Vertragstexte engen in der Praxis die verfassungsrechtlich durchaus bestehenden Entgeltgestaltungsspielräume im Gebührenbereich zusätzlich ein und tragen so den gegenüber dem kommunalen Umfeld mit Anschluss- und Benutzungszwang veränderten Rahmenbedingungen der Erhebung in einem konkurrenzwirtschaftlich-risikoreichen Umfeld nur unzureichend Rechnung (dazu näher Abschnitte G.II.3.b) und H.II.). Als Beispiele seien hier aus den Kommunalabgabengesetzen der Länder nur das Verbot der nutzungsabhängigen Abschreibung sowie die vorgeschriebene Kosten- statt Vorteilsbemessung der Mautgebühr genannt.[333]

§ 3 Abs. 2 FStrPrivFinG sieht vor, dass sich die Mautgebühren für Betreibermodelle nach dem Gesetz an den Kosten für Bau, Erhaltung und Betrieb des Bauwerks orientieren. Da es im Bundesrecht weder ein spezielles Gebührenrecht noch einen gebührenrechtlichen Kostenbegriff gibt, ist der Kostenbegriff interpretationsbedürftig.[334] Es besteht Unsicherheit über die Voraussetzungen

[332] Vgl. *Limberger et al*.(2001, S. 92 f.) sowie *Gawel* (2002, S. 11).

[333] Vgl. *Gawel* (2002, S. 10).

[334] Vgl. *Limberger et al.* (2001, S. 82 ff.).

und die Höhe der umlegbaren Kosten. Insbesondere geht es dabei um die Höhe der einbeziehbaren Gewinne der Privaten in der Gebührenkalkulation.[335]

Die meisten Kommunalabgabengesetze der Länder sehen indessen einen betriebswirtschaftlichen Kostenbegriff vor, der neben den reinen pagatorischen Kosten auch so genannte kalkulatorische Kosten wie Abschreibungen und kalkulatorische Eigenkapitalzinsen anerkennt.[336] Offensichtlich nimmt aber das FStrPrivFinG Bezug auf den in den Kommunalabgabengesetzen verankerten Gebührenbegriff, schafft aber zugleich ein neuartiges bundesrechtliches Gebührenrecht durch zahlreiche Überformungen und Abänderungen.[337]

cc) Restriktionen des Gebührenrechts bei der Entgeltgestaltung

Schließlich schränkt das Gebührenrecht die Möglichkeiten des Betreibers zu einer marktorientierten Bepreisung seiner Leistungen erheblich ein. Nicht jede unternehmerisch sinnvoll erscheinende Tarifgestaltung oder Entgeltbemessung ist gebührenrechtlich auch zulässig. Das Gebührenrecht legitimiert diese Beschränkungen aus Motiven des Gebührenschuldnerschutzes: Der Staat, der seine Investition zugunsten der Nutzer annahmegemäß risikolos refinanzieren kann, soll zugunsten der zur Zahlung (ggf. sogar zur Inanspruchnahme) Verpflichteten seine besondere Abgabengewalt nicht unbeschränkt wahrnehmen können. Die gebührenrechtlichen Preisrestriktionen spiegeln insoweit die besondere Machtposition des hoheitlichen Monopolanbieters – eine Vorstellung, die auf privatwirtschaftliche Betreibermodelle nicht passt und daher erlösseitig zu den beschriebenen Problemen führen kann. Die zur Lösung des Problems denkbaren Kalkulationshebel werden in Kapitel H. eingehend erörtert.

An dieser Stelle seien zur Illustration beispielhaft einige Punkte genannt, die bei dem bereits realisierten Projekt der Warnowquerung als Konflikte mit dem deutschen Gebührenrecht aufgetreten sind:

– Im Konzessionsvertrag der Warnowquerung war zunächst festgelegt worden, dass Busse des ÖPNV den Tunnel kostenlos nutzen dürfen. Aufgrund der vom seinerzeitigen BMVBW verfolgten Rechtsinterpretation, die bei Abschluss des Vertrages vom Betreiber nicht vorhergesehen wurde, dürfen „die einer Tunnelbenutzung der Busse zurechenbaren Kosten nicht in die Mautgebühren anderer Fahrzeuge eingerechnet werden, da dies eine Verletzung des Kostendeckungsgebots gemäß dem Gebührenrecht darstellen wür-

---

[335] Vgl. Bundesverband Deutscher Banken (2004, S. 23).

[336] Vgl. *Bucher* (2000, S. 188 f.).

[337] Dazu im Einzelnen *Drömann* / *Tegtbauer* (2004).

de."[338] Vorliegend wären zudem die Grundsätze der Gleichbehandlung („gleiche Gebühr für gleiche Leistungen") und der Leistungsproportionalität (Bemessung nach Art und Umfang der Inanspruchnahme) durch Sonderbefreiungen verletzt. „Sozialtarifierungen" sind dem Recht der Benutzungsgebühren grundsätzlich fremd.

- Ferner war bei dem Projekt der Warnowquerung beabsichtigt, nachts keine Mautgebühren zu erheben, da in diesem Zeitraum Einnahmen unterhalb der Kosten einer Mautentrichtung erwartet wurden. Folglich hätten möglicherweise so auch die Mautgebühren zu den übrigen Zeiten (wenn auch nur minimal) erhöht werden müssen. Dies war jedoch aufgrund gebührenrechtlicher Vorgaben nicht möglich.
- Weiterhin dürfen Kosten des Konzessionärs für die Einrichtung bzw. Erneuerung von vor- bzw. nachgelagerten Streckenabschnitten, die auch von Fahrzeugen genutzt werden, die nicht die eigentliche Mautstrecke benutzen und demzufolge auch keine Mautgebühren entrichten, nach einer vom seinerzeitigen BMVBW geäußerten Rechtsinterpretation nur anteilig[339] in die für die Berechnung der Mautgebühren ansetzbaren Kosten eingerechnet werden.[340] Dies folgt aus dem gebührenrechtlichen Äquivalenzprinzip, das nur Kosten für effektiv erhaltene Leistungen berücksichtigt, da andernfalls Leistung und Gegenleistung außer Verhältnis träten.

Gemäß § 3 Abs. 5 FStrPrivFinG können marktliche Kostenrisiken (z. B. Planungs-, Entwicklungs-, Unterhaltungs- und Finanzierungskosten) dem Konzessionär in Festpreisvereinbarungen zugeordnet werden. Zu berücksichtigen ist allerdings, dass das deutsche Vergaberecht teilweise der (Vertrags-)Freiheit zwischen Staat und Konzessionär Grenzen setzt und das Ausmaß des an den Konzessionär übertragbaren Risikos begrenzt: Das Verkehrsmengenrisiko wird weitgehend auf die Nutzer übertragen, da die Mauthöhe unter Berücksichtigung aktueller Verkehrsmengen gem. § 3 Abs. 2 und 3 FStrPrivFinG so anzupassen ist, dass der Konzessionär gemäß der angewandten Entlohnungsregel für seine Leistungserstellung kompensiert wird. Allerdings beschränkt das FStrPrivFinG – nach der derzeitig verbreiteten Interpretation des Gesetzes – die Möglichkeit, die Tarife während der Laufzeit der Konzession sinnvoll zu differenzieren und geringe Einnahmen zu Beginn der Konzessionslaufzeit durch höhere Einnahmen am Ende auszugleichen:[341] Die strategischen Verlagerungen von Kosten stoßen nämlich auf die Grenzen des betriebswirtschaftlichen Kostenbegriffs

---

[338] Vgl. *Beckers / von Hirschhausen* (2003b, S. 20).

[339] D. h. im Verhältnis der die Mautstrecke nutzenden Fahrzeuge zur Gesamtzahl der Fahrzeuge auf den vor- bzw. nachgelagerten Streckenabschnitten.

[340] Vgl. *Beckers / von Hirschhausen* (2003b, S. 20).

[341] Vgl. *Beckers / von Hirschhausen* (2003a, S. 52); *Gawel* (2002).

(Merkmal der Periodisierung), noch strikter jedoch des gebührenrechtlichen Äquivalenzprinzips in seiner zeitlichen Ausprägung: Danach dürfen Gebührenzahler in einer Veranlagungsperiode nur mit solchen Kosten belastet werden, die zur Erstellung der abzugeltenden Leistung in derselben Periode angefallen sind.[342] Inwieweit vor diesem Hintergrund Kalkulationsoptionen verbleiben, wird in den Abschnitten H.IV.–H.VII. erörtert.

dd) Ausmaß der Gewinnerzielung durch Gebühren?

Eine weitere Unsicherheit des Gebührenrechts für den privaten Investor besteht darin, dass gem. § 3 Abs. 4 als angemessene kalkulatorische Verzinsung die durchschnittliche Verzinsung von zehnjährigen Bundesanleihen vorgesehen ist, zuzüglich eines nicht näher definierten „angemessenen Risikozuschlags" für das eingegangene unternehmerische Risiko. Die bisherige Rechtsprechung begrenzt die Überwälzung der Eigen- und Fremdkapitalverzinsung auf einen Mischsatz von acht, neuerdings sieben Prozent.[343] Jede darüber hinaus gehende Kapitalverzinsung setzt sich der rechtlichen Anfechtbarkeit aus und wäre mit einem hohen Grad an Rechtsunsicherheit verbunden.[344] Je nach Risiko-Lage wären aber auch Risikozuschläge von fünfzehn Prozent begründbar, beispielsweise in Fällen von Projekten nach den F-Modellen, die neben der privatwirtschaftlichen erstellten Strecke auch über kostenlos zu nutzende Alternativstrecken verfügen. Je größter das Verlust-Risiko des Projektes erscheint, desto größere Zuschläge können in Betracht gezogen werden. Die Rendite-Ansprüche des Investors und auch die Renditen vergleichbarer Projekte sollten demgegenüber keine Rolle spielen, da es vielmehr auf eine individuelle Risikobewertung des konkreten Projekts ankommt.[345] Aus der oben genannten Begrenzung kann aber geschlossen werden, dass ein privater Eigenkapitalgeber kaum international vergleichbare Renditen von fünfzehn Prozent und mehr erzielen könnte. Dies mag erklären, warum sich bislang vor allem Bauunternehmer als Betreiber von Verkehrswegeprojekten betätigen. Sie können, neben der im internationalen Vergleich recht geringen Rendite von acht Prozent im Projektgeschäft, aus der reinen Bauleistung eine zusätzliche Umsatzrendite erwirtschaften, die anderen Betreibern, die nicht im Baugeschäft tätig sind, nicht zukommen kann.[346]

---

[342] Vgl. *Gawel* (2002, S. 24).

[343] Dazu beispielsweise *Limberger et al.* (2001, S. 92). Maßgebend hierfür ist die Rechtsprechung des OVG Münster, zuletzt Urteil vom 13.4.2005 – 9 A 3120/03.

[344] Vgl. *Alfen* (2003, S. 101).

[345] Vgl. *Gawel* (2002, S. 55 f.).

[346] Vgl. *Alfen* (2003, S. 101).

b) Prozedurale Aspekte: Probleme bei der Festsetzung, Anpassung und Durchsetzung der Maut

Unter prozeduralem Gesichtspunkt können weitere Probleme im Rahmen der Gebührenerhebung dadurch erwachsen, dass

- der Zeitpunkt der (erstmaligen) Gebührenfestsetzung aus Betreibersicht ungünstig ist,
- die Variation der Gebührenbemessung im Zeitablauf materiell wie vom Verfahren her suboptimal ausgestaltet ist,
- schließlich die Rechtsbeständigkeit der Forderungen des Betreibers gegen die Nutzer (Vollzug, Anfechtung der Rechtsgrundlagen) als unzureichend empfunden wird.[347]

In § 5 Abs. 1 FStrPrivFinG ist vorgesehen, dass die Maut in einer durch die jeweilige Landesregierung erlassenen projektspezifischen Mautgebührenverordnung in Form einer Rechtsverordnung festzulegen ist. Insbesondere gegenüber der ursprünglichen Gesetzesfassung 1994 wurden massive Bedenken gegen den Zeitpunkt der Maut-Feststellung im Realisierungsprozess, das Auseinanderfallen von Konzessionsgeber und Mauthöhenbestimmer, die Änderungsmöglichkeiten einer einmal festgelegten Mautstruktur und die Rechtsbeständigkeit von Mautforderungen geltend gemacht.[348] Die Maut kann zum einen nicht willkürlich angepasst werden. Sie unterliegt strengen Regularien, die einerseits im Konzessionsvertrag und andererseits in der zu erlassenden Mautgebührenverordnung festgelegt sind bzw. werden.[349] Zwar hat der private Investor nach dem FStrPrivFinG grundsätzlich das Recht zur Erhebung einer Maut, diese wird aber in der Höhe durch die Rechtsverordnung der Landesregierungen erlassen. Eine solche Verordnung kann aber erst erlassen werden, wenn alle berücksichtigungsfähigen Kosten feststehen, also erst kurz vor Vollendung des Bauwerks.[350] Da die fremdkapitalgebenden Banken jedoch ihre Finanzierungsentscheidung von der zulässigen Mauthöhe abhängig zu machen bestrebt sind, gerät der private Investor in einen Teufelskreis: Streng genommen kann er seine Bautätigkeit nicht fremdfinanziert aufnehmen, ohne sie vorher zu beenden.[351]

---

[347] Hierzu bereits im Rahmen der Analyse institutioneller Hemmnisse Abschnitt G.I.3.

[348] Vgl. *Wolter* (2004, S. 37).

[349] Vgl. *Alfen / Knop* (2001, S. 13).

[350] Vgl. *Zeichner* (2001, S. 436) sowie *Alfen* (2000, S. 150).

[351] Vgl. *Alfen* (2003, S. 102).

Eine Grundvoraussetzung für die Rentabilität für den privaten Investor ist, dass die Mautgebühren als einzige Refinanzierungsquelle auch tatsächlich erhoben werden können, und zwar in auskömmlicher Höhe. Bei der Travequerung (siehe Abschnitt F.IV.2.) wurde beispielsweise die Vereinbarung mit den Projektbeteiligten getroffen, dass Mautanpassungen während der Konzessionslaufzeit ausschließlich auf der Basis

- von Einkommens- und Inflationsentwicklung entsprechend der hierfür üblichen Indizes,
- unter Berücksichtigung von als „nicht vorhersehbar“ definierten Mehrkosten (z. B. aus dem Planfeststellungsverfahren)

erfolgen dürfen.[352]

Von einer unternehmerischen, marktorientierten Preissetzung kann daher nicht nur wegen der der fehlenden Tarifgestaltungsmöglichkeiten nicht die Rede sein; auch die Anpassungen an einen veränderten Datenkranz ist inflexibel und für den Betreiber riskant. Bei rentablen („unkritischen“) Projekten, bei denen im Vergleich zu den Investitionskosten hohe Einnahmen generiert werden können, sind diese Nachteile für den privaten Investor irrelevant, und das Verkehrsmengenrisiko[353] wird von den Nutzern getragen. Bei „kritischen“ Projekten, die sich – auf der Grundlage der gegenwärtigen Möglichkeiten zur Gestaltung der Nutzungsgebühren – an oder jenseits der Grenze der betriebswirtschaftlichen Rentabilität befinden, ist das Verkehrsmengenrisiko jedoch zu einem hohen Anteil dem Konzessionär zugeordnet.[354] Das kann zu hohen Risikozuschlägen bei den privaten Unternehmen führen und damit zu höherem Mautgebührenbedarf.[355] Das Verkehrsaufkommen bzw. die sich daraus und aus der ermittelten Mauthöhe ergebenden Erlöse müssen ausreichend sein, um die Kosten aus Investition und Betrieb zu decken. Darüber hinaus muss der Investor die Möglichkeit haben, eine dem speziellen Risikoprofil des Projektes an-

[352] Vgl. *Alfen* (2001, S. 430).

[353] Dazu bereits eingehend in Abschnitt G.II.2.

[354] Das Verkehrsmengenrisiko wird theoretisch vom FStrPrivFinG weitgehend auf die Nutzer übertragen, da die Mauthöhe unter Berücksichtigung aktueller Verkehrsmengen gem. § 3 Abs. 2 und 3 FStrPrivFinG so anpassbar ist, dass der Konzessionär gemäß der angewandten Entlohnungsregel für seine Leistungserstellung kompensiert wird. Ein kritisches Projekt zeichnet sich allerdings dadurch aus, dass die Verkehrsmenge geringer ist, als für die Mautberechnung angenommen. Daraufhin müssten die Mautgebühren für eine höhere Akzeptanz eigentlich gesenkt werden, um höhere Verkehrsmengen zu generieren. Nach § 3 Abs. 2 FStrPrivFinG wird der Konzessionär aber die Mautgebühren anheben und somit wahrscheinlich auf noch weniger Akzeptanz bei den Nutzern stoßen. Praktisch ist für die Mauthöhe jedoch der Verordnungsgeber zuständig, der dabei eigene Ziele verfolgen kann. Hierzu bereits Abschnitt G.II.3.

[355] Vgl. *Beckers / von Hirschhausen* (2003a, S. 53).

gemessene Eigenkapital-Rendite zu erwirtschaften.[356] Auch dies ist in Deutschland so nicht uneingeschränkt umsetzbar, da die Eigenkapital-Rendite nicht nur durch den Wettbewerb, sondern auch letztlich durch das Gebührenrecht so limitiert wird, dass sie für private Investoren unter Berücksichtigung der bei Verkehrsprojekten üblichen Risiken unattraktiv werden kann.[357]

Nach der ursprünglichen Rechtslage bis 2005 war die Möglichkeit der Mautanpassung in Deutschland nicht unbedingt sichergestellt, da die Zuständigkeit des Konzessionsgebers und des Mautverordnungsgebers auseinander fallen. Die Maut wurde dem Grunde und der Höhe nach im Rahmen einer Mautverordnung vom Bund als dem Verordnungsgeber in Abstimmung mit der obersten Landesstraßenbaubehörde festgelegt, ohne dass eine zwingende Abhängigkeit zu den diesbezüglichen Vereinbarungen mit dem Baulastträger im Konzessionsvertrag bestand. Dieser Mangel wurde durch die Novelle 2005 allerdings behoben.[358]

Zur Rechtsunsicherheit trägt zusätzlich bei, dass eine erlassene Mautgebührenverordnung angefochten und durch ein Gericht aufgehoben oder außer Kraft gesetzt werden kann.[359]

An dieser Stelle wird deutlich, dass parallel zu den Vertragsverhandlungen von beiden Parteien eine Vielzahl von Gesprächen geführt, Gutachten erstellt und Erklärungen einzuholen sind, um verbleibende Unklarheiten und Risiken in Verbindung mit der Festsetzung bzw. Anpassung der Maut zu erkennen und zu eliminieren bzw. auf ein Minimum reduzieren zu können.[360] Die Transaktionskosten des F-Modells sind daher aufgrund der Regelungen des FStrPrivFinG auch nach den Novellen 2002 und 2005 weiterhin erheblich, da der Erlös des Betreibers in erheblichem Umfange weiterhin von staatlichen Einreden und rechtsstaatlichen Anfechtungsmöglichkeiten abhängt.

III. Polit-ökonomische Hemmnisse

1. Der Durchführungswille bei politischen Mandatsträgern

Auch ökonomisch rentable Projekte bedürfen der politischen Durchsetzung und benötigen die Akzeptanz der potentiellen Nutzer. Daher sind auch politökonomische Hemmnisse in die Betrachtung einzubeziehen.[361] Voraussetzung

---

[356] Vgl. *Alfen* (2001, S. 430).

[357] Vgl. *Alfen* (2001, S. 430).

[358] Hierzu Abschnitt F.III.3.

[359] Vgl. *Alfen / Knop* (2001, S. 9) sowie *Alfen* (2001, S. 429). Auch hierzu näher Abschnitt F.III.3.

[360] Vgl. *Alfen / Knop* (2001, S. 9).

[361] Siehe hierzu auch *Gawel* (2005).

für den Erfolg von gebührenfinanzierten Straßen ist nutzerseitig eine ausreichende güterspezifische Zahlungsbereitschaft und zugleich eine hohe Akzeptanz (im Sinne des Konzepts des Transaktionsnutzens). Schließlich bedarf es des politischen Willens bei den beteiligten politischen Mandatsträgern. Der Durchsetzungswille im politischen Raum dürfte eine unmittelbare Folge der Akzeptanz in der Bevölkerung darstellen.

Gute Akzeptanzbedingungen sind vor allem dann gegeben, wenn ein ausreichend hohes Verkehrsaufkommen vorliegt und mit der Straßenbauinvestition eine Verlagerung von Verkehrsströmen zu einem großen verkehrlichen Entlastungseffekt führt,[362] mithin Komfortzuwachs für die Nutzer spürbar wird. Hohes Aufkommen begünstigt zudem niedrige Mautgebührensätze, was wiederum die Akzeptanz positiv beeinflusst. Widerstände in der Bevölkerung sind somit leichter zu bewältigen, so dass auch politische Mehrheiten in den verschiedenen föderalen Gremien eine rasche Umsetzung begünstigen. Eine nutzerbezogene Infrastrukturfinanzierung büßt jedoch an Glaubwürdigkeit (und damit Akzeptanz) ein, wenn sie als Deckmantel für fiskalische Haushalts-Interessen dient.[363]

Anreize zur politischen Realisierung gesamtwirtschaftlich effizienter Verkehrsinfrastruktur durch Mautfinanzierung, etwa durch Prämierungen auf Wählerstimmenmärkten, erscheinen jedoch schwach: Zum einen ist die Mauterhebung an sich bereits unpopulär, da die Gebührenfinanzierung die wahren Kosten der Verkehrsinfrastruktur sichtbar macht und nutzerspezifisch zuweist. Gegenüber einer Lastverteilung, die sich an der weniger merklichen Inzidenz des Steuersystems ausrichtet, geraten die Nutzer verteilungspolitisch in eine Verliererposition. Zum anderen kann nicht ausgeschlossen werden, dass mit einer konsequenten Umsetzung einer nutzerbezogenen Infrastrukturfinanzierung auch Arbeitsplatzverluste[364] verbunden sind. Akzeptanzbelastend wirken sich zudem die herrschende Fiskalillusion im Bereich der Verkehrsinfrastruktur sowie die Ausnahmestellung einzelner Mautprojekte aus, welche problematische Referenzpreise setzen. Die Zustimmung auf Wählerstimmenmärkten ist daher kritisch.[365] Das weiter oben angeführte Argument einer kumulativen Lastempfindung aus Mautgebühr und Mobilitätssteuern dürfte zwar weniger die Nutzungsentscheidungen, wohl aber die politische Zustimmungsrate erheblich beeinflussen. Daher dürften gerade im Verkehrsbereich die Chancen einer

---

[362] Vgl. *Benz* (2000, S. 64).

[363] In diesem Sinne auch *Ullrich* (2002a, S. 163).

[364] Auf Seiten des Transportgewerbes wird beispielsweise befürchtet, dass die Einführung allgemeiner Mautgebühren zu Abwanderungen ins Ausland führen und damit bis zu 600.000 Arbeitsplätze kosten könnte. Siehe *Ullrich* (2002c, S. 94).

[365] Vgl. *Ullrich* (2002a, S. 164).

politischen Zustimmung zu einer konsequenten Äquivalenzfinanzierung gering sein.

Somit ist für eine weitere Verbreitung von privater Finanzierung öffentlicher Verkehrsinfrastruktur durch die öffentliche Hand ohne Zweifel der politische Wille zu einer stärkeren Einbeziehung der privaten Wirtschaft nötig. Allerdings wird von Seiten der Politik eine private Finanzierung von öffentlicher Verkehrsinfrastruktur und eine vermehrte Umsetzung des FStrPrivFinG als delikat betrachtet. Beispielhaft sei die Initiative des früheren Bundes-Verkehrsministers *Manfred Stolpe* (SPD) angeführt, der 2004 die Debatte neu entfacht hatte, indem er vorschlug, die seinerzeit durch das Verkehrsministerium vorgesehenen Projekte des FStrPrivFinG zügig umzusetzen. Ihm zufolge sollen künftig „Tunnel und Brücken, die in vollem Umfang durch private Investoren betrieben werden, über Benutzungsgebühren sowohl von Lastwagen- als auch von Autofahrern finanziert werden."[366] Der Vorstoß des Verkehrsministers stieß auf ein verheerendes politisches Echo: Die Automobilclubs ADAC und ACE sowie der Verband der Automobilindustrie (VDA) wiesen die Pläne für eine Pkw-Maut nach den Vorstellungen des Verkehrsministeriums reflexhaft zurück.[367] Der ADAC hat auf die Ankündigung von Verkehrsminister *Stolpe* mit „heftigem Widerstand" reagiert.[368] Während die Haushaltspolitikern *Antje Hermenau* (Bündnis 90/Die Grünen) die Pkw-Maut als richtige Idee befürwortete, um den Verkehrsetat nachhaltig zu entlasten, wies der eigene verkehrspolitische Sprecher *Albert Schmidt* den Ansatz als „Verzweiflungsidee" zurück.[369] Die Bundestagsfraktion Bündnis 90/Die Grünen vertrat weiterhin den Standpunkt, dass die F-Modelle auch in Zukunft nicht „funktionieren" könnten, solange Alternativstrecken vorhanden sind; ein bei dem engen deutschen Verkehrsnetz nicht zu vermeidender Fakt.[370] Von Seiten der CDU hat der damalige Generalsekretär *Laurenz Meyer* ebenfalls Skepsis geäußert: „Die derzeit hohen Benzinpreise und die Einführung der Ökosteuer seien eine ausreichende Belastung für die Autofahrer, somit sei kein finanzieller Raum mehr vorhanden für den Mautvorstoß."[371] Die allgemeine Pkw-Maut steht seither immer wieder auf der politischen Agenda einzelner Vorstöße – ist jedoch bisher nach dem stets gleichen Widerstands-Muster gescheitert. Zuletzt wollte der neue Bundesverkehrsmi-

---

[366] Vgl. Handelsblatt (2004a, S. 4).

[367] Vgl. FTD (2004).

[368] Vgl. Welt am Sonntag (2004, S. 1).

[369] Vgl. Handelsblatt (2004a, S. 4).

[370] Vgl. *Beutler* (2004).

[371] Vgl. Spiegel Online (2004a). Die „Bild"-Zeitung versuchte, die Stimmung in der deutschen Bevölkerung gar auf den Punkt zu bringen, indem Sie einen Tag nach Bekanntgabe der Pläne des Verkehrsministers titelte: „Ökosteuer! Benzinpreise! Jetzt auch noch Pkw-Maut? Wir haben die Schnauze voll!" Vgl. Bild (2004, S. 1).

nister *Ramsauer* (CSU) 2009 eine Pkw-Maut „prüfen", zog jedoch nach verheerendem Medien-Echo rasch zurück.[372]

2. Geringe Zahlungsbereitschaft und fehlende Akzeptanz bei den Nutzern

Die Zahlungsbereitschaft für Mautgüter im Straßenverkehr bzw. die Akzeptanz von (Nutzer-)Gebühren gilt als ein weiteres großes Hemmnis im Zusammenhang mit der privatwirtschaftlichen Realisierung von Verkehrsinfrastruktur.[373] Im Unterschied zu den europäischen Nachbarländern, in denen größtenteils die Erstellung des Autobahnnetzes über Gebühren finanziert wurde, geht es in Deutschland darum, ein bestehendes, bisher für den Nutzer scheinbar „kostenloses" System auf Gebührenfinanzierung umzustellen, um es zu erhalten und auszubauen. Zugleich – als zweites spezifisch deutsches Erschwernis – bleiben die F-Modelle als singuläre Projekte Fremdkörper in einem System weiterhin ganz überwiegend entgeltfreier Straßeninfrastrukturnutzung. Beides belastet die Akzeptanz von Nutzerfinanzierungen. Die Bereitschaft, für eine Leistung zu zahlen, die bisher scheinbar kostenlos zur Verfügung gestellt wurde und deren Entgeltpflicht nur ausnahmsweise an bestimmten Stellen aufscheint, ist denkbar gering.[374] Modelle des *behavioural pricing* legen zudem nahe, zwischen „Zahlungsbereitschaft" und „Akzeptanz" zu unterscheiden: Danach kann die Zahlungsbereitschaft für ein Mautobjekt dadurch leiden, dass die Preisforderung von einem erwarteten oder für „fair" gehaltenen Preis nach oben abweicht. Akzeptanzdefizite werden aber – wie in Abschnitt G.II.3. bereits dargestellt – im Bereich der privaten Verkehrsinfrastrukturfinanzierung als wahrscheinlich anzusehen sein.

Das Resultat sind Widerstände in politischen Arenen und auf Wählerstimmenmärkten („politischer Widerstand"), aber auch „ökonomischer Widerstand" durch Nachfrageverweigerung und Substitutionsreaktionen. Die nachfolgende Darstellung (Tabelle 14) zeigt beispielhaft kurz- und langfristige Reaktionsmöglichkeiten der Verkehrsteilnehmer bei der Einführung von Straßenbenutzungsgebühren.

---

[372] Vgl. Spiegel-Online (2009).

[373] Vgl. *Alfen* (2000, S. 150).

[374] Vgl. *Alfen* (2001, S. 6).

Tabelle 14

Verhaltensmöglichkeiten der Verkehrsteilnehmer zur Mautvermeidung

Substitutionsreaktionen zur Mautvermeidung	
Kurzfristig	*Langfristig*
Änderung der Wegewahl	Umzug
Verschiebung der Abfahrtszeit	Arbeitsplatzwechsel
Verkehrsmittelwechsel	Gewohnheitsänderungen
Verkehrsrückgang durch Mitfahrer	Mitfahrgemeinschaften
Zielortwechsel	Jahreskarten
Verweildauer ändern	Telearbeit
Tages-, Wochen-, Jahreszweitwechsel	Internetshopping
Verstärkte Verkehrsvermeidung	Sonstige Teleaktivitäten

Quelle: *Benz* (2000, S. 72).

Im Gegensatz zu den übrigen Privatisierungs-Modellen wird beim Betreibermodell der Nutzer i. d. R. zusätzlich belastet: Selbst wenn der Staat die zuvor erhobenen Steuern senkt, wird er dies zumindest im Angesicht angespannter Haushaltslage kaum im selben Ausmaß tun, wie zugleich eine Zusatzbelastung durch Gebührenerhebung erfolgt. Und selbst wenn auch dies aufkommensneutral gelänge, so verbleiben doch Struktureffekte, da die Steuerentlastung im Inzidenzgefüge des Steuersystems diffundiert und keineswegs spezifisch die Gebührenzahler entlastet. Insbesondere daraus resultiert ein nicht zu unterschätzendes Akzeptanzproblem in der Bevölkerung, das für die Effizienz des Betreibermodells zu einem ernsthaften Problem werden kann. Im Falle alternativer Strecken, die fast überall zur Verfügung stehen, ist denkbar, dass die Nutzer auf diese Strecken ausweichen werden und damit die Einnahmen des privaten Betreibers geringer als geplant ausfallen lassen und gleichzeitig zu Überbelastungen der Ausweichstraßen führen. Dies würde überdies zusätzliche volkswirtschaftliche Kosten generieren und die Effizienz der Verkehrsallokation beeinträchtigen. Ferner werden Akzeptanz verweigernde Bürger auf Wählerstimmenmärkten jenen Politikern das Vertrauen entziehen, die eine Nutzerfinanzierung befürworten. Der politische Widerstand dürfte noch bedeutender sein als der „ökonomische Widerstand" durch Substitutionsreaktionen.

Andererseits liegt gerade in der Bemautung der zentrale Effizienzvorteil des Äquivalenzprinzips für den Steuerzahler bzw. Infrastrukturnutzer:[375] Güter und Dienstleistungen, die einen Preis haben, verfügen auch über einen wahrnehmbaren Wert und sind im Bereitstellungsprozess, aber auch im Konsum automatisch den ökonomischen Prinzipien unterworfen.[376] Die Nachfrage wird über den Preis diszipliniert, das Angebot an den kostensensibel „geläuterten" Bedürfnissen der Nachfrager ausgerichtet. Das Ergebnis ist eine effiziente Versorgung mit Verkehrsinfrastruktur, die Vermeidung von Verschwendung und eine ceteris paribus sinkende Steuerlast. Diese Effizienzvorteile haben jedoch für die Nutzer die Qualität öffentlicher Güter, da sie die Vorzüge nicht exklusiv vereinnahmen können. Exklusiv sind hingegen die Belastungen aus Mautgebühren. Die Verteilungskonsequenzen der Effizienzsteigerung durch Gebührenerhebung führen daher zur Ablehnung.

Für die Erhöhung der Akzeptanz in der Bevölkerung sind einige Grundvoraussetzungen elementar, die auf eine Art „Widerstandspsychologie" referieren:[377]

- Der Nutzer muss erkennbare messbare Zeit-, Sicherheits- und Komfortvorteile geboten bekommen. Hierzu besteht bei nutzerfinanzierten privaten Betreibern ein hoher Anreiz,[378] da z. B. die Verhinderung von Staus in hohem Maß mit dem Ziel der Einnahmenmaximierung korreliert. Dadurch stehen den Grenzkosten der Maut auch individuelle Grenznutzen der Mobilität gegenüber.
- Diese Vorteile müssen vom Nutzer als äquivalenter Mehrwert empfunden werden, und zwar unmittelbar dort, wo der Nutzer die Maut bezahlen muss.
- Die erhobenen Gebühren müssen der Infrastruktur zugute kommen und dürfen nicht für andere Zwecke genutzt werden.
- Die Gebührengestaltung muss den Erfordernissen der „Preisfairness" Rechnung tragen.
- Die Gebühr sollte als „Akzeptanzmaut" mit allmählicher Anhebung der Referenzpreise ausgestaltet werden.

---

[375] Zur ökonomischen Effizienz des Äquivalenzprinzips *Hansjürgens* (1998); *ders.* (2001). Dazu auch bereits Abschnitt E.II.

[376] Vgl. *Alfen* (2001, S. 7).

[377] Folgende Darstellung bezieht sich auf *Alfen* (2000, S. 148–154).

[378] Je nach Risikoallokation im Konzessionsvertrag pauschal oder verkehrsmengenunabhängig vergütete Betreiber haben hingegen einen Anreiz zur Verkehrsvermeidung bzw. Verkehrsselektion, um die Abnutzung und damit den Erhaltungsaufwand in Grenzen zu halten – dazu *Beckers* / *Miksch* (2002); siehe auch Abschnitt G.II.2.

– Die Einführung von Nutzergebühren sollte per Saldo nicht zu einer Erhöhung der Gesamt-Belastung von Unternehmen und privaten Haushalten mit Steuern, Abgaben und Gebühren führen.[379]

3. Unterschiedliche Auffassungen der Bundesländer zu den F-Modellen

Die Ursachen für die zögerliche Durchführungen bei den F-Modellen können auch bei den beteiligten Bundesländern ausgemacht werden: Zum einen kann mangelndes Wissen bei den öffentlichen Verwaltungen dafür verantwortlich gemacht werden, da die Vertreter der öffentlichen Hand oftmals mit der Notwendigkeit und der Ausgestaltung einer effizienteren Allokation von Projektrisiken zwischen Staat und Privaten noch kaum vertraut sind.[380] Zum anderen müssen die jeweiligen Landespolitiker vor Ort die unablässige Diskussion über Mautprojekte führen. Dies führt aber – wie schon am Beispiel der Strelasundquerung (Abschnitt F.IV.3.) erläutert – dazu, dass der Einstieg privater Investoren gescheut und entsprechende Projekte gerade nicht gefördert werden. Die Überzeugungsarbeit für eine privatwirtschaftliche Realisierung scheint, nicht zuletzt aus wahltaktischen Gründen, ein „mühseliger Prozess" zu sein.[381]

Wie schon im Abschnitt F.IV.3. zum Fallbeispiel Strelasundquerung ausgeführt, wurde die privatwirtschaftliche Lösung unter anderem von Seiten des betroffenen Bundeslandes Mecklenburg-Vorpommern nicht forciert. Auch weitere private Tunnelprojekte in Sachsen (Autobahn A 17 bei Pirna) und Thüringen (Autobahn A 4 Leutrataltunnel) sind vom seinerzeitigen BMVBW nach Intervention der Länder gekippt worden.[382] Baden-Württemberg unternahm dem Vernehmen nach ebenfalls keine großen Anstrengungen, die private Realisierung des Albaufstiegs voranzubringen.[383] Auch in Schleswig-Holstein, wo die Machbarkeit der Elbequerung nordwestlich von Hamburg (A 20) geprüft wurde, wird solchen Projekten zukünftig eher ein niedriges Potential zugeschrieben. Diese reservierte Einstellung wird damit begründet, dass sich der Staat bei der Realisierung solcher Projekte nicht vermehrt seiner „Verantwortung für die staatliche Infrastruktur" entziehen soll.[384] In Bayern soll der 3 km lange Kirch-

---

[379] Die Forderung nach Aufkommensneutralität lässt sich zunächst rein finanzpsychologisch rechtfertigen. Ökonomisch gesehen kann eine zusätzlich (vom Bürger geforderte) Infrastrukturleistung natürlich auch mit zusätzlichen Finanzierungslasten einhergehen.

[380] Vgl. *Ewers / Alfen* (2009, S. 55).

[381] Vgl. FAZ (2003b, S. 14).

[382] Vgl. FAZ (2003a, S. 9).

[383] Vgl. *Grossmann* (2004) und FAZ (2003a, S. 9).

[384] Vgl. *Schunck* (2004).

holztunnel im Zuge der geplanten B 21-Ortsumgehung von Bad Reichenhall im Rahmen der F-Modelle finanziert werden. Zwar sei ein Teilnahmewettbewerb geplant, doch ausgeschrieben werde das 300 Millionen Euro Projekt frühestens 2005, vorausgesetzt das Land und der Bund haben sich bis dahin über die Zukunft der staatlichen Autobahnmeistereien geeinigt. Die CSU-Regierung fürchtet nämlich um den Verlust von Arbeitsplätzen im öffentlichen Dienst, wenn Private für den Unterhalt der Autobahnen zuständig sind. Das Ziel der Landesregierung dort lautet, die privaten Investoren sollen die Autobahnmeistereien weiter beschäftigen. Weiterhin soll es „nicht zu einer regionalen Sonderbelastung" kommen. Der Auffassung des Bayerischen Staatsministeriums für Wirtschaft, Infrastruktur, Verkehr und Technologie (BSWIVT) nach soll das F-Modell daher grundsätzlich nur dort angewendet werden, „wo dem Bürger zumutbare Alternativen zur Verfügung stehen".[385] Dies bedeutet nicht weniger, als dass F-Modelle nur dort in Betracht gezogen werden sollen, wo sie wirtschaftlich hohen Risiken unterliegen. In Bayern ist man erst dann für eine schrittweise Öffnung des Autobahnnetzes für private Konzessionäre bereit, falls sich das Pilotprojekt „B 21" bewährt hat sowie weitere Schritte zur privatwirtschaftlichen Organisation der Autobahnen denkbar sind. Die bayerische Staatskanzlei fordert aber in diesem Zusammenhang, dass im Falle einer möglichen Privatisierung die verfassungsrechtliche Grundverantwortung für die Verkehrsinfrastruktur auch zukünftig beim Staat liegt.[386] Dazu gehöre auch, dass das im Grundgesetz verankerte Mitwirkungsrecht der Länder bei der Gestaltung des Bundesfernstraßennetzes ungeschmälert erhalten bleibe.[387]

All die oben genannten Beispiele zu Projekten im Zusammenhang mit dem FStrPrivFinG lassen den Schluss zu, dass sich die Bundesländer aus politischen Akzeptanz-Gründen gegen eine private Beteiligung bei der Realisierung von Verkehrsinfrastrukturprojekten sperren.

Im Zuge der Expertengespräche des Forschungsvorhabens zu dieser Schrift wurde zudem deutlich, dass die Bereitschaft zu einer öffentlichen Äußerung zu dem als brisant eingeschätzten Maut-Themas gering ausgeprägt ist. Die im Bundestag vertretenen verkehrspolitischen Sprecher von SPD, FDP und CDU haben allesamt wegen „Arbeitsüberlastung" von einer Teilnahme abgesehen. Bei der FDP schien zudem die momentane Entwicklung einer politischen Ausarbeitung zur Mut in Deutschland Grund zu sein, keine Stellungnahme vor der offiziellen Präsentation der Partei-Ausarbeitung abzugeben. Lediglich der Referent des verkehrspolitischen Sprechers von Bündnis 90/Die Grünen hat im Rahmen eines Telefoninterviews einige Fragestellungen kommentiert, ohne aber zu

[385] Vgl. Bayerisches Staatsministerium für Wirtschaft, Infrastruktur, Verkehr und Technologie (2002, S. 110).

[386] Siehe hierzu Abschnitt B.IV.

[387] Vgl. Bayerische Ingenieurkammer-Bau (2004).

den eigentlichen Fragen Stellung zu beziehen. Somit ergibt sich der Eindruck, dass das Thema „Maut“, zumindest bei den angesprochenen Bundestagsabgeordneten, kein Thema zu sein scheint, bei welchem mit dem ansonsten üblichen erhöhten Mitteilungsbedarf der Politiker zu rechnen ist.[388]

[388] Bei den angeschriebenen Ministerien hielt sich die Beteiligung ebenfalls in Grenzen. Auch dort wurde teils wegen „Arbeitsüberlastung“, aber auch wegen „Nichtzuständigkeit“ von einer Beantwortung abgesehen.

H. Fallstudie: Der Gebührenhebel als Preissetzungsinstrument bei F-Modellen

I. Vorbemerkungen

Die bisherige Analyse hat die überragende Rolle des Entgelthebels als Refinanzierungsinstrument für den Erfolg von Betreibermodellen herausgestellt. Zwar hat der Betreiber über die hoheitliche Abgabe und die Kalkulation der Gebühr (bzw. eines privatrechtlichen Entgelts) eine gesetzliche „Kostendeckungsgarantie“ zuzüglich Gewinnaufschlag, die aber aufgrund der besonderen konkurrenzwirtschaftlichen Rahmenbedingungen, starker Ausweichpotentiale der Nachfrage und geringer Akzeptanz für Preislösungen im Verkehrsinfrastrukturbereich in der Praxis u. U. nicht eingelöst werden kann. Unzulängliche Risikoallokation zwischen den Akteuren belastet die Rentabilität der Projekte zusätzlich. Der im Gebührenrecht vorgesehene Hebel einer Gebührenanhebung führt in einem solchen „kritischen“ Setting zu einer instabilen „Gebührenspirale“ bis zum völligen Markterliegen. Wird dieses Szenario antizipiert, scheitert das Projekt bereits ex ante mangels Investor. Die seit der Novellierung 2005 ermöglichte Erhebung privatrechtlicher Entgelte hat hieran materiell nichts ändern können (Abschnitt F.III.3.).

Auch volkswirtschaftlich sinnvolle Projekte können dabei betriebswirtschaftlich offenbar nicht rentabel ausgestaltet werden, um privaten Investoren die Möglichkeit zu geben, sich die Effizienzdividende der Baumaßnahmen zumindest teilweise privat anzueignen. Das sich im Ergebnis einstellende „Marktversagen“ erscheint daher wegen ineffizienter Risikoallokation und restriktiven Gebührenrechts eher als Regulierungsversagen.

Die sich an diese Analyse unmittelbar anschließende Problemstellung, ob nämlich die privatwirtschaftliche Finanzierung „kritischer“, aber volkswirtschaftlich effizienter Projekte auch noch *gebührenimmanent* gesichert werden kann, wurde bislang unzureichend untersucht. Es stellt sich daher die Frage, inwieweit *de lege lata* das herrschende (Maut-)Gebührenrecht Ansatzpunkte zu einer Überwindung der aufgezeigten Problematik bietet. Gibt es mithin Kalkulationsmethoden oder Tarifierungen, die *prima facie* kritischen Projekte die Rentabilität zu sichern vermögen, z. B. durch eine „Akzeptanzmaut“-Kalkulation[389]? Oder bestehen unüberwindliche einfachgesetzliche oder gar verfassungsrechtliche Hindernisse im Gebührenrecht, die zu Veränderungen Anlass geben – möglicherweise sogar zur Aufgabe des Gebührenhebels? Die nachfolgende Analyse nimmt hierzu die Bedingungen des Konzessionsvertrages des Strelasund-Projektes zum Ausgangspunkt einer Fallstudien-Untersuchung.

Zu diesem Zweck wird zunächst die grundsätzliche Eignung der hoheitlichen Gebühr und ihrer Gebührenschuldnerschutz-Logik für die Refinanzierung privatwirtschaftlichen Engagements im Bereich der Verkehrsinfrastruktur betrachtet (Abschnitt H.II.). Dabei wird das Spannungsmoment aufgezeigt, das sich ergibt, wenn ein tradiertes Regelwerk zur Eindämmung hoheitlicher Abgabengewalt im Bereich der Refinanzierung weitgehend risikoloser staatlicher Monopolangebote nunmehr auf privatwirtschaftliche, risikoreiche Investments übertragen wird. Abschnitt H.III. rekapituliert – entsprechend dem Modell aus Abschnitt G.II.3. – die Konzeptionen einer „Akzeptanzmaut“ und einer traditionellen „Kostendeckungsmaut“ als alternative Gebührengestaltungen. Abschnitt H.IV. formuliert vor diesem Hintergrund vier strategische Lösungsoptionen, um kalkulatorisch eine „Akzeptanzmaut“ konkret und *de lege lata* umzusetzen. Die Abschnitte H.V. bis H.VIII. diskutieren jeweils deren institutionelle Realisierungschancen. Einzelfragen der Kalkulation einer Akzeptanzmaut bilden den Gegenstand des folgenden Abschnittes H.IX.; eine Zusammenfassung der gefundenen Ergebnisse in H.X. beschließt dieses Kapitel.

II. Zur Adäquanz der Gebühr zur Refinanzierung konkurrenzwirtschaftlicher Leistungsabgaben

Die Benutzungsgebühr ist eine staatliche Zwangsabgabe, mit der öffentliche Leistungen von ihren jeweiligen Nutzern refinanziert werden. Dem Wesen der Gebühr inhärent ist die individuelle Äquivalenz von (staatlicher) Leistung und Gegenleistung (= Gebühr). Dieses Äquivalenzprinzip genießt nach ständiger Rechtsprechung des BVerfG Verfassungsrang.

Einfachgesetzliches Recht sowie interpretierende Rechtsprechung und Schrifttum sind über Jahrzehnte geprägt vom Recht der kommunalen Benutzungsgebühren, die nicht die Gebühr schlechthin, sondern vielmehr eine besondere Ausprägung geformt haben, etwa als kosten-, nicht vorteilsorientiertes Entgelt mit striktem Kostenüberschreitungsverbot. Eine Bemessung nach wirtschaftlichem Vorteil und auch eine Kostenüberschreitung, z. B. aus Lenkungsgründen, sind dabei (in Grenzen) verfassungsrechtlich durchaus zulässig.

---

389 Zur theoretischen Konzeption einer Akzeptanzmaut siehe Abschnitt G.II.3.d).

Die das Bild der Gebührenfinanzierung prägende kommunale Benutzungsgebühr mit zudem häufig simultanem Anschluss- und Benutzungszwang kennt im Prinzip kein Erfolgsrisiko der Betriebstätigkeit:

- *Mindernutzungsrisiko*: Das Risiko geringer oder rückläufiger Inanspruchnahme hängt von der Zahlungsbereitschaft sowie der Preiselastizität der Nachfrage ab; die Preiselastizität gilt in den klassischen Feldern der Gebührenwirtschaft als gering, da es sich um lebensnotwendigen, nur in Grenzen vermeidbaren Bedarf handelt (Abfall-, Abwasserentstehung). Zugleich besteht für dieses Risiko aber eine vollumfängliche Haftung der Restnutzer: Diese müssen bei rückläufiger Inanspruchnahme entsprechend höhere Gebühren aufbringen. Das Mindernutzungsrisiko liegt daher nicht beim Betrieb selbst, sondern bei den Folgegenerationen von Gebührenzahlern.
- *Substitutionsrisiko*: Ein Ausweichen der Nachfrager auf Substitutionsgüter bzw. Konkurrenzanbieter ist darüber hinaus durch Anschluss- und Benutzungszwang sowie ein monopolisiertes Angebot regelmäßig von vorneherein ausgeschlossen.

Diese Risikolosigkeit wird gebührenrechtlich auch durch den besonderen Grundsatz der Erforderlichkeit der Kosten (Wirtschaftlichkeitsgebot) reflektiert: Da es gerade keine Marktkontrolle der Wirtschaftstätigkeit gibt, indem mangelnde Wirtschaftlichkeit durch Nahfragerückgang oder gar Austritt aus dem Markt sanktioniert würde, versucht das Gebührenrecht, diese fehlende Kontrollinstanz durch eine gerichtliche Überprüfung der Kosten zu ersetzen. Während ein erwerbswirtschaftlicher Akteur im eigenen Interesse zu minimalen Kosten operiert, gehen einem gemeinwirtschaftlichen Betrieb mit hoheitlicher Zwangsrefinanzierung und Kostendeckungsgarantie entsprechende Kostenminimierungsanreize ab; er soll daher gerade zusätzlich einer gerichtlichen Überprüfung der Verschwendungsfreiheit der Produktion unterworfen werden, indem die „Erforderlichkeit" der im Entgelt kalkulierten Kosten extern prüffähig gemacht wird.[390]

Der in diesem Zusammenhang die kommunale Leistungserstellung prägende Anschluss- und Benutzungszwang ist aber nicht gebührenrechtlich, d. h. über den Finanzierungszweck motiviert, sondern ordnungsrechtlich: Die Anschlussnehmer sollen – etwa bei Abfall und Abwasser – nicht auf Entsorgungswege ausweichen, die nicht die Gewähr ordnungsgemäßer Beseitigung bieten. Benutzungsgebühren sind daher auch ohne Anschluss- und Benutzungszwang definiert. Allerdings sind Investitionsgroßprojekte mit langjähriger Kapitalbindung im kommunalen Bereich (Entwässerung, Abfall) typischerweise gerade durch Anschluss- und Benutzungszwang gekennzeichnet.

---

[390] Siehe *Schulte / Wiesemann*, in: Driehaus, Kommunalabgabenrecht, § 6, Rn. 69 ff.

Die vorliegend zu untersuchenden F-Modelle sind jedoch – wie aufgezeigt wurde – mit erheblichen Substitutions- und Mindernutzungsrisiken behaftet – diese werden sogar verschärft durch die politische Entscheidung, eine kostenlose Alternative zur entgeltlichen Nutzung für weite Nutzerkreise offen zu halten (dazu Abschnitt G.II.2.). Es erscheint sehr fraglich, inwieweit die strikten Schutzvorkehrungen des Gebührenrechts, die die staatliche Abgabengewalt einer Zwangsrefinanzierung für eine praktisch risikolose Investition in ein Monopolangebot gegenüber dem Bürger begrenzen sollen, auf entsprechende privatwirtschaftliche Investitionsvorhaben übertragbar sind. Diese privaten Projekte sind durch Übernahme erheblicher Markterfolgsrisiken gekennzeichnet sowie durch Bewährung im Wettbewerb mit einer sogar u. U. völlig entgeltfreien Konkurrenz (unbemautete Parallelstrecke).[391]

Probleme können in diesem Zusammenhang aus dem Gebührenverfassungsrecht abgeleitet werden, das zunächst aber nur Gleichbehandlung und Äquivalenz der Gebührenbemessung verlangt; als kritischer erweisen sich eher die am Kommunalabgabenrecht über Jahrzehnte gewachsenen restriktiven Interpretationen, die sich auch im FStrPrivFinG, noch mehr aber in den überregulierten Konzessionsverträgen widerspiegeln. Die Vertragstexte engen die verfassungsrechtlich durchaus bestehenden Entgeltgestaltungsspielräume im Gebührenbereich in erheblicher Weise ein und tragen dabei den veränderten Rahmenbedingungen der Erhebung in einem konkurrenzwirtschaftlich-risikoreichen Umfeld nur unzureichend Rechnung. Als Beispiele seien hier nur das Verbot der nutzungsabhängigen Abschreibung, die Beschränkung von Risikozuschlägen sowie die vorgeschriebene Kosten- statt Vorteilsbemessung der Mautgebühr genannt (dazu näher Abschnitte F.V. ff.).

Soweit auch das verfassungsrechtliche Äquivalenzprinzip selbst durch seine Vorgaben die Finanzierung gesamtwirtschaftlich vorteilhafter Projekte gefährdet, wäre auch eine gänzliche Abkehr vom Gebührengedanken und eine Hinwendung zu einer allgemeinen Preisaufsicht (Preisregulierung) denkbar. Die staatliche Kontrolle beschränkte sich dabei auf eine Missbrauchsaufsicht der kalkulierten Entgelte. Die dabei anzulegenden Schutzmaßstäbe wären nicht länger dem interpretationsoffenen Gebührenrecht entnommen, sondern konkret formuliert. Die auf diese Weise zu kalkulierenden Entgelte könnten die voraussichtlichen Totalkosten des Projekts – ohne die Fesseln des strikten Perioden-

---

[391] Allerdings sind auch im kommunalen Bereich Gebührenfelder bekannt, die infolge wettbewerblicher Strukturen Probleme bei der Einlösung der Kostendeckungsgarantie zeigen: So sieht sich das kommunale Leistungsangebot im Friedhofs- und Bestattungsbereich sowohl durch interkommunalen Wettbewerb (fehlender Benutzungszwang), zunehmende privatwirtschaftliche Substitute (private Bestatter bieten Kühlzellen und Trauerfeiern an), aber auch eigene Konkurrenzprodukte im Produktprogramm (Urne, Erdgrab, Verstreuung) in einer gebührenrechtlich ungewöhnlichen Konkurrenzsituation, die zunehmend finanziell Probleme bereitet. Hierzu *Gawel* (2010b).

bezugs – zuzüglich eines angemessenen Gewinnzuschlags in betriebswirtschaftlich geeigneter, d. h. Risiken minimierender Form auf die Nutzer verteilen.

Dass das gebührenrechtliche Äquivalenzprinzip aber auch derzeit offenbar keine strikte Periodengerechtigkeit der Kostenlast erzwingt, wird bereits daran deutlich, dass die Mautgebühr nach dem FStrPrivFinG lediglich für den Zeitraum der Konzessionslaufzeit erhoben wird. Danach fällt das Investitionsobjekt in den Verfügungsbereich des Baulastträgers und dürfte – da bereits vollständig refinanziert – im Wesentlichen entgeltfrei zur weiteren Nutzung bereitstehen. Damit wurden aber bestimmte (anfängliche) Nutzergenerationen mit der gesamten Finanzierungslast auch für solche Nutzer belegt, die später kostenlos in den Genuss der Investition kommen.

Vor diesem Hintergrund würde es auch äquivalenztheoretisch kaum überzeugen, eine Entgeltgestaltung an der Nichteinhaltung periodenechter Äquivalenzabgrenzungen verfassungsrechtlich scheitern zu lassen, die insgesamt – d. h. über die Totalperiode der Konzessionslaufzeit betrachtet – eine Kostendeckung nebst angemessenem Gewinnzuschlag garantiert, obwohl nur so eine Bewältigung der erhöhten Risiken betriebswirtschaftlich möglich erscheint. Bereits die aktuellen Gebührenmodelle gehen ja von einer offensichtlichen Ungleichbehandlung zwischen den Nutzergenerationen aus – jenen während der Konzessionslaufzeit und solchen danach.

Der an einem staatlichen Monopolangebot ohne Refinanzierungsrisiken entwickelte gebührenrechtliche Schutzgedanke des strikten Periodenbezugs erscheint daher nicht mehr adäquat für Investitionsvorhaben, die die Voraussetzungen dieser historischen Entwicklung nicht mehr erfüllen.

Die Tatsache, dass der Staat zur Finanzierung wichtiger Infrastrukturprojekte nicht mehr ohne ergänzende Mobilisierung privaten Kapitals auskommt, hat ja bereits zur Modifizierung des herkömmlichen Rechts der Benutzungsgebühren geführt, indem nämlich auftretende Risiken und die Gewinnerwartungen privater Investoren einen Gewinnzuschlag ermöglichen. Dies ist verfassungsrechtlich ohne weiteres zulässig. Zudem wurde 2005 eine periodenübergreifende „Durchschnittsverzinsung" mit durch den Betreiber gestaltbaren Zinssätzen eingeführt, welche freilich als misslungen angesehen werden muss (Abschnitt H.VI.3.).

Eine konzeptionelle Weiterentwicklung des einfachgesetzlichen Mautgebührenrechts sollte aber darüber hinaus auch in den Blick nehmen, dass ein verminderter staatlicher Nutzungszwang (Substitutionsoptionen durch andere Verkehrsträger oder z. B. eine Alternativbrücke, Verzichtsmöglichkeiten bei nicht lebens-notwendigem Bedarf) auch weniger strenge Anforderungen an den Gebührenschuldnerschutz nach sich ziehen muss. Einschränkende Regelungen des

Gebührenrechts legitimieren sich letztlich immer aus Schutzgesichtspunkten gegenüber den Bürgern, die einer Zwangsabgabe nur begrenzt ausweichen können. Wo diesbezüglich kein oder nur geringer Schutzbedarf aufscheint, werden hierauf gestützte Regelungen jedoch fragwürdig. Das verfassungsrechtliche „Gefäß" der Benutzungsgebühr erscheint in diesem Sinne durchaus belastbar. Notfalls muss erwogen werden, auf eine einfache Preisregulierung überzugehen.

Die Gebührenschuldnerschutz-Logik des FStrPrivFinG geht davon aus, dass der Staat die Bereitstellung der Infrastruktur nicht selbst leistet, die stattdessen als Betreiber gewonnenen Privaten aber zugunsten des Gebührenzahlers nicht anders behandelt werden, als habe der Staat selbst die Maßnahme durchgeführt: Der vermutete Effizienzvorteil privater Leistungserstellung kann dann als Dividende zur Mobilisierung des privaten Kapitals den Investoren gleichsam gebührenneutral überlassen werden. Diese Überlegungen sind freilich zweifelhaft: Die Alternative einer staatlichen Bereitstellung besteht gerade nicht. Lediglich die private Finanzierung kann die in Rede stehenden Projekte realisieren. Und selbst wenn der Staat die Maßnahme durchgeführt hätte, so wäre wohl die Finanzierung über allgemeine Deckungsmittel (Steuern) bzw. die Verkehrsbesteuerung aller Straßennutzer und nicht nach Äquivalenzgesichtspunkten erfolgt.

Zudem wird ein auf den Äquivalenzgedanken gestützter periodenbezogener Gebührenschuldnerschutz regelmäßig verfassungsrechtlich überdehnt: Das zentrale Äquivalenzprinzips ist zunächst nur ein Willkürverbot und schließt Entgelte „außer Verhältnis" zur Leistung aus. Die im Kommunalabgabenrecht habitualisierte Interpretation als „Identitätsgebot" zwischen Gebührensumme und Leistungsvolumen je einer Periode wird dem wohl nicht gerecht. Danach müssen die über Gebühren zu deckende Kosten periodengenau dem abgegebenen Leistungsvolumen entsprechen. Einer nach betriebswirtschaftlichen Grundsätzen erfolgenden Gestaltung der Kostenperiodisierung ist damit die Grundlage entzogen. Ob etwa die in der Rechtsprechung abgelehnte Durchschnittswertverzinsung oder eine annuitätische Bemessung der gesamten Kapitalkosten (dazu näher Abschnitt H.V. ff.) sachlich tatsächlich an dem Erfordernis scheitern muss, dass auch periodenbezogen Leistung und Gegenleistung (= Gebühr) im Sinne eines bloßen Willkürverbotes individuell nicht außer Verhältnis stehen dürfen, erscheint sehr fraglich. Die vom Gesetzgeber 2005 tatsächlich gewählte Lösung eines vom Betreiber periodenübergreifend frei gestaltbaren Zinssatzes unter der Nebenbedingung einer Durchschnittsverzinsung in der Projekt-Totalperiode erscheint jedoch ökonomisch wie rechtlich schwer begründbar (dazu Abschnitt H.VI.3.).

Es bleibt daher die Feststellung, dass die besonderen Rahmenbedingungen einer Leistungsabgabe bei F-Modellen mit dem herkömmlichen Zuschnitt und den Begründungen des traditionellen Benutzungsgebührenrechts nur bedingt in Einklang zu bringen sind. Eine konzeptionelle Weiterentwicklung des Mautgebührenrechts wäre daher sinnvoll.

Die nachfolgende Darstellung orientiert sich gleichwohl an der derzeit geltenden Rechtslage und diskutiert *de lege lata* Lösungsmöglichkeiten für die Bewältigung des strategischen Verkehrsmengen- und Gebühreneinnahmerisikos bei F-Modellen nach dem FStrPrivFinG.

III. Akzeptanzmaut versus Kostendeckungsmaut als Lösungsansatz zur Sicherung der betriebswirtschaftlichen Rentabilität „kritischer" Projekte

Wie im Kapitel G. im Einzelnen ausgeführt wurde, birgt die Refinanzierung von Infrastrukturprojekten im Rahmen von Betreibermodellen nach dem FStrPrivFinG über Gebühren (bzw. öffentlich-rechtlich gebundenen Entgelten) besondere Risiken. Deren Ursache liegt in der Bindung an das traditionelle Recht der Benutzungsgebühren in Verbindung mit den besonderen Rahmenbedingungen einer Leistungsabgabe, die nicht durch einen Anschluss- und Benutzungszwang nachfrageseitig abgesichert ist. Die durch das Gebührenrecht gesetzten Restriktionen auf der Erlösseite in Verbindung mit im Wesentlichen fixen Kosten der Anlage können dazu führen, dass keine rechtlich zulässige Entgeltgestaltung zu einer Kostendeckung des Projekts führt; die gesetzliche Kostendeckungsgarantie des Gesetzes kann am Markt mangels Zwangsnachfrage nicht eingelöst werden. In derartigen Situationen können insoweit „kritische" Projekte mangels Beteiligung privater Investoren scheitern, die gleichwohl gesamtwirtschaftlich effizient, d. h. mit einem volkswirtschaftlichen Nettonutzen verbunden sind.

In einer derartigen Situation könnte eine Preissetzungsstrategie Erfolg versprechen, die zunächst moderate Benutzungsgebühren fordert, um die Akzeptanz des Projektes (d. h. die künftig nur noch entgeltliche Straßennutzung) zu sichern, um später eine kostendeckende Tarifierung nachzuholen. Eine „Akzeptanzmaut" setzt dabei auf gezielte Kostenunterschreitung in der Einführungsphase des Projekts, um später durch entsprechende Kostenüberschreitung in der Totalbetrachtung auskömmliche Erlöse zu garantieren.[392] Demgegenüber würde eine „Kostendeckungsmaut" die auch periodenbezogenen Grenzen des herrschenden Gebührenrechts beachten und in jeder Periode Kostendeckung anstreben.

---

[392] Die theoretische Begründung für eine solche Akzeptanzmautstrategie wurde bereits in Abschnitt G.II.3. gegeben.

Im Beispiel der gescheiterten Strelasundquerung (dazu Abschnitt F.IV.3.) bleibt aus politischen Gründen die alte Brückenverbindung zwischen Rügen und Stralsund für weite Nutzerkreise weiter unentgeltlich geöffnet. Es ist davon auszugehen, dass die Akzeptanz eines entgeltlichen Angebots der Überfahrt über den Strelasund, d. h. die Zahlungsbereitschaft der Nachfrager für eine bislang kostenlose und auch weiter kostenlos nutzbare Leistung, erst im Laufe der Zeit heranreifen wird („Updating" von Referenzpreisen). Diese Nachhaltigkeitsproblematik erst langsam reifender Zahlungsbereitschaften für vormals kostenfreie Leistungen kann für den Betreiber wirtschaftlich nur durch eine Entgeltgestaltung gelöst werden, die anfangs moderate Gebühren verlangt, später hingegen zwischenzeitlich gewachsene Zahlungsbereitschaften stärker abschöpft („Akzeptanzmaut").

Ein solches Entgeltmodell ist hingegen mit dem Gebührenrecht nur bedingt vereinbar, da es aus betriebswirtschaftlichen Gründen anfänglichen Gebührenverzicht später nachzuholen beabsichtigt, was gegen den Grundsatz der periodengerechten Gebührenbemessung verstößt. Gebührenrechtlich ist der Betreiber vielmehr befugt, im Rahmen einer „Kostendeckungsmaut" sämtliche Vollkosten einer Periode den jeweiligen Nutzern aufzuerlegen. Aufgrund der Substitutions- und Akzeptanzproblematik kann jedoch eine Tarifierung nach dem Kostendeckungsmaut-Modell gerade dadurch die Wirtschaftlichkeit des gesamten Projekts gefährden, da so möglicherweise die zur Kostendeckung erforderlichen Verkehrsaufkommenswerte nie erreicht werden.

Ein demgegenüber insgesamt wirtschaftliches Akzeptanzmaut-Modell dürfte jedoch gegenüber der Kostendeckungsmaut ein strukturelles Defizit in den Anfangsjahren des Projekts verursachen. Es fragt sich daher, welche Möglichkeiten bestehen, dieses strukturelle Anfangs-Defizit gebührenrechtlich einwandfrei und ohne Gefährdung der Gesamtwirtschaftlichkeit des Projekts auszugleichen.

IV. Strategische Lösungsoptionen

Nachfolgend sollen de lege lata am Beispiel des gescheiterten Strelasund-Projektes Lösungsmöglichkeiten für die Vermeidung bzw. Bewältigung des zuvor skizzierten strukturellen Anfangsdefizitrisikos diskutiert werden. Es sind also Wege zu prüfen, wie im gegebenen gebührenrechtlichen Rahmen ein Akzeptanzmautmodell finanziell abgesichert werden kann. Hierzu bieten sich in einer ersten groben Strukturierung vier strategische Lösungsoptionen an:

a) *Intertemporaler Verlustausgleich*: Anfängliche Verluste könnten durch Verlustvortrag in spätere Perioden verlagert und dort – bei zwischenzeitlich gestiegener Akzeptanz der Leistung – vom Gebührenzahler nachträglich abgegolten werden (Abschnitt IV.).

b) *Intertemporale Kostenverlagerung*: Anstatt zunächst durch volle Kostenverrechnung Verluste entstehen zu lassen, die dann in laufender Wirtschaftsrechnung vorgetragen werden müssen, könnte auch versucht werden, die Kosten direkt in spätere Perioden zu verlagern. Dadurch fiele der Gebührenbedarf in den ersten Perioden niedriger aus und entspräche den Anforderungen des Akzeptanzmautmodells. Dadurch eintretende Gebührensteigerungen in späteren Perioden stießen annahmegemäß auf zwischenzeitlich erhöhte Akzeptanz und bürgen daher kein Verlustrisiko mehr. Entsprechende Kostengestaltungsspielräume bestehen nicht bei den aufwandsgleichen Grundkosten, die streng periodenbezogen vorgegeben sind, sondern im Wesentlichen nur im Rahmen der kalkulatorischen Kostenarten „Abschreibungen“ und „Eigenkapitalzinsen“ (Abschnitt V.).

c) *Deglomerative Preisdifferenzierung*: Ungeachtet des in einer Periode jeweils insgesamt umzulegenden Kostenvolumens könnte schließlich auch versucht werden, durch eine an den unterschiedlichen Zahlungsbereitschaften und Elastizitäten einzelner Nachfragesegmente orientierten Tarifierung die Erlössituation zu verbessern und damit das strukturelle Anfangsdefizit zu vermindern. Nachfrager mit geringen Ausweichmöglichkeiten oder höheren individuellen Zahlungsbereitschaften tragen in einem solchen Tarifmodell höhere Lasten als solche Tarifgruppen, die preissensibler reagieren und zugleich Substitutionsalternativen nutzen können (Abschnitt VI.).

d) *Subventionierung von Defiziten*: Schließlich kann ein strukturelles Defizit auch durch gezielte Bezuschussung der überschießenden Kosten ausgeglichen werden (Abschnitt VII.).

V. Lösungsoption „Intertemporaler Verlustausgleich“

Nach § 3 Abs. 5 FStrPrivFinG sind „unverhältnismäßige Kostenunter- oder Kostenüberdeckungen rechtzeitig und angemessen auszugleichen“. Der Konzessionsvertrags-Entwurf für die Strelasundquerung sah hierzu in Ziffer 33.6.2 vor, dass eine Kostenunterdeckung „auf schriftliches Verlangen der Konzessionärin ganz oder teilweise als Kostenbestandteil bei der Mautgebührenberechnung angesetzt und durch Mauterhöhung angemessen ausgeglichen werden“ kann. Dies gelte „entsprechend den allgemeinen gebührenrechtlichen Grundsätzen in der jeweils folgenden Berechnungsperiode“ (siehe dazu auch Ziffer 33.6.2). Von diesem intertemporalen Verlustausgleich ausgeschlossen sind lediglich Kostenunterdeckungen als Folge von vorneherein „vorhersehbarer Mehrkosten“ gem. Ziffer 33.3. Damit soll unterbunden werden, dass ein Anbieter seine Kosten im Vergabe-Wettbewerb herunterrechnet, anschließend gleichwohl auf volle Erstattung der höheren Ist-Kosten durch die Gebührenzahler besteht.

Ähnliche Regelungen existieren auch im kommunalen Gebührenrecht. So sollen beispielsweise nach § 6 Abs. 2 Satz 3 KAG NW Kostenunterdeckungen binnen drei Jahren nach Abschluss einer Kalkulationsperiode ausgeglichen werden. Die Bestimmungen zu einem intertemporalen Verlustausgleich können für die hier zu erörternde Problemstellung nutzbar gemacht werden. Hierzu ist zunächst eine definitorische Abgrenzung erforderlich, da der Begriff der „Kostenunterdeckung“ mehrdeutig Verwendung findet, die jeweiligen gebührenrechtlichen Konsequenzen jedoch höchst unterschiedlich ausfallen:

– Als „Kostenunterdeckung“ wird einerseits das Zurückbleiben der voraussichtlich erwarteten Gebühreneinnahmen hinter den im Voraus veranschlagten Kosten verstanden („ex-ante-Kostenunterdeckung“): Die Kostenrechnung ist gebührenrechtlich eine Vorausrechnung. Ihr liegen der kaufmännische Sorgfalt entsprechende Prognosen und Schätzungen der tatsächlichen künftigen Verhältnisse zum Zeitpunkt vor Beginn der Veranlagungsperiode zugrunde. Entsteht beim Vergleich der voraussichtlichen Gebühreneinnahmen und der voraussichtlich zu erwartenden Kosten eine „Überdeckung“, so ist dies als Verstoß gegen ein etwaiges Kostenüberschreitungsverbot anzusehen. Kommt es hingegen zu einer Kostenunterdeckung, so wird von der kalkulierenden Einheit offenbar ein Kostendeckungsgrad unter 100 % angepeilt, z. B. aus gebührenpolitischen Gründen. Eine solche Kostenunterdeckung ist gebührenrechtlich unschädlich. Sie kann jedoch unter keinen Umständen zu einem späteren Zeitpunkt wieder hereingeholt werden. Denn die kalkulierende Einheit hat freiwillig auf die gebührenrechtlich mögliche Vollkostendeckung in der fraglichen Periode verzichtet und ihr diesbezügliches Ermessen verbraucht. Dieser Verzicht ist endgültig. Das gebührenrechtliche Äquivalenzprinzip schließt es strikt aus, entsprechende Unterdeckungen in späteren Perioden und damit zu Lasten späterer Gebührenzahlergenerationen nachzuholen. Hiermit in völliger Übereinstimmung normiert denn auch Ziffer 33.5.1 des Konzessionsvertrags-Entwurfs, dass die Konzessionärin zwar berechtigt ist, eine „geringere“, d. h. nicht voll kostendeckende Referenzmaut zu verlangen. Die daraus resultierenden Mindereinnahmen trage jedoch die Konzessionärin: „Diese [Mindereinnahmen] können nicht als Kostenunterdeckung gemäß Ziffer 33.6.2 in der darauf folgenden Berechnungsperiode berücksichtigt werden.“ Dies bedeutet, dass jegliche unter Akzeptanzmautgesichtspunkten offen in Kauf genommenen Unterdeckungen oder Minderbemessungen der Referenzmaut definitiv verloren sind und keinen Anspruch mehr auf Nachholung gegenüber späteren Gebührenzahlergenerationen begründen. „[...] Bewusst in Kauf genommene Anlaufverluste, die zwar im Hinblick auf eine mögliche anfängliche Attraktivitätssteigerung der Konzessionsstrecke sinnvoll sein können, [können] jedoch nicht als Kostenunterdeckung in späteren Jahren auf die Nutzer umgelegt werden." Die Kostenkalkulation sollte daher ex-ante-Unterdeckungen strikt vermeiden.

– Hiervon streng zu trennen sind demgegenüber „ex-post-Kostenunterdeckungen": Stellt sich nach Ablauf der Veranlagungsperiode heraus, dass die tatsächlich angefallenen Kosten nicht den zuvor geschätzten entsprechen oder dass die erwartete Anzahl der Bemessungseinheiten (Grad der Inanspruchnahme) von der tatsächlich realisierten abweicht, so ergeben sich gegenüber einer ex ante angestrebten Vollkostendeckung Unter- bzw. Überdeckungen. Sie entstehen durch ex-post-Vergleich der geschätzten mit den Ist-Werten. Anders als bei ex-ante-Unter- oder Überdeckungen darf man bei sorgfältiger kaufmännischer Prognose davon ausgehen, dass gleichwohl eingetretene Abweichungen unbeabsichtigt und unvorhersehbar erfolgt sind.

Hierfür wird die kalkulierende Einheit gebührenrechtlich nicht in Haftung genommen: Es ist daher kein Verstoß gegen das Kostenüberschreitungsverbot, wenn die Betriebsabrechnung im Nachhinein einen Überschuss vermeldet. Denn das Kostendeckungsprinzip wird als Veranschlagungsmaxime interpretiert, nicht als Regel über den effektiven Deckungsgrad: Es zielt nicht auf tatsächlichen Gebühreneingang, sondern auf die Zielsetzung der Kalkulation; es gilt der Grundsatz der Vorauskalkulation. Eine Verletzung des Kostendeckungsprinzips liegt aus diesem Grunde nicht schon dann vor, wenn entgegen der Veranschlagung Überschüsse entstehen, sondern erst dann, wenn bereits bei der Veranschlagung die Gesamtheit der voraussichtlichen Gebühreneinnahmen die voraussichtlichen Kosten übersteigt, wenn Prognosen und Tarifgestaltung nicht sachgerecht erfolgen oder auf die Erzielung von Überschüssen angelegt sind. Für die Rechtmäßigkeit einer Gebührenkalkulation kommt es daher nicht darauf an, ob sie durch das Betriebsergebnis bestätigt wird, sondern darauf, ob das zugrunde gelegte Tatsachenmaterial richtig ermittelt, etwaige Prognosen und Bewertungen vertretbar und der Gebührensatz methodisch richtig ermittelt sind.

Wenn nun die nachträgliche Betriebsabrechnung unter Verwendung der tatsächlichen Ist-Werte eine Überdeckung ergibt, so ist dies gebührenrechtlich unschädlich, da es sich um einen zulässigen Prognosefehler handelt. Allerdings haben die Gebührenzahler einen Anspruch, diesen überzahlten Betrag zurückzuerhalten. Umgekehrt behält die kalkulierende Einheit ihren Anspruch auf Deckung ihrer Kosten im Falle einer ex-post-Unterdeckung, der dann von nachfolgenden Gebührenzahlergenerationen in den Folgeperioden zu begleichen ist.

Damit sind ex-post-Kostenunterdeckungen – und nur diese – ausgleichsfähig im Rahmen eines intertemporalen Verlustausgleichs. Dabei sind die Bestimmungen des Konzessionsvertrags-Entwurfes einerseits enger, andererseits weiter als § 3 Abs. 5 FStrPrivFinG: Während das Gesetz nur „unverhältnismäßige" Differenzen für ausgleichsfähig erklärt, hierfür jedoch nur weiche Vorgaben hinsichtlich der Durchführung bereithält („angemessen", „rechtzeitig"), sind nach Ziffer 33.6.2 des Vertrags-Entwurfs jegliche Unterdeckungen – soweit sie nicht auf vorhersehbaren Kostensteigerungen beruhen – ausgleichbar, allerdings nur „in der jeweils folgenden Berechnungsperiode", und zwar „ganz oder teilweise". Ein nur teilweiser Ausgleich der Unterdeckung in der direkten Folgeperiode bedeutet aber wegen der Beschränkung des intertemporalen Ausgleichs auf unmittelbar benachbarte Perioden insoweit zugleich einen endgültigen Verlust des Ausgleichsanspruchs.

Ziel einer strategischen Gestaltung der Möglichkeiten des intertemporalen Verlustausgleichs müsste demnach darin bestehen, durch „unvorhersehbare" Unterdeckungen in den Anfangsperioden den Erfüllungsanspruch in die späteren Perioden zu übertragen. Im Ergebnis würde so die Akzeptanzmaut im Vergleich zur Kostendeckungsmaut anfangs erniedrigt, später hingegen erhöht. Diese Konstruktion ist jedoch bereits ein Widerspruch in sich, da „überraschende" Kosten-Entwicklungen keiner strategischen Gestaltung zugänglich sind.

Eine ex-post-Kostenunterdeckung kann auf zwei verschiedene Ursachen zurückzuführen sein:

– Es treten gegenüber der (sorgfältigen) Prognose unvorhergesehene laufende Kostensteigerungen ein, z. B. durch Bauverzögerungen, Zinsanstieg u. ä.

– Es kommt gegenüber der Prognose zu Minderinanspruchnahmen, die die Gebühreneinnahmen geringer ausfallen lassen als erwartet.

Die erste Option kann ex definitione nicht strategisch eingesetzt werden; die zweite Option im vorliegend zu untersuchenden Fall insoweit, als die im Verkehrsgutachten prognostizierten Werte für nicht realistisch erachtet werden, gleichwohl aber gebührenrechtlich einwandfrei den Kalkulationen der Referenzmaut zugrunde gelegt werden können: Denn die eingangs skizzierte Akzeptanzmautproblematik des Strelasund-Projektes entsteht im Grunde dadurch, dass die von den Gutachtern erstellten Verkehrsprognosen von den Investoren für nicht realistisch gehalten werden: Legt man die im Gutachten ermittelten Gebührensätze zugrunde, so erscheinen die gleichzeitig verwendeten Verkehrsaufkommenszahlen überhöht; peilt man die im Gutachten unterstellte Verkehrsfrequenz an, so scheinen niedrigere Mautsätze zu ihrer Realisierung erforderlich – kurz: die Investoren gehen von einer ungünstigeren Nachfragefunktion aus.

In dieser Situation erscheint es angesichts der gebührenrechtlichen Problematik nicht ratsam, wenn die Investoren von der ihnen in Ziff. 33.5.1 eingeräumten Möglichkeit Gebrauch machen, ihrer Referenzmaut-Kalkulation eine eigene, durch Gutachten untermauerte (ungünstigere) Verkehrsprognose zugrunde zu legen. Die Verwendung optimistischer Verkehrsfrequenzwerte eröffnet vielmehr ein strategisches Fenster zur Minderung der Mautsätze im Sinne des Akzeptanzkonzepts bei gleichzeitiger Sicherung des Vollkostenanspruchs:

Unter Verwendung günstigerer Aufkommenserwartungen wird ceteris paribus eine niedrigere Referenzmaut kalkuliert, die nach dieser Rechnung gerade ausreichen soll, die erforderliche ex-ante-Kostendeckung sicherzustellen. Ein Verzicht auf Kostendeckung findet nicht statt. Zugleich aber startet das Projekt mit Akzeptanz fördernden niedrigen Maut-Sätzen. Nach Ablauf der ersten Periode wird sich erweisen, inwieweit die zugrunde gelegten Aufkommenserwartungen bestätigt wurden:

- Bleiben die tatsächlichen Nutzerzahlen hinter den prognostizierten Werten zurück, so reichen die effektiven Gebühreneinnahmen angesichts des zu niedrig bemessenen Referenzmaut-Satzes nicht aus, um die (im Wesentlichen fixen) Kosen zu decken: Es tritt eine ex-post-Kostenunterdeckung ein. Diese kann in die Folgeperiode übertragen werden und steigert dort die Referenzmaut. Es ergibt sich tendenziell das gewünschte Profil zunächst niedriger, dann höherer Referenzmaut-Sätze. Die Referenzmaut der Folgeperiode wird dann durch Nachholung der vorangegangenen Kostenunterdeckung, aber zusätzlich auch durch Korrektur der Aufkommenszahlen ansteigen. Die Neufestlegung der geschätzten Aufkommenszahlen für die zweite Periode kann aber den erwarteten Akzeptanzsteigerungseffekt mitberücksichtigen. Denn annahmegemäß steigt die Zahlungsbereitschaft der Nutzer im Zeitablauf („Updating“ von Referenzpreisen). Daher sollte es auch strukturell möglich sein, niedrige Nutzerfrequenzen mit steigenden Gebührensätzen zu beantworten, ohne in die gefürchtete Gebührensatz-Nahfragespirale zu geraten (ständig steigende Vollkostensätze bei immer weiter schrumpfender Nachfrage – dazu Abschnitt G.II.3.). Wird eine solche Struktur befürchtet, so ist das Projekt offenbar insgesamt unwirtschaftlich; ein privates Engagement empfiehlt sich dann gerade nicht.
- Stehen die effektiven Nutzerzahlen den prognostizierten nicht nach, ist ohnehin bereits periodenecht eine Kostendeckung eingetreten; liegen sie noch darüber, so ergibt sich gar eine ex-post-Überdeckung, die gebührenmindernd weitergegeben werden muss.

Ein Risiko für den Investor besteht daher in keinem Fall: Soweit das Projekt insgesamt aufgrund der erwarteten Kosten und der zugrunde gelegten Nachfrageschätzungen über die gesamte Laufzeit überhaupt wirtschaftlich durchführbar erscheint, so ist eine anfänglich niedrigere Referenzmaut im Zeitablauf systematisch steigerbar mit zugleich zunehmenden Gebührenerlösen (Akzeptanzeffekt der Nachfrage), die schließlich in die Gewinnzone führen. Die Möglichkeit einer negativen Gebührensatz-Nachfragespirale ist zwar denkbar, stellt aber das gesamte Projekt in Frage; sie ist also gerade kein spezifisches Problem der hier vorgestellten Gebührengestaltung.

Um dem Akzeptanzsteigerungseffekt eine breitere Basis zu geben, sollte von der z. B. in Ziffer 33.6.1 des Strelasund-Konzessionsvertrags-Entwurfs eingeräumten Möglichkeit Gebrauch gemacht werden, als Kalkulationsperiode einen Zeitraum von maximal drei Jahren zugrunde zu legen. Diese auch im kommunalen Gebührenrecht bekannte Regelung impliziert, dass die Kalkulation die Kosten- und Frequenzerwartungen für drei Kalenderjahre umfasst, für die ein einheitlicher Gebührensatz ermittelt wird. Dieser Verstetigungseffekt hat für die hier vorgeschlagene Gebührengestaltung den Vorteil, dass für die Anfangs-Perioden 1, 2 und 3 ein niedriger Referenzmaut-Satz zugrunde gelegt wird, bevor die erste Betriebsabrechnung ggf. die ex-post-Unterdeckung aufgrund überschätzter Nutzerzahlen aufdeckt. Erst in den Perioden 4, 5 und 6 müsste dann die Kostennachholung mautsteigernd erfolgen.

Dabei tritt das aus dem kommunalen Bereich bekannte Problem auf, dass endgültige Aussagen über die ex-post-Kostenüber- oder -unterdeckung aufgrund einer nachträglich zu erstellenden Betriebsabrechnung naturgemäß erst nach Ablauf der Periode gemacht werden können, d. h. zu einem Zeitpunkt, zu dem die Kalkulation für die Nachfolgeperiode bereits erfolgt sein muss. Die Übernahme eines Differenzbetrages in die unmittelbar folgende Periode begegnet daher Praktikabilitätsproblemen. Es bleibt offen, ob die Konzessionärin befugt sein könnte, Unterdeckungen aus den Jahren 1, 2 und 3 (= Periode 1) dann in die Jahre 7, 8 und 9 (= Periode 3) zu übertragen. Zumindest aber wäre es aber wohl zulässig, nach Vorliegen der endgültigen Betriebsabrechnung der ersten Periode eine Nachkalkulation für die Jahre 5 und 6 vorzulegen. Damit wäre für die Jahre 1–4 des Projekts eine niedrige Akzeptanzmaut gesichert, ohne auf den Vollkostendeckungsanspruch dauerhaft verzichten zu müssen.

Das Risiko einer zwischenzeitlichen Intervention des Konzessionsgebers, etwa weil sich die drohende Unterdeckung von Ablauf der ersten Periode bereits abzeichnet, dürfte ebenfalls nicht gegeben sein: Nach Ziffer 33.6.1 des Konzessionsvertrags-Entwurfs unterliegt nur der Fall einer sich abzeichnenden Überdeckung der besonderen Besorgnis des Konzessionsgebers. Im Falle einer wesentlichen, sich vor Ablauf der (mehrjährigen) Periode abzeichnenden ex-post-Kostenüberdeckung behält sich der Konzessionsgeber das Recht vor, eine vorzeitige Beendigung der Berechnungsperiode zu verlangen. Der Mautsatz wäre dann vorzeitig zu ermäßigen. Eine entsprechende Regelung für den Fall einer absehbaren Kostenunterdeckung fehlt jedoch. Die Konzessionärin kann daher die volle Periode von maximal drei Jahren abwarten, bevor Änderungsbedarf hinsichtlich einer Anhebung des Mautsatzes zwingend wird.

Der hier gefundenen Lösung steht gebührenrechtlich auch nicht die Vorstellung entgegen, dass die Konzessionäre jeweils das Verkehrsaufkommensrisiko zu übernehmen hätten. Wäre dem so, müsste wohl argumentiert werden, dass eine ex-post-Unterdeckung, die auf Mindernutzung des mautfinanzierten Objekts zurückzuführen ist, als Risiko des Konzessionärs nicht mehr gebührenfähig sei. Dagegen sprechen aber die eindeutigen Regelungen zum Verlustvortrag (Ziffer 33.5.3, 33.6.2), die nicht nach Ursachen der Unterdeckung differenzieren, das insoweit prägende Vorbild des kommunalen Gebührenrechts sowie die Ziffer 33.6.1, derzufolge in der ersten Berechnungsperiode für die Schätzung des Verkehraufkommens das Verkehrs-Gutachten, anschließend aber für die Folgeperioden geeignete Schätzwerte unter Berücksichtigung des in der Vergangenheit beobachteten Ist-Aufkommens Verwendung finde sollen. Dies impliziert, dass der Gebührensatz auf Schwankungen der Nutzungsmenge reagiert. Damit stehen auch die Nutzer gebührenrechtlich in der „Haftung“ für das Verkehrsaufkommensrisiko. Die Übernahme des Verkehrsrisikos dürfte lediglich im Innenverhältnis zwischen Konzessionsgeber und Konzessionär Bedeutung erlangen, wie der Haftungssausschluss in Ziffer 33.1.4 verdeutlicht: Danach besteht keine Schadenersatzverpflichtung des Auftrag- und Konzessionsgebers sowie des Aufstellers und/oder des Auftraggebers des Aufstellers der Verkehrsprognose infolge einer veränderten Verkehrsmenge und/oder Verkehrszusammensetzung. So könnte es sein, dass sich ein Konzessionär aufgrund der Schätzung in ein Projekt hineinziehen lässt, das insgesamt mangels Verkehrsfrequenz nicht wirtschaftlich betrieben werden kann. Im Außenverhältnis bleiben aber wohl die Nutzer zahlungsverpflichtet im Ausmaß der anteiligen (auch entsprechend höheren) Referenzmaut.

Zusammenfassende Empfehlung: Die Kalkulationsperiode wird auf den maximalen Zeitraum (hier: drei Jahre) fixiert. Es werden die Schätzungen des (optimistischen) Verkehrsgutachtens aus der Machbarkeitsuntersuchung zugrunde gelegt. Eventuelle Unterdeckungen der Jahre 1, 2 und 3 (= Periode 1) werden frühestens per Nachkalkulation in die Jahre 5 und 6 (= Periode 2) vorgetragen.

VI. Lösungsoption „Intertemporale Kostenverlagerung“

1. Abgrenzung

Im vorangegangenen Abschnitt wurde die Möglichkeit erörtert, in den Anfangsperioden zunächst durch volle Kostenverrechnung Verluste entstehen zu lassen, die dann in laufender Wirtschaftsrechnung vorgetragen werden müssen. Stattdessen könnte auch versucht werden, die Kosten direkt in spätere Perioden zu verlagern. Dadurch fiele der Gebührenbedarf in den ersten Perioden niedriger aus und entspräche den Anforderungen des Akzeptanzmautmodells. Dadurch eintretende Gebührensteigerungen in späteren Perioden stießen annahmegemäß auf zwischenzeitlich erhöhte Akzeptanz und bürgen daher kein Verlustrisiko mehr.

Strategische Verlagerungen von Kosten stoßen jedoch auf Grenzen des betriebswirtschaftlichen Kostenbegriffs (Merkmal der Periodisierung), noch strikter jedoch des gebührenrechtlichen Äquivalenzprinzips in seiner zeitlichen Ausprägung: Danach dürfen Gebührenzahler in einer Veranlagungsperiode nur mit solchen Kosten belastet werden, die zur Erstellung der abzugeltenden Leistung in derselben Periode angefallen sind.

Dem Akzeptanzmautmodell entsprechende Kostengestaltungsspielräume bestehen daher grundsätzlich nicht bei den aufwandsgleichen Grundkosten, die streng periodenbezogen vorgegeben sind. Sie scheiden daher für die weitere Betrachtung praktisch aus. Zu den Grundkosten zählt § 3 Abs. 3 Satz 4 FStrPrivFinG auch die Zinsen auf Fremdkapital. Die dort verbleibenden Spielräume im Rahmen des Ansatzes aufwandsgleicher Grundkosten werden in Abschnitt V.3.b) kurz erörtert.

Es verbleiben daher im Wesentlichen Spielräume einer intertemporalen Kostengestaltung nur im Rahmen der kalkulatorischen Kosten. Hierzu zählen nach § 3 Abs. 3 Satz 5 FStrPrivFinG kalkulatorische Abschreibungen, kalkulatorische Wagnisse und kalkulatorische Eigenkapitalzinsen. Aufgrund des abermals restriktiveren Konzessionsvertrags-Entwurfs beim Strelasund-Projekt scheidet die explizite Ansatzfähigkeit kalkulatorischer Wagnisse jedoch aus. Diese sind nach Ziffer 33.2.3 nicht gesondert ansatzfähig, sondern als Teil der Eigenkapitalverzinsung zu kalkulieren. Es verbleiben daher für unsere Zwecke lediglich die Kostenarten „Abschreibungen" (Abschnitt VI.2.) und „Eigenkapitalzinsen" (Abschnitt VI.3.).

2. Intertemporale Gestaltung kalkulatorischer Abschreibungen

a) Allgemeines

Die Verrechnung kalkulatorischer Abschreibungen erfüllt in der Kostenrechnung zwei Funktionen:

1. „Verteilungsfunktion": Der bei der Anschaffung eines langlebigen Wirtschaftsgutes hinzugebende Betrag entspricht nicht dem Werteverzehr des Erwerbsjahres, sondern ist nach Maßgabe der in den einzelnen Nutzungsperioden eintretenden sachzielbezogenen Wertminderung des Anlagevermögens auf die Abrechnungszeiträume verursachungsgerecht zu verteilen. Maßgeblich ist hier die Feststellung des jeweils periodenbezogenen Werteverzehrs für die Leistungserstellung (Periodenbetrachtung).

2. „Finanzierungsfunktion“: Hiernach soll aus den über Entgelte verrechneten, d. h. dem Betrieb über Gebühren wieder zufließenden Abschreibungsgegenwerten zu einem späteren Zeitpunkt eine Rückgewinnung des einmal hingegebenen Kapitalbetrages möglich sein (Totalbetrachtung).

Die Periodisierung der nach § 3 Abs. 3 FStrPrivFinG zwingend vorgeschriebenen Anschaffungs- und Herstellkosten des Anlagevermögens, d. h. die Aufteilung auf die einzelnen Kalkulationsperioden ist dabei grundsätzlich der kalkulatorischen Gestaltung offen. Allgemein anerkannt sind lineare Abschreibungen, die jeder Periode einen gleich bleibenden „Tilgungsanteil“ des betriebsbedingt gebundenen Kapitals zuweisen. Sie versprechen aber gerade keine signifikante Verlagerung von Kosten in spätere Perioden. Nach betriebswirtschaftlichen Grundsätzen, nicht jedoch uneingeschränkt nach dem Äquivalenzprinzip des Gebührenrechts zulässig wären darüber hinaus auch nutzungsabhängig (Abschnitt b)) oder sogar progressiv bemessene Abschreibungsraten (Abschnitt c)). Eine nach Arten von Wirtschaftsgütern differenziert bemessenen Abschreibungsverrechnung wird in Abschnitt d) erörtert.

b) Nutzungsabhängige Bemessung im Zeitablauf

Eine nutzungsabhängige Bemessung der einzelnen Abschreibungsraten, z. B. nach gefahrenen km, hätte den Vorzug, entsprechend den Erwartungen einer im Zeitablauf zunehmenden Akzeptanz und Nachfrage Abschreibungskosten stärker in spätere Perioden verschieben und damit die sensiblen Anfangsperioden entlasten zu können, soweit das *voraussichtliche* Verkehrsaufkommen im Zeitablauf steigt.

Eine solche Lösung begegnet gebührenrechtlich keinen Bedenken, ja dürfte dem Äquivalenzgedanken sogar besser entsprechen als die Linearitätsfiktion. Auch das FStrPrivFinG steht einer solchen Lösung nicht entgegen. In § 3 Abs. 3 Satz 7 wird nur allgemein normiert, dass „der Abschreibungsbetrag auf die betriebsgewöhnliche Nutzungsdauer [...] zu verteilen [ist].“ Über den Modus dieses Verteilungsaktes sagt der Gesetzgeber nichts.

Allerdings ergibt sich abermals aus dem Konzessionsvertrags-Entwurf beim Strelasund-Projekt eine schärfere Kalkulations-Restriktion: In Ziffer 33.5.3 wird der anzusetzende Abschreibungsbetrag je Periode abschließend durch eine Formel bestimmt. Hieraus ergibt sich eindeutig, dass – etwas vereinfacht ausgedrückt – der noch vorhandene Restbuchwert des betreffenden Anlagegutes durch die Restlaufzeit zu dividieren ist. Der Konzessionsvertrags-Entwurf macht damit die lineare Abschreibung verbindlich und lässt eine nutzungsabhängige Bemessung nicht zu.

c) Unzulässige und zulässige Formen der Abschreibungsprogression

In der Literatur wird die Auffassung vertreten, dem Betreiber stünde eine progressive Abschreibungsverrechnung offen, da das FStrPrivFinG über die Methode der Verrechnung über die Zeit keine einschränkenden Angaben mache.[393] Damit könnte eine Verschiebung der Kostenlast in spätere Perioden gelingen. Die Argumentation stützt sich dabei wohl auf die dem FStrPrivFinG – analog zum Kommunalabgabenrecht[394] – in § 3 Abs. 3 Satz 1 explizit unterlegten betriebswirtschaftlichen Grundsätze der Kosten-Ansatzfähigkeit. Da das FStrPrivFinG keine diesbezüglichen Einschränkungen macht, kann eine betriebswirtschaftlichen Grundsätzen entsprechende Methode der Abschreibungsverrechnung Platz greifen; hierzu zählt wohl auch die progressive Abschreibung.

Diese Argumentation übersieht freilich, dass nach betriebswirtschaftlichen Grundsätzen ansatzfähige Kosten nur dann und nur insoweit gebührenrechtlich zulässig sein können, wie ihre Verrechnung nicht anderweitigen Gebührengrundsätzen widerspricht.[395] Aufgrund der Periodenbezogenheit der Kosten nach dem verfassungsrechtlichen Äquivalenzprinzip dürfen Nutzer nur insoweit mit Kosten belegt werden, wie ihnen in derselben Periode Leistungen zugeflossen sind.[396] Dies schließt gerade leistungs- oder kostenferne Kostengestaltungen aufgrund gebührenrechtlich sachfremder Erwägungen (und hierzu zählt auch das Akzeptanz- oder nachhaltige Gewinninteresse des Betreibers) aus. Eine Progressionsfiktion bei Abschreibungsraten wäre nach allgemeinem Gebührenrecht nur dann zulässig, wenn ein entsprechender Abnutzungsverlauf angenommen werden könnte – dies entspräche aber dem Modell einer nutzungsabhängig bemessenen Abschreibungsverrechnung mit über die Zeit steigendem Nutzungsgrad (dazu bereits Abschnitt b)). Eine fiktive Progression gegen den evidenten Nutzungsverlauf wäre wegen Verstoßes gegen das Äquivalenzprinzip verfassungsrechtlich nicht zulässig.

---

[393] So insbesondere *Uechtritz et al.* (2005, S. 82 ff.); *Uechtritz* (2005, S. 1109 f.); *Drömann / Tegtbauer* (2004, S. 301); zustimmend wohl *Müller-Wrede* (2006, S. 140, 150); a. A. offenbar *Hirschhausen / Beckers / Klatt* (2005, S. 37 ff.); *Reuter* (2005, S. 1250), letzterer allerdings nicht explizit mit Blick auf das FStrPrivFinG.

[394] Dort etwa in § 6 Abs. 2 Satz 1 KAG NW.

[395] Zu dieser Problematik *Schulte / Wiesemann*, in: Driehaus, Kommunalabgabenrecht, § 6, Rn. 40.

[396] Hierzu *Schulte / Wiesemann*, in: Driehaus, Kommunalabgabenrecht, § 6, Rn. 92 ff. *Uechtritz et al.* (2005, S. 84) prüfen diese Frage und kommen zu dem Ergebnis, dass hieraus kein Hindernis erwachse.

Die von *Uechtritz et al.* (2005, S. 84) angeführten Argumente greifen demgegenüber nicht durch: Der mehrfach angesprochene Gestaltungsspielraum des Kalkulators endet gerade an den Grenzen der Gebührenrechtsprinzipien; insofern muss es also darum gehen, die Reichweite dieses Spielraumes genau zu begründen und nicht durch vage Referenz darauf beliebige Gestaltungen zu legitimieren. Der Verweis auf die analoge Glättungswirkung der fiktiven Durchschnittswertverzinsung[397] geht zweifach fehl: Zum einen wird die Durchschnittswertverzinsung in der Rechtsprechung gerade mit Blick auf das Äquivalenzprinzip verworfen (dazu auch unten Abschnitt 3.c)aa)). Zum anderen ist ein Glättungskalkül, das eine gewillkürte Verrechnung von Abschreibungen zum Ausgleich von im Zeitablauf schwankenden Zinskosten einsetzen möchte, weder betriebswirtschaftlich noch rechtlich überzeugend: Die Überlegung nähert sich im Ergebnis betriebswirtschaftlich einem annuitätischen Kapitaldienst an, ohne dessen konzeptionelle Klarheit und kalkulationstechnische Präzision zu erreichen; auch dieser ist im Übrigen rechtlich unzulässig.[398] „Glättung“ zwischen kalkulatorischen Kostenarten ist betriebswirtschaftlich nur im Rahmen konzeptionell überzeugender Kapitaldienstmodelle möglich; dies ist mit einer vagen Begründung progressiver Abschreibungsverrechnung nicht überzeugend gelöst. Rechtlich entlastet ein solcher Vortrag ohnehin nicht von der Einrede der Verletzung des Periodenprinzips. Diese Einrede greift nach h. A. gerade auch gegen die annuitätische Kapitaldienstverrechnung und die Durchschnittswertmethode. Das Prinzip der Periodenrichtigkeit steht daher einer gewillkürten Abschreibungsprogression entgegen.

Allerdings könnte sich zulässigerweise indirekt ein (erwünschter) Progressions-Effekt ergeben: Nach der bereits zitierten Abschreibungs-Formel in Ziffer 33.5.3 des Konzessionsvertrags-Entwurfs werden die Abschreibungen für aktivierte Instandhaltungs- und Instandsetzungs-Aufwendungen gesondert berechnet und den Restwertabschreibungen der Anschaffungs- und Herstellungskosten periodenweise hinzugerechnet. Dies erlaubt es, im Rahmen des zu Beginn des Projektes aufzustellenden Abschreibungsplans die voraussichtlichen Instandhaltungs- und Instandsetzungsaufwendungen hinsichtlich der zeitlichen Verteilung ihres Anfalls zu schätzen und dadurch eine gezielte Belastung späterer Perioden mit Abschreibungskosten zu bewirken (indirekte Progression).

[397] *Uechtritz et al.* (2005, S. 84).

[398] Zum Ganzen eingehend *Gawel* (1999, S. 16 ff.).

d) Differenzierte Bemessung nach Arten von Wirtschaftsgütern

Eine differenzierte Bemessung der Abschreibung nach Arten der Wirtschaftsgüter erscheint ohnehin kalkulatorisch und gebührenrechtlich zwingend, da individuelle Nutzungsdauern zugrunde gelegt werden müssen. Die Schätzung der Nutzungsdauern selbst birgt kein strategisches Potential: Eine Unterschätzung der voraussichtlichen Nutzungsdauer führt zu einer Verteilung der Kosten auf einen kürzeren Zeitraum und belastet die Anfangsperioden konzeptwidrig stärker, während die Schlussperioden unbelastet bleiben. Einer Überschätzung, die den hier erwünschten Entlastungseffekt haben würde, ist nach § 3 Abs. 3 Satz 7 FStrPrivFinG die Grundlage entzogen, da die Nutzungsdauern maximal auf die Konzessionslaufzeit begrenzt sind.

Eine differenzierte Bemessung würde im Rahmen einer nutzungsabhängigen Abschreibungsverrechnung Potentiale eröffnen. Bei rein linearer Abschreibung, wie sie vorliegend verbindlich ist, beschränkt sich die Gestaltung auf die Auswahl der Nutzungsdauer, die wiederum – wie gezeigt – strategisch unbrauchbar bleibt.

Zusammenfassende Empfehlung: Beim Konzessionsgeber ist ggf. auf Zulassung einer nutzungsabhängigen Bemessung zu dringen. Bei linearer Abschreibung ist der zu aktivierende voraussichtliche Instandsetzungs- und Instandhaltungsaufwand in späteren Perioden zu veranschlagen. Eine im Schrifttum teilweise für zulässig gehaltene direkte Progression der Abschreibungsverrechnung kommt wegen des verfassungsrechtlichen Äquivalenzprinzips ohnehin nur als Ausdruck einer nutzungsabhängigen Verschleißbewertung in Betracht.

3. Intertemporale Gestaltung kalkulatorischer Zinsen

a) Allgemeines

Gebührenrechtlich anerkannt ist sowohl eine einheitliche Verzinsung des gesamten betriebsnotwendigen Kapitals zu einem einheitlichen kalkulatorischen Zinsfuß, d. h. ohne Ansehung der Finanzierungssphäre, als auch eine Separation nach der Herkunft der Mittel und einer getrennten Verzinsung von Fremd- und Eigenkapital.

Die damit verbundenen Gestaltungsspielräume werden jedoch einfachgesetzlich durch das FStrPrivFinG stark eingeengt: Nach § 3 Abs. 3 sind die Fremdkapitalzinsen nicht nur getrennt vom Eigenkapitalzins zu ermitteln, sondern auch aufwandsgleich in die Kalkulation zu übernehmen. Es fragt sich daher, welche Gestaltungsspielräume bei den Fremdkapitalzinsen (Abschnitt b)) sowie bei den Eigenkapitalzinsen (Abschnitt c)) noch verbleiben. Dabei ist auch die 2005 vom Gesetzgeber ermöglichte periodenspezifische Gestaltung des kalkulatorischen Zinsfußes zu prüfen (§ 3 Abs. 4 Satz 2 FStrPrivFinG – Abschnitt d)). Die eigentliche Höhe des ebenfalls noch gestaltbaren Eigenkapitalzinsfußes wird in Abschnitt H.IX.1. erörtert.

b) Intertemporale Gestaltung von Fremdkapitalzinsen

Durch die Zuweisung der Fremdkapitalzinsen zu den aufwandsgleichen Grundkosten gemäß § 3 Abs. 3 Satz 4 FStrPrivFinG besteht hier zunächst kein kalkulatorischer Spielraum mehr: In die Kostenrechnung sind die tatsächlich jeweils in der betreffenden Periode gezahlten Zinsen einzustellen.

Allerdings bestehen zuvor vertragsrechtliche Gestaltungsspielräume hinsichtlich der Zinszahlungen. So könnte eine annuitätische Tilgung der Fremdkapitalien vereinbart werden, so dass anfänglich höhere Tilgungen bei niedrigeren Zinslasten spätere niedrigere Tilgungen mit höheren Zinslasten finanzmathematisch ausgleichen. Das bekannte Ergebnis gegenüber einer linearen Tilgung – gleich bleibende statt im Zeitablauf sinkende Kapitalkosten – wird gebührenrechtlich noch verschärft, denn Tilgungen sind auch nach § 3 FStrPrivFinG keine Kosten im betriebswirtschaftlichen Sinne. An ihre Stelle treten die (linear) bemessenen Abschreibungen. Die in der Kostenrechnung verrechneten Fremdkapitalkosten setzen sich damit zusammen aus den anteiligen linearen Abschreibungen sowie den gemäß Annuitätsvereinbarung mit den Fremdkapitalgebern im Zeitablauf progressiv ausfallenden Zinslasten, die periodenecht und betragsgleich in die jeweilige Gebührenbedarfsberechnung durchgereicht werden. Es ergibt sich der gewünschte Effekt im Zeitablauf zunehmender Kapitalkostenlasten.[399]

[399] In diesem Zusammenhang ist jedoch die Regelung im Beiblatt „Angebotskosten und Finanzierungskonzept“, S. 4, zu beachten. Danach ist erstaunlicherweise ab dem 10. Laufzeitjahr ein vorgegebener Fremdkapitalzinssatz in Höhe von 6,62 % anzusetzen. Dies schränkt die hier empfohlene Gestaltung empfindlich ein. Sachgerecht ist sie in keinem Fall. Danach werden die Fremdkapitalzinsen gerade nicht als Grundkosten verrechnet, sondern kalkulatorisch, und dies wiederum erst ab dem 10. Laufzeitjahr.

c) Intertemporale Gestaltung von Eigenkapitalzinsen

aa) Lösungen des herkömmlichen Gebührenrechts: Restbuchwertmethode und Durchschnittswertmethode

Zinspflichtig ist nach allgemeinem Gebührenrecht das jeweils im Betrieb noch gebundene betriebsnotwendige Kapital. Das heißt, es sind die bereits über Abschreibungen zurückgeflossenen Mittel abzusetzen, die insoweit wieder in der freien Verfügungsgewalt des Investors stehen und keine Verpflichtung des Gebührenzahlers mehr begründen, den Einsatz von Kapital zu seinen Gunsten durch einen Zins abzugelten. (Auch sind nur solche Kapitalien zinspflichtig, die tatsächlich zugunsten des Gebührenzahlers im Einsatz sind; leistungsfremdes Anlagevermögen ist entsprechend auszusondern.)

Neben der Höhe des Zinsfußes benötigt man mithin zur periodengerechten Zinsbestimmung ein zeitliches Bindungsprofil, aus dem sich ergibt, wie hoch in jeder Periode das noch gebundene betriebsnotwendige Kapital ist.

Eine solche Zinsbestimmung entspricht der sog. Restwertmethode. Diese gebührenrechtlich uneingeschränkt anerkannte Verfahrensweise hat zur Konsequenz, dass die Zinslasten anfangs sehr hoch sind und sich im Zeitablauf entsprechend der laufenden Kapitalfreisetzung durch Abschreibungen vermindern. Bei sehr anlageintensiven Betrieben, deren Kostenstruktur durch Zinslasten stark beeinflusst werden, bedeutet dies, dass das zeitliche Lastprofil der Zinskosten auf die Gesamtkosten deutlich durchschlagen kann – im vorliegenden Fall ergäbe sich gerade eine kontraproduktive Struktur anfänglich sehr hoher, später nachlassender bis zuletzt nahezu verschwindender Zinskosten des Eigenkapitals.

Die *Restwertmethode* ist ein kalkulatorisches Binnenprodukt des geschlossenen Rechnungskreises der Kostenrechnung. Obgleich im kommunalen Gebührenrecht durchweg anerkannt und durch § 3 FStrPrivFinG nicht ausgeschlossen – das FStrPrivFinG macht zum zeitlichen Kapitalbindungsprofil gar keine einschränkenden Vorgaben – kommt diese Methode nach dem Konzessionsvertrags-Entwurf beim Strelasund-Projekt (dazu nachfolgend unter Abschnitt bb)) nicht zum Einsatz.

Als Alternative hierzu hat die Betriebswirtschaftslehre die sog. *Durchschnittswertmethode* entwickelt. Danach wird das über die gesamt Zeitdauer im Betrieb eingesetzte Kapital mit seinem Durchschnittswert angesetzt und dadurch gleichmäßig verzinst. Das zeitliche Zinslastprofil ist daher konstant über die gesamte Nutzungszeit. Gegenüber der Restwertmethode wird gerade die hier erwünschte Verlagerung von Zinskosten von früheren zu späteren Perioden bewirkt. Tabelle 15 macht die Zusammenhänge anhand eines einfachen Beispiels mit einem fiktiven Investitionsobjekt für 100 Geldeinheiten und vierjähriger Nutzungsdauer deutlich.

Restwert- und Durchschnittswertmethode unterscheiden sich zunächst durch Zinseszinseffekte bzw. den Effekt der vorschüssigen Berechnung der Zinsen. Unter Berücksichtigung dieser Effekte ist die Durchschnittswertmethode identisch mit einer Annuitätenmethode, die den gleichen Sachverhalt finanzmathematisch exakt abbildet: Hier wird eine über alle Perioden identische Zinslast angestrebt, die den gleichen Gesamt-Finanzierungseffekt, d. h. den gleichen Endwert hat – vgl. Tabelle 15 auf Seite 176. Zugleich wird aber auch der Hauptunterschied deutlich, dass nämlich beim Durchschnittswertverfahren (ebenso wie beim Annuitätenverfahren) Zinslasten in die Zukunft verschoben werden. (Hinweis: Annuitäten- und Progressionsmethode nach Tabelle 15 werden weiter unten zu Abschnitt cc) näher analysiert. An dieser Stelle sind zunächst die traditionellen gebührenrechtlichen Lösungen von Interesse.)

Tatsächlich haben sich bedeutende Oberverwaltungsgerichte (OVG Münster, OVG Lüneburg) gerade wegen der beschriebenen Kosten-Verlagerungseffekte gegen eine Durchschnittswertverzinsung gewandt:[400] Der aus der Durchschnittswertverzinsung folgende Ansatz eines konstanten Zinsbetrages über die gesamte Nutzungsdauer hinweg stehe nicht im Einklang mit dem Grundsatz der periodengerechten Gebührenbedarfsberechnung. Mit der Benutzungsgebühr solle der gegenwärtige Werteverzehr der Anlage abgegolten werden, welcher durch den Restbuchwert exakter dargestellt werden könne. Diese Rechtsprechung geht auch nicht auf Besonderheiten des Kommunalabgabenrechts zurück, sondern dürfte allgemeine Geltung beanspruchen.

Die Durchschnittswertmethode ist damit gebührenrechtlich mindestens umstritten, betriebswirtschaftlich aber zweifellos angemessen und den Grundsätzen der Kostenrechnung entsprechend. Auch sie ist freilich – unabhängig von Kritik der Rechtsprechung – im Rahmen des Strelasund-Projektes nicht ohne weiteres belastbar, da der Konzessionsvertrags-Entwurf ohnehin abweichende Regelungen vorsieht (Abschnitt bb)).

[400] Hierzu eingehend *Schulte / Wiesemann*, in: Driehaus, Kommunalabgabenrecht, § 6, Rn. 152 ff.

Tabelle 15

Kapitalkosten bei unterschiedlichen Berechnungsverfahren nach dem Kapitalbindungsprofil

Restbuchwertmethode						
(1)	Periode	1	2	3	4	Summe
(2)	Abschreibungen vom Anschaffungswert (25%)	25	25	25	25	
(3)	Nominalzinsen auf den Anschaffungsrestwert zum Periodenbeginn ($i_S = 0{,}07$)	100 x 0,07 = 7	75 x 0,07 = 5,25	50 x 0,07 = 3,5	25 x 0,07 = 1,75	
(4)	Gebührensumme (Kapitalkostenanteil) (Tageswerte)	32	30,25	28,5	26,75	117,50
(5)	Gebührensumme (Endwerte nach $T = 4$ Perioden), aufgezinst mit $i_H = 0{,}07$	39,20	34,63	30,50	26,75	131,08
Durchschnittswertmethode						
(1)	Periode	1	2	3	4	Summe
(2)	Abschreibungen vom Anschaffungswert (25%)	25	25	25	25	
(3)	Nominalzinsen auf den Durchschnittswert des gebundenen Kapitals zum Periodenbeginn ($i_S = 0{,}07$)	50 x 0,07 = 3,50	50 x 0,07 = 3,50	50 x 0,07 = 3,50	50 x 0,07 = 3,50	
(5)	Gebührensumme (Kapitalkostenanteil) (Tageswerte)	28,50	28,50	28,50	28,50	114,00
(6)	Gebührensumme (Endwerte nach $T = 4$ Perioden), aufgezinst mit $i_H = 0{,}07$	34,91	32,62	30,50	28,50	126,53

Annuitätenmethode						
(1)	Periode	1	2	3	4	Summe
(2)	Kapitaldienst (Tageswerte) davon rechnerisch Nominalzinsen	29,523 4,52	29,523 4,52	29,523 4,52	29,523 4,52	118,09
(3)	Kapitaldienst (Endwerte), aufgezinst mit $i_H = 0{,}07$	36,17	33,80	31,59	29,52	131,08
„Progressionsmethode"						
(1)	Periode	1	2	3	4	Summe
(2)	Abschreibungen	25	25	25	25	
(3)	„Progressive" Zinsen	--	--	4,76	15	
(4)	Gebührensumme (Tageswerte)	25	25	29,76	40	119,76
(5)	Gebührensumme (Endwerte), aufgezinst mit $i_H = 0{,}07$ – davon nur aufgezinste Zinsen	30,63 --	28,62 --	31,84 5,09	40 15	131,09 20,09

bb) Zinsermittlung durch Cash-Flow-Rechnung nach dem Konzessionsvertrags-Entwurf

Nach dem Konzessionsvertrags-Entwurf für das Strelasund-Projekt kommen weder Restwert- noch Durchschnittswertmethode zum Einsatz; beide sind danach gänzlich unzulässig.

Stattdessen konfundiert der Konzessionsgeber mit seinen Vorschriften im Vertragstext die Rechnungskreise der Kosten- und der Finanzrechnung: Nach Ziffer 33.5.3 des Entwurfs sowie nach dem Beiblatt „Angebotskosten und Finanzierungskonzept" ist vom Betreiber vielmehr ein separates Eigenkapitalkonto zu führen, dessen Stand sich nach Einlagen und Ausschüttungen, d. h. nach pagatorischen Vorgängen, sowie der zwischenzeitlich eingetretenen kalkulatorischen Verzinsung richtet. Damit vermengt der Konzessionsgeber in methodisch bedenklicher Weise Cash-Flow- und Kostenrechnung. Denn während in der Kostenrechnung das noch gebundene und damit zinspflichtige Kapital durch den Abschreibungsverlauf ermittelt wird, basiert die Cash-Flow-Rechnung auf pagatorischen Ein- und Auszahlungsvorgängen. Es kommt u. U. zu einer Inkongruenz von effektiver Zinslast und buchmäßig zinspflichtigem Kapital. Die Zinshöhe wird dadurch von laufenden Finanzierungsvorgängen abhängig gemacht, was betriebswirtschaftlichen Grundsätzen der Kostenrechnung widerspricht. Hierzu tragen auch kostenirrelevante Ausschüttungsregeln des Konzessionsgebers bei (vgl. Beiblatt S. 4 und S. 5). Ob dies als Verstoß gegen § 3 FStrPrivFinG anzusehen ist, muss hier als Rechtsfrage offen bleiben. Nachfolgend wird lediglich der strategische Kostenverlagerungsgehalt der im Konzessionsvertrags-Entwurf erzwungenen Zinsermittlung weiter beurteilt.

Im Rahmen eines pagatorisch zu führenden Eigenkapitalkontos kann der Konzessionär allenfalls durch Ausschüttungspolitik auf die Zinshöhe Einfluss nehmen. Selbst die Ausschüttungen werden aber durch ergänzende Regeln restringiert (20%-Mindestquote der Investitionssumme). Reichen die vereinnahmten Mittel nicht zur Ausschüttung, wird der Eigenkapitalverzinsungsanspruch vorgetragen und – im Gegensatz zu allen anderen Kostenarten, die ggf. vorgetragen werden müssen – seinerseits verzinst. Ein strategischer Gestaltungsspielraum ist hier nicht erkennbar.

cc) Betriebswirtschaftliche Alternativlösungen: „Dynamische" Mautkalkulation und Annuitätentilgung

Aus betriebswirtschaftlicher Sicht könnten die erwünschten Verlagerungseffekte auch durch eine annuitätische Tilgung des Eigenkapitalkontos bzw. durch eine progressive Zinslastgestaltung im Sinne einer „dynamischen Mautberechnung" erzielt werden. Beiden Verfahren, deren Auswirkungen am konkreten Rechenbeispiel in Tabelle 14 dargestellt sind, ist gemeinsam, dass sie keine periodenechte Zinslastzuordnung suchen, sondern eine Verteilung der Totalzinslast aller Perioden nach betriebswirtschaftlichen Zwecksetzungen vornehmen: Die Annuitätenmethode strebt eine über alle Perioden gleich bleibende Last, die Progressionsmethode eine Kumulierung und gebündelte Geltendmachung am Ende der Nutzungszeit an.

Wegen Nichtbeachtung des Periodenprinzips dürften beide Verfahren den gleichen Bedenken begegnen wie die Durchschnittswertmethode (siehe oben Abschnitt aa)). Die „dynamische Mautkalkulation"[401] ist darüber hinaus aus

---

[401] Dieser Methode wird als betriebswirtschaftlicher Vorteil überdies zugeschrieben, dass sie durch progressive nominelle Entgeltgestaltung die reale Mauthöhe eher konstant zu halten vermag als bei der traditionellen, periodenbezogenen Kostendeckungsmaut (*Limberger et al.* (2001, S. 204 f.)). Das Gebührenrecht stellt jedoch auf Nominalwerte ab.

einem weiteren Grunde eindeutig gebührenrechtlich unzulässig: Sie verzichtet über die Anfangsperioden ganz oder teilweise auf Verzinsungsansprüche, um diese dann verzinst in späteren Perioden geltend zu machen. Eine solche offene Verlagerung von ex-ante-Kostenunterdeckungen in später Perioden ist unter keinem Gesichtspunkt zulässig. Es wurde oben unter Abschnitt H.V. ausführlich dargelegt, dass ein freiwilliger Kostendeckungsverzicht in einer Periode später nicht mehr nachgeholt werden darf. Dabei dürfte unstreitig sein, dass dem Konzessionär gerade auch in den Anfangsperioden ein Zinsanspruch erwächst. Verzichtet er aber auf dessen Geltendmachung, wie dies bei *Limberger et al.* (2001, S. 203) – hier: Abbildung 17 – angezeigt ist, so ist es ihm verwehrt, diese Ansprüche verzinst in späteren Perioden in die Gebührenbedarfsberechnung einzustellen. Die dortige Darstellung ist daher gebührenrechtlich nicht haltbar: Die Kostensäulen in den Anfangsperioden müssen höher sein; die Differenz zu den niedrigeren geltend gemachten Kosten verfällt definitiv. Die Kostensäulen in den Endperioden dürfen dann in der gezeigten Höhe nicht mehr geltend gemacht werden. Die „dynamische Mautkalkulation“ ist gebührenrechtlich *de lege lata* eindeutig und zweifelsfrei unzulässig.

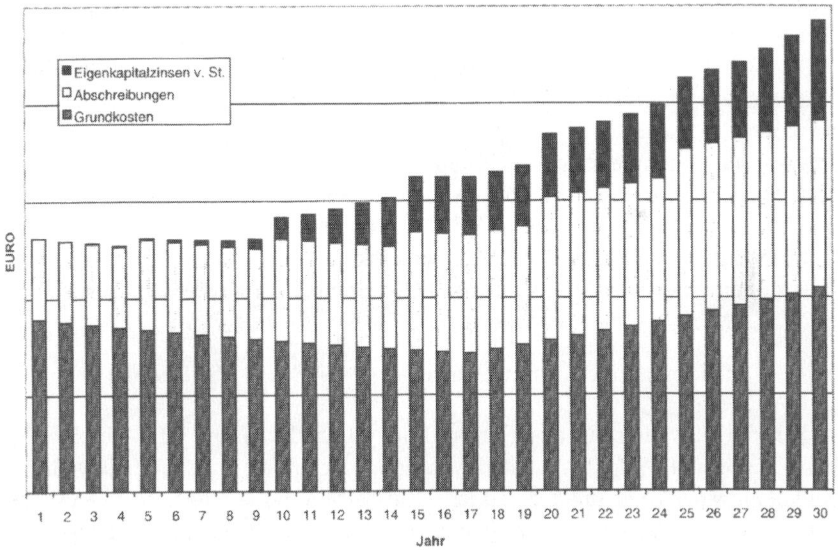

Quelle: *Limberger et al.* (2001, S. 203).

Abbildung 17: Zeitprogressive Kostenkalkulation („dynamische Mautberechnung“)

Die Annuitätenmethode als finanzmathematisch exaktes Äquivalent zur traditionellen Durchschnittswertmethode dürfte letztlich aus den gleichen Gründe vor dem herkömmlichen Gebührenrecht scheitern: Die Kostenermittlung erfolgt unter Vernachlässigung des exakten Periodenbezugs unter gebührenfremden betriebswirtschaftlichen Zielsetzungen. Allerdings sind dem Gebührenrecht Pauschalierungen und Typisierungen nicht fremd. Im Gegensatz zur Progressionsmethode, die tatsächlich anfallende Kosten gleichsam „aufspart" und später hereinholen möchte, verteilen die Annuitätenmethode und die Durchschnittswertmethode die Gesamtkosten nach einem besonderen, gebührenrechtlich aber nicht unproblematischen Schlüssel. Es handelt sich aber immer noch um kalkulatorisch effektiv anfallende und nicht bloß verlagerte Kosten. Die Progressionsmethode ist daher noch schwächer zu begründen.

Schließlich scheitern beide Methoden letztendlich auch an der durch den Konzessionsvertrag präzise vorgegebenen pagatorischen Zinsermittlung im Rahmen eines Cash-Flow-Eigenkapitalkontos. Ihre Zulässigkeit wäre aber auch ohne den Vertragstext bereits zweifelhaft.

Zusammenfassung: Nach dem Gebührenverfassungsrecht dürften bei entsprechender Interpretation des Äquivalenzprinzips durchaus Spielräume bestehen, Eigenkapitalzinsen durch geeignete Verrechnungen vorrangig am Ende der Nutzungsperiode anfallen zu lassen. Auch das FStrPrivFinG macht hierzu einfachgesetzlich gerade keine einschränkenden Vorgaben, sondern eröffnet seit 2005 sogar eine spezielle Option zur periodenspezifischen Variation der Zinssätze (dazu nachfolgend dd)). Die herrschende, streng periodenbezogene Interpretation des Äquivalenzprinzips macht aber wohl alle Lösungen außer der Restwertmethode mindestens zweifelhaft. Eine „dynamische Mautkalkulation", d. h. eine Zinsprogression ist danach aber in keinem Falle rechtmäßig. Letztlich verhindert aber in der konkreten Fallstudie abermals der Konzessionsvertrags-Entwurf durch eine pagatorische Zinsberechnung alle denkbaren Methoden und lässt keinerlei nennenswerte strategische Spielräume zur Kostenverlagerung.

dd) Progressive Zinssätze nach § 3 Abs. 4 Satz 3 FStrPrivFinG

Seit der Novellierung des FStrPrivFinG 2005 durch das ÖPP-Beschleunigungsgesetz sieht § 3 Abs. 4 Satz 3 vor, dass „der Private [...] in den jeweiligen Kalkulationsperioden unterschiedliche Zinssätze für das von ihm eingesetzte Eigenkapital in Ansatz bringen [kann], soweit über die gesamte Konzessionslaufzeit die den Sätzen 1 und 2 entsprechende durchschnittliche Verzinsung eingehalten wird."

Mit dieser Formulierung wird die Möglichkeit eröffnet, Kostenverlagerungen in spätere Perioden dadurch zu realisieren, dass in den Anfangsperioden der Konzessionslaufzeit niedrigere, später hingegen höhere kalkulatorische Zinsfüße zur Anwendung kommen, als nach Bewertung des Kapitaleigners bzw. den Maßgaben der Sätze 1 und 2 eigentlich anzusetzen wären. Dieses Zinssatz-Niveau muss nur noch „im Durchschnitt" über die Konzessionslaufzeit erreicht werden.

Abgesehen von ernstlichen betriebswirtschaftlichen und verfassungsrechtlichen Zweifeln an der Sinnhaftigkeit und Zulässigkeit einer derartigen Zinskostenverrechnung (dazu weiter unten), fragt sich zunächst, wie bei einer derartigen variablen Zinssatzgestaltung die Einhaltung von § 3 Abs. 4 Sätze 1 und 2 FStrPrivFinG überhaupt noch durch Nachprüfung gewährleistet werden soll. Denn in jeder einzelnen Periode scheinen nach Satz 3 der Norm auch erhebliche Abweichungen von der Zinshöhennormierung der Sätze 1 und 2 sowohl nach oben als auch nach unten zulässig, soweit sie nur in der Perspektive der Totalperiode angemessen erscheinen. Damit verabschiedet sich die periodenbezogene Genehmigung nach § 6 FStrPrivFinG bzw. der Mautgebührenverordnungserlass nach § 5 FStrPrivFinG faktisch aus der Kontrolle der geltend gemachten Zinskosten. Denn die Regelungen des § 3 Abs. 4 Sätze 1 und 2 FStrPrivFinG sind nur noch bezogen auf die Gesamtlaufzeit der Konzession einzuhalten, die regelmäßig mehrere Jahrzehnte beträgt. Ab wann sollte der Betreiber anhand einer (im Gesetz nicht geforderten) Nebenrechnung nachweisen (müssen), dass im Durchschnitt der Perioden die Maßgaben der Sätze 1 und 2 eingehalten wurden? Welche Konsequenzen sollte eine Darlegung im Nachhinein haben, die evtl. eine Überdeckung gemäß § 3 Abs. 5 Satz 1 FStrPrivFinG ergibt und nicht mehr ausgleichsfähig ist? Die Vorschrift des § 3 Abs. 5 Satz 1 FStrPrivFinG, wonach „unverhältnismäßige Kostenunter- oder Kostenüberdeckungen [...] rechtzeitig und angemessen auszugleichen [sind]", läuft in Bezug auf die kalkulatorischen Eigenkapitalzinskosten wohl leer. Aus der rechtsstaatlichen Transparenz- und gebührenrechtlichen Schuldnerschutz-Perspektive erscheint dies nicht unproblematisch. Immerhin fordert § 5 Abs. 1 Satz 3 2. Hs. vom Betreiber einen „Nachweis", der „durch prüfbare Aufstellung der Kosten [erfolgt], die eine rasche und sichere Beurteilung ermöglichen muss." Dies ist für die Zinskosten über weite Strecken der Konzessionslaufzeit faktisch verunmöglicht.

Aber auch inhaltlich erscheint die Freigabe der Zinssätze nicht unproblematisch. Betriebswirtschaftlich bringt der kalkulatorische Zinsfuß eine Bewertung des durch den Einsatz privaten Eigenkapitals im Betrieb entgangenen alternativen Ertrages mit sich (Opportunitätskostenprinzip).[402] Der Betreiber wird so für einen Werteverzehr entgolten, der darin besteht, dass die Eigenmittel nicht anderweitig renditetragend eingesetzt werden können. Den Bewertungsrahmen gibt der Gesetzgeber in § 3 Abs. 4 Sätze 1 und 2 FStrPrivFinG vor, wonach die

[402] Siehe *Gawel* (1994).

„durchschnittliche Rendite zehnjähriger deutscher Bundesanleihen in einem Zeitraum von 20 Jahren, die der jeweiligen Kalkulationsperiode vorausgehen, zuzüglich eines dem jeweiligen unternehmerischen Risiko angemessenen Risikozuschlags" den Wert der zugrunde zu legenden Alternativanlage beschreibt. Diese Bewertungsentscheidung (entgangene Alternativrendite) verkörpert eine projektbezogene Strukturgröße und schwankt bezüglich der Marktrendite kaum, da ein Durchschnitt von 20 Vorjahren zugrunde zu legen ist. Und bezüglich des Risikozuschlages – sieht man von Bewertungsrevisionen einmal ab – ergibt sich ebenfalls gerade keine periodenbezogene Variation: Der Risikozuschlag ist eine Strukturgröße des Projekts. Für jährliche Neufestsetzungen des kalkulatorischen Zinsfußes, die vor diesem Begründungshintergrund sachfremden Erwägungen folgen (nämlich der gezielten Verlagerung von Kostenmassen), ja einem zeitlichen Zinsfuß-Pfad, bleibt hier kein Raum.

In diesem Zusammenhang muss eine zeitlich progressive Verteilung von Zinskosten (dazu oben in Abschnitt cc)) klar von einer Progression des Zinsfußes unterschieden werden: Eine progressive Zinskostengestaltung folgt – ebenso wie ein annuitätischer Kapitaldienst – einem betriebswirtschaftlichen Gesamt-Konzept; die bloße Variation des Zinsfußes erscheint demgegenüber kaum legitimierbar.

Ein weiteres kommt hinzu: Der kalkulatorische Zinsfuß ist zur Zinskostenberechnung auf das zinspflichtige Kapital anzuwenden. Wenn und soweit nun nach der Rechtsprechung nur die Restwertmethode zur Bestimmung des zinspflichtigen Kapitals einer Periode zulässig sein soll (dazu oben unter aa)), so hat selbst eine sachwidrige Progression des Zinsfußes nicht den gewünschten Effekt: Auf ein im Zeitablauf schwindendes Kapital müsste dann ein steigender Zinssatz angewendet werden; der gewünschte Effekt massiver Verlagerung von Zinskosten in spätere Perioden wird so nicht zuverlässig erreicht, da das Kapital gegen Ende der Konzessionslaufzeit ganz überwiegend wieder desinvestiert vorliegt: Die Multiplikation aus zunehmend schwindender Basis mit ansteigendem Zinsfuß bringt nicht die angestrebten hohen Zinskosten gegen Ende der Projekt-Laufzeit. Der Wortlaut des § 3 Abs. 4 Satz 3 FinStrPrivFinG dürfte daher kalkulationstechnisch gar nicht den erwünschten Effekt erreichen können, wenn nicht gleichzeitig auch eine zielgerechte Gestaltung der unterstellten Kapitalbindung im Zeitablauf gelingt, was rechtlich umstritten ist.

Letztlich durchschlagend dürften aber rechtliche Probleme einer progressiven Zinssatzgestaltung sein: Wie zuvor in Abschnitt H.V. ausführlich dargestellt wurde, ist es einer kalkulierenden Einheit unter Geltung des gebührenrechtlichen Äquivalenzprinzips verwehrt, einen freiwilligen Kostendeckungsverzicht in einer Periode durch Kostenüberdeckungen in späteren Perioden nachzuholen. Das Äquivalenzprinzip wird einhellig in der Rechtsprechung zum Kommunalabgabenrecht als periodenbezogen interpretiert; danach treten (staatliche) Leistung und entgeltliche Gegenleistung außer Verhältnis, wenn beide auf unterschiedliche Perioden referieren:[403] Die Gebühren- (oder Entgelt-)Zahler dürfen grundsätzlich nur mit denjenigen Kosten belastet werden, die den Nutzungen in der betreffenden Kalkulationsperiode entsprechen (Grundsatz der Periodengerechtigkeit).[404] In diesem Zusammenhang dürfte aber gerade unstreitig sein, dass dem Konzessionär gerade auch in den Anfangsperioden ein Zinsanspruch erwächst. Verzichtet er aber auf dessen Geltendmachung – nach § 3 Abs. 4 Satz 3 FStrPrivFinG etwa durch Ansatz eines Zinsfußes von Null in den Anfangsperioden –, so ist es ihm verwehrt, diese Ansprüche in späteren Perioden in die Gebührenbedarfsberechnung nachholend einzustellen. Jegliche Form einer derartigen „dynamische Mautkalkulation" dürfte gebührenrechtlich *de lege lata* eindeutig und zweifelsfrei unzulässig sein, soweit die einfachgesetzliche Ermächtigung des § 3 Abs. 4 Satz 3 FStrPrivFinG gegen höherrangiges Verfassungsrecht (hier: das gebührenrechtliche Äquivalenzprinzip) verstößt.

Nun kennt das Gebührenrecht durchaus Durchbrechungen des Prinzips der Periodengerechtigkeit, die auch von der Rechtsprechung nicht als Verstoß gegen höherrangiges Verfassungsrecht interpretiert werden: So normieren einige Kommunalabgabengesetze der Länder Kostenüber- und Kostenunterdeckungs-Ausgleichsregeln (analog zu § 3 Abs. 5 Satz 1 FStrPrivFinG), wonach festgestellte Über- oder Unterdeckungen in Folgeperioden vorgetragen werden müssen oder dürfen (so etwa § 6 Abs. 2 Satz 3 KAG NW). Bei derartigen Vorträgen handelt es naturgemäß um periodenfremde Positionen, die nach dem Grundsatz der Periodenrichtigkeit nicht ansatzfähig wären.

Im Unterschied zu der hier zu erörternden Norm handelt es sich bei der Verrechnung von Über- oder Unterdeckungen aus Vorperioden aber um unabsichtliche, durch notwendige Prognoseunsicherheiten bedingte Differenzen. Demgegenüber bewusst und gezielt ex ante angesetzte Kostenunterdeckungen sind nach einhelliger Rechtsmeinung durch Ermessensverbrauch definitiv und können nicht nachgeholt werden.[405] Dies ist aber gerade bei Zinsverzicht in An-

---

[403] Hierzu mit zahlreichen Nachweisen aus der Rechtsprechung *Schulte / Wiesemann*, in: Driehaus, Kommunalabgabenrecht, § 6, Rn. 92 ff.

[404] Ebenda, Rn. 92.

[405] Vgl. *Schulte / Wiesemann*, in: Driehaus, Kommunalabgabenrecht, § 6, Rn. 104 unter Verweis auf OVG Münster und VGH München. So auch klar *Uechtritz et al.* (2005, S. 86), die aber im Widerspruch dazu eine „Nachholung" durch höhere Eigenkapitalverzinsung gleichwohl als zulässig ansehen (ebenda, S. 86 ff.). Die dort gegebenen Begründungen überzeugen durchgehend nicht. So berufen sich die Autoren u. a. auf die kommunalabgaben- und mautrechtliche Zulässigkeit von Unterdeckungsvorträgen in Folgeperioden (S. 87), die aber – wie die Autoren wenige Seiten zuvor (S. 85 f.) ebenfalls klarstellen – sich von der hier in Rede stehenden Gestaltung gerade dadurch unterscheiden, dass es sich um ungewollte und nicht vermeidbare Fehlbeträge handelt, und daher eine Analogie gerade nicht begründen können.

fangsperioden der Fall. Da in § 3 Abs. 4 Satz 3 FStrPrivFinG einfachgesetzlich dazu ermächtigt wird, reduziert sich das Problem auf die Frage, ob dem Prinzip der Periodenrichtigkeit als Ausdruck des Äquivalenzprinzips Verfassungsrang zukommt. Soweit ersichtlich, wird dies mehrheitlich bejaht.[406]

Eine verfassungskonforme Auslegung von § 3 Abs. 4 Satz 3 FStrPrivFinG, die die Variation des Zinssatzes auf bloße Schwankungen der Opportunitätskosten beschränkt, würde aber das Gestaltungsziel einer spürbaren Kostenverlagerung (und damit den Novellierungszweck) gerade verfehlen.

Zusammenfassend kann daher festgehalten werden, dass mit der Zinssatzflexibilisierung in § 3 Abs. 4 Satz 3 FStrPrivFinG ein technisch unzureichender, betriebswirtschaftlich zweifelhafter und verfassungsrechtlich wohl unzulässiger Versuch unternommen wurde, unter dem Dach des Gebührenrechts ein Tor zur Akzeptanzmaut zu öffnen, indem gezielte Zinskostenverlagerungen in die Zukunft ermöglicht werden sollen.

VII. Lösungsoption „Preisdifferenzierung“

1. Vorgehensweise und kalkulatorische Effekte

Ein strukturelles Anfangs-Defizit kann auch dadurch aufgefangen werden, dass bei der Tarifierung zwischen Benutzergruppen unterschiedlich hoher Zahlungsbereitschaft differenziert wird. Nachfrager mit einer hohen Zahlungsbereitschaft bzw. geringeren Preiselastizität, z. B. wegen besonderer Dringlichkeit der Nachfrage (gewerbliche Fahrten) oder mangels Ausweichoptionen (Lkw) werden dabei stärker belastet; Nachfrager mit elastischer Preisreaktion (Gelegenheitsfahrer, privater Freizeitverkehr) und geringer Zahlungsbereitschaft dagegen niedriger als die Referenzmaut. Bei beiden Gruppen kann so der spezifische Umsatz – bei unveränderten Kosten – gegenüber einer Einheitstarifierung nach Referenzmaut gesteigert werden. Durch die Preisdifferenzierung werden auf diese Weise Konsumentenrenten abgeschöpft, die bei einem einheitlichen Tarif bei den Nachfragern verblieben wären (siehe dazu das theoretische Modell in Abschnitt G.II.3.).

Ein solches Vorgehen bedarf jedoch der gebührenrechtlichen Legitimation. Die Abschöpfung von Konsumentenrenten durch Preisdifferenzierung ist ohne weiteres nicht zulässig. Derartige Maßnahmen müssen sich an den gebührenrechtlichen Maßstäben der

---

[406] Siehe *Schulte / Wiesemann*, in: Driehaus, Kommunalabgabenrecht, § 6, Rn. 92 ff.; a. A. wohl *Drömann / Tegtbauer* (2004, S. 302).

- Gleichbehandlung („gleiche Gebühr für gleiche Leistungen"),
- Äquivalenz („Leistung und Gegenleistung stehen nicht außer Verhältnis") und
- Kostendeckung („voraussichtliche Gebühreneinnahmen entsprechen den prognostizierten ansatzfähigen Werteverzehren")

messen lassen und können daher nur indirekt gerechtfertigt werden.

Für die nachfolgende Betrachtung wird unterstellt, dass das Kriterium der Kostendeckung im Rahmen einer Tarifspreizung stets erfüllt ist; hierfür sorgt bereits das Konstrukt einer Kostendeckungsmaut als Referenzentgelt. Es liegt auf der Hand, dass eine Tarifdifferenzierung nicht dazu führen darf, dass durch Umsatzverbesserung das veranschlagte Kostenvolumen (einschließlich angemessenen Gewinnzuschlags) überschritten wird. Es kann grundsätzlich nur um eine geeignete Unterverteilung der zu refinanzierende Gesamt-Summe auf die Nutzer gehen. Gleichwohl bietet dieses Vorgehen im vorliegend zu begutachtenden Szenario einen echten Vorteil, da von einem strukturellen Anfangs-Defizit ausgegangen wird, das durch Einnahmenverbesserung minimiert werden könnte. Liegt nämlich der Erlös unter den (Fix-)Kosten, so sind Erlössteigerungen bei gegebenem Kostenanfall gerade willkommen. Auch lässt sich so das Verkehrsaufkommensrisiko grundsätzlich mildern.

Unter dem Gesichtspunkt des gebührenrechtlichen Äquivalenzprinzips dürfen staatliche Leistung (= Gewähr der Passage der Mautstrecke) und Gegenleistung (= Mautgebühr) nutzerindividuell nicht außer Verhältnis treten; nach dem Gleichbehandlungsgebot gilt, dass im Vergleich der Nutzer untereinander für gleiche Leistungen auch gleich hohe Gebühren verlangt werden müssen. Beide Gebühren-Prinzipien genießen Verfassungsrang und stehen über dem FStrPrivFinG.

Es bleibt daher zu prüfen, inwieweit die im FStrPrivFinG sowie im Konzessionsvertrag vorgesehenen Tarifdifferenzierungen gebührenrechtlich statthaft sind und bis zu welcher gebührenrechtlichen Grenze grundsätzlich statthafte Differenzierungstatbestände belastet werden dürfen (Abschnitt H.VII.2.).

2. Gebührenrechtliche Grenzen einer Tarifspreizung

In § 3 Abs. 2 Satz 2 FStrPrivFinG ist eine Tarifdifferenzierung zwingend vorgesehen. Eine einheitliche Mautgebühr für alle Fahrzeuge und Fahrten wäre danach unzulässig. Dies entspricht dem Grundsatz der speziellen Entgeltlichkeit im Kommunalabgabenrecht – hier ist nach Art und Umfang der Inanspruchnahme zu bemessen, d. h. auch zwingend zu differenzieren. Der Mauttarif muss nach § 3 Abs. 2 FStrPrivFinG mindestens nach den Merkmalen

„Wegstrecke" und „Fahrzeugart" differenzieren. Beim vorliegenden Projekt erübrigt sich das Kriterium der Wegstrecke, da allen Fahrten dieselbe Entfernung auf dem Objekt (Tunnel, Brücke, Pass) zugrunde liegt. Es bleibt daher das zwingende Kriterium der „Fahrzeugart".

§ 3 Abs. 2 Satz 3 FStrPrivFinG nennt darüber hinaus noch zwei fakultative Differenzierungkriterien, die „Häufigkeit" und den „Zeitpunkt der Benutzung". Diese Auflistung des Gesetzgebers dürfte nicht abschließend sein, da „zumindest" die in der Norm genannten Differenzierungsmerkmale berücksichtigt werden müssen, ggf. also auch weitere einbezogen werden dürfen.[407] Die vorliegende Untersuchung geht daher davon aus, dass einfachgesetzlich auch weitere (sachgerechte) Differenzierungskriterien zulässig wären. In diesem Sinne formuliert nämlich Abschnitt 33.5.4 des Konzessionsvertragsentwurfs beim Strelasund-Projekt als zusätzliches (viertes) Kriterium die „Art der Gebührenerfassung" in manuelle und automatische Registrierung.

Weder der Gesetzgeber noch der Konzessionsgeber sind jedoch gebührenrechtlich frei, beliebige Differenzierungstatbestände zu schaffen. Diese müssen sich an den Erfordernissen der Gleichbehandlung (Vergleich der Gebührenlast der Nutzer untereinander) und der Äquivalenz (Vergleich der individuellen Gebührenlast mit der individuell empfangenen Leistung) ausrichten. Hierzu wurden im Kommunalabgabenrecht weitreichende Maßgaben entwickelt:

Die Bemessung einer Benutzungsgebühr erfolgt grundsätzlich nach Art und Umfang der Inanspruchnahme einer öffentlichen Einrichtung oder Anlage (Grundsatz der speziellen Entgeltlichkeit). Art und Umfang der Inanspruchnahme repräsentieren dabei den durchgängigen Gebührentatbestand im gesamten Kommunalabgabenrecht. So definiert z. B. § 4 Abs. 2 BbgKAG, dass Gebühren Geldleistungen darstellen, die „als Gegenleistung [...] für die Inanspruchnahme öffentlicher Einrichtungen und Anlagen (Benutzungsgebühren) erhoben werden." Nach § 6 Abs. 4 Sätze 1 und 2 BgbKAG gilt, dass Gebühren „nach der Inanspruchnahme der Einrichtung oder Anlage zu bemessen [sind] (Wirklichkeitsmaßstab)." „Wenn das besonders schwierig oder wirtschaftlich nicht vertretbar ist, kann ein Wahrscheinlichkeitsmaßstab gewählt werden, der nicht in einem offensichtlichen Missverhältnis zu der Inanspruchnahme stehen darf."

Beispiel: Danach wird etwa im Abwasserbereich zunächst ein reiner Mengentarif realisiert, d. h. die geschuldete Gegenleistung für die erbrachte Entsorgungsleistung richtet sich nach der Menge entgegengenommenen und entsorgten Abwassers. Es ist aber zulässig, mit einer Differenzierung der Entgelthöhe nach verschiedenen Verschmutzungskategorien neben der reinen Abwasser-

---

[407] So auch *Müller-Wrede* (2006, S. 151).

menge auch den Verschmutzungsgrad zugrunde zu legen. Auch er reflektiert den Grad der Inanspruchnahme, also die Intensität der Nutzung („Art und Umfang“).

Ein solches Vorgehen ist gebührenrechtlich in Rechtsprechung und Literatur grundsätzlich anerkannt. Die Erhebung entsprechender „Starkverschmutzerzuschläge“ steht daher grundsätzlich mit dem Äquivalenzprinzip und dem Gleichheitssatz in Einklang. Zugleich werden aber im Gebührenrecht Anforderungen an die konkrete Bemessung der Zuschläge gestellt. In diesem Zusammenhang werden zwei Verfahren für zulässig erachtet:

- *Leistungsorientierte Bemessung mit Äquivalenzziffern*: Hierbei werden die bei den Starkverschmutzern anfallenden Abwassermengen mit Hilfe eines Umrechnungsfaktors („Äquivalenzziffer“) auf normal verschmutzte Abwassermengen hochgerechnet. Diese hochgerechneten Abwassermengen werden als Benutzungseinheiten in die Gebührenkalkulation eingestellt. Ein solches Berechnungsmodell geht davon aus, dass ein Starkverschmutzer, dessen Abwasser beispielsweise einen doppelt so hohen Verschmutzungsgrad wie normal verschmutztes Abwasser aufweist, die öffentliche Entwässerungseinrichtung annähernd im selben Maße in Anspruch nimmt wie ein Normalverschmutzer, der die doppelte Abwassermenge einleitet.
- *Kostenorientierte Bemessung*: In diesem Fall wird versucht, den Mehraufwand, der durch die Entgegennahme und die Entsorgung stärker verschmutzter Abwässer entsteht, durch Kosten-Spaltung und verursachergerechte Kostenzuordnung allein den verursachenden Starkverschmutzern anzulasten. Nach dieser Methode wären die Mehrkosten der Abwasserbeseitigung zu ermitteln, die gerade durch die Einleitung stark verschmutzter Abwässer entstehen. Dies setzt zunächst voraus, diejenigen Kosten auszusondern, die verschmutzungsunabhängig sind (reine Mengenkosten und Fixkosten); diese Kosten wären von allen Einleitern nach Maßgabe des allgemeinen Gebührenmaßstabes zu tragen. Die verschmutzungsabhängigen Kosten wiederum wären in zwei (oder mehrere) Blöcke zu teilen (Kostenspaltung), die je den Werteverzehr für normal verschmutzte und höher belastete Abwässer anzeigen. Im Rahmen einer solchen Schätzrechnung sind Vergleichsbetrachtungen und Überschlagsrechnungen durchaus zulässig. Als Ergebnis erhält man einen Mehrbetrag für die Starkverschmutzung, die allein auf die Einleiter stärker belasteter Abwässer zu verteilen wäre. Die Einleiter normal verschmutzten Abwassers würden so von diesem Mehrbetrag entlastet. An der umzulegenden Kostensumme ändert sich folglich nichts; lediglich der Verteilungsschlüssel wird verursachergerecht neu justiert.

Bei der konkreten Bemessung des Zuschlages sind durchaus Schätzungen und Typisierungen zulässig. Dies folgt bereits aus der Zulässigkeit von Wahrscheinlichkeitsmaßstäben im Gebührenrecht, der den Gemeinden einen Spielraum einräumt, der lediglich durch ein offensichtliches Missverhältnis begrenzt wird. Sowohl der heranzuziehende Maßstab als auch die anzusetzenden Mehrkosten ebenso wie die konkrete Ermittlung der Bemessungsgrundlage eines Einleiters unterliegen daher einem Ermessensspielraum. So führt etwa das OVG Schleswig zu Starkverschmutzerzuschlägen aus:

> „Ist es jedoch rechtlich unbedenklich, das systembedingt verbleibende Defizit in der Widerspiegelung der ‚wirklich' verursachten Mehrkosten hinzunehmen, so ist es überzogen, bei der Ermittlung der Bemessungsgrundlage eine Akribie zu fordern, die durch die Unwägbarkeiten des angewandten Wahrscheinlichkeitsmaßstabes ohnehin kompensiert werden." (U. v. 21.06.2000 – 2 L 9/99 = KStZ 2001, 51, 52).

Die Kalkulation muss allerdings in jedem Falle durch eine nachprüfbare Schätzung die Hypothese belegen, dass die Einrichtung durch die Entgegennahme stärker verschmutzten Abwassers im Ausmaß der durch das Zusatzentgelt auferlegten Mehrbelastung stärker in Anspruch genommen wurde. Dies gebieten das gebührenrechtliche Äquivalenz- und das Gleichbehandlungsprinzip. Dies schließt es insbesondere aus, beliebige Zuschläge zu fordern oder aber beliebige Stoffe zum Maßstab eines Starkverschmutzungszuschlages zu machen:

Was bedeutet dies für die Differenzierungsmöglichkeiten im Mautbereich?

1. Differenzierungskriterien, die nicht auf den Grad der Inanspruchnahme der Einrichtung oder Anlage referieren und damit keinen gebührenrelevanten sachlichen Grund zur Unterscheidung gem. Art. 3 GG bereithalten, sind wegen Verstoßes gegen das Gleichbehandlungsgebot unzulässig. Gleichzeitig kann im Rahmen einer solchen ungleichbehandelnden Bemessung die Grenze der Verhältnismäßigkeit zwischen individueller Leistung und Gegenleistung gesprengt werden. Beispiel: Verbot von Mengenrabatten. Sie sind im Kommunalabgabenrecht durchgehend unzulässig, soweit sie nicht als Wahrscheinlichkeitsmaßstab für sonstige Aspekte gelten können (z. B. Kostendegression).

2. Ein starkes Indiz für unterschiedliche Grade der Inanspruchnahme können differierende Kostenverursachungen der Nutzergruppen i. S. der berücksichtigungsfähigen Kosten sein. Beispiel: Starkverschmutzerzuschläge. Dies entspricht im Straßenbaubereich auch der kostenorientierten Bemessung der Mautgebühr nach § 3 Abs. 2 Satz 1 FStrPrivFinG. Eine Differenzierung nach dem empfangenen wirtschaftlichen Vorteil wäre demnach wohl unzulässig (d. h. keine Differenzierung Touristen/lokale Nutzer oder gewerbliche/private Fahrten).

3. Wird gleichwohl eine Nutzergruppe nach einem zwar allgemein sachgerechten, aber gebührenrechtlich nicht differenzierungsfähigen Abgrenzungskriterium besser gestellt, so kann dies zwar geschehen, aber nur, soweit die übrigen Nutzergruppen hierdurch nicht schlechter gestellt werden. Ermäßigungen und Begünstigungen aller Art müssen daher einerseits allgemein sachgerecht nach Art. 3 GG sein, dürfen aber – soweit sie gebührenrechtlich nicht anerkannt sind – nur diese Gruppen entlasten, nicht aber andere dadurch belasten. Beispiel: Kindergartengebühren dürfen nach dem Einkommen der Eltern gestaffelt werden, allerdings nur in der Form, dass Ermäßigungen für untere Einkommensschichten nicht zu Lasten der höheren Einkommensschichten gehen, sondern aus Steuern oder Zuschüssen finanziert werden. Denn die Höhe des Einkommens ist kein Maßstab für den Grad der Inanspruchnahme und verstößt gebührenrechtlich gegen Gleichbehandlungs- und Äquivalenzprinzip.

Für die im Mautbereich relevanten Differenzierungstatbestände bedeutet dies, dass aus verfassungsrechtlicher Sicht die Kriterien

- der *Häufigkeit der Benutzung* und
- der *Zeitpunkt der Benutzung*

fragwürdig und daher mit erheblichen rechtlichen Risiken behaftet sind. Die Tatsache, dass beide Kriterien einfachgesetzlich in § 3 Abs. 2 Satz 3 FStrPrivFinG ausdrücklich zugelassen werden, heilt diese Bedenken nicht, da sie aus höherrangigem Verfassungsrecht abgeleitet werden.[408]

Die Häufigkeit und der Zeitpunkt der Benutzung sind zwar betriebswirtschaftlich und finanzwissenschaftlich anerkannte und zweckmäßige Preisdifferenzierungstatbestände der Nachfragelenkung – etwa um Nutzungsanreize für Vielnutzer zu gewähren oder Nutzungsströme zur besseren Kapazitätsauslastung zu steuern (*peak load pricing*) –, in der gebührenrechtlichen Systematik geben sie jedoch definitiv keinen Anhaltspunkt für das Ausmaß der individuellen Nutzung: Dieses ist gerade davon unabhängig, ob eine Nutzung tagsüber oder nachts stattfindet oder ob die aktuelle Nutzung die erste oder tausendste seit einem bestimmten Referenzdatum darstellt.

Die Lenkungslogik dieser Preismodelle ist zwar nicht der Gebühr, wohl aber dem herrschenden Gebührenrecht fremd. Dies zeigt sich am deutlichsten in der strikten Ablehnung von Gebührendegressionen für Mengenrabatte: Einem

---

[408] *Müller-Wrede* (2006, S. 151) übergeht verfassungsrechtliche Probleme unter Hinweis auf die Zulässigkeit von Lenkungszwecken. Dabei dürften Lenkungszwecksetzungen kaum unter Verstoß gegen Art. 3 GG oder Verhältnismäßigkeitsgrundsatz Platz greifen können; diese sind nur im Rahmen des Gebührenrechts möglich – dazu insbesondere *Kloepfer* (1972).

Vielnutzer die Nutzung zu einem niedrigeren Gebührensatz zu gestatten, stellt gebührenrechtlich eine unzulässige, da gleichheitswidrige Subventionierung dar. Der Grundsatz „gleiche Gebühr für gleiche Leistung" ist dabei verletzt. Wenn die Degression nicht kostenseitig abgestützt werden kann, ist sie unzulässig.

Es muss daher davon ausgegangen werden, dass die Kriterien „Häufigkeit" und „Zeitpunkt der Benutzung" verfassungsrechtlich nicht tragfähig sind, soweit nicht eine leistungs- oder kostenbezogene Begründung für eine entsprechende Tarifspreizung angeboten werden kann. Diese ist dem Autor aber nicht ersichtlich. Zu einem ähnlichen Ergebnis kommen auch *Limberger et al.* (2001, S. 81) die deswegen „verfassungsrechtliche Bedenken" aus Art. 3 Abs. 1 GG ableiten.

Verfassungsrechtlich unbedenklich erscheinen hingegen die Differenzierungskriterien „Fahrzeugart" und „Art der Gebührenerfassung". Eine differierende Art der Inanspruchnahme ist hier jeweils offensichtlich. Insbesondere lässt sich in beiden Fällen auch kostenseitig eine Tarifdifferenzierung gut begründen.

Die genannten Maßstäbe der Differenzierung wären damit grundsätzlich zulässig. Bis zu welcher Grenze dürfen diese nunmehr „belastet" werden? Die im kommunalen Gebührenrecht übliche Vorgehensweise wurde zuvor am Beispiel der Starkverschmutzerzuschläge erläutert: Die Differenzierung geht bis an die Grenze einer plausiblen und nachvollziehbaren Darlegung von Unterschieden im Grad der Inanspruchnahme bzw. im Grad der Kostenverursachung einzelner Nutzergruppen. Dies kann durchaus mit Pauschalierungen und Typisierungen geschehen – entweder durch Äquivalenzziffern oder Kostenspaltungen nach Nutzergruppen (siehe oben). Entscheidend ist die Evidenz differenter Nutzungs- und Kostenstrukturen.

So könnte für Schwerlastfahrzeuge mit den aus dem Straßenbau bekannten Äquivalenzziffern der Beschädigung der Fahrzeugdecke gegenüber einfachen Pkw argumentiert werden. Ebenfalls möglich wäre der Hinweis auf größeren Raumbedarf und geringere Geschwindigkeiten, die eine intensivere Nutzung pro Fahrt durch Lkw bedeuten (Kapazitätseffekt). Die entsprechenden Werte können

– nachvollziehbar geschätzt,
– aus belegbaren Erfahrungswerten der Vergangenheit abgeleitet werden oder aber
– aufgrund einschlägiger Untersuchungen bekannt sein.

Die Tarifspreizung ist damit prinzipiell unbegrenzt möglich, soweit sie sich nachvollziehbar kostenseitig begründen lässt. Ausgeschlossen wäre sicher der

Grenzfall, eine bestimmte Fahrzeugklasse gänzlich freizustellen und nur andere zu belasten. Dies wäre offensichtlich nicht sachgerecht.

Wichtig ist zudem umgekehrt, dass gebührenrechtlich zunächst keine Verpflichtung zu einer derartigen Differenzierung besteht. So gibt es z. B. keine Pflicht, Starkverschmutzerzuschläge zu erheben. Im Mautbereich folgt diese Verpflichtung erst einfachgesetzlich aus § 3 Abs. 2 Satz 2 FStrPrivFinG. Hier räumt zudem der Gesetzgeber einen erheblichen Spielraum ein. Der Gebührenschuldner hat gebührenrechtlich keinen Anspruch auf eine Gebührenbemessung nach individueller Kostenverursachung. Pauschalierungen und Typisierungen mit erheblichen Ermessensspielräumen sind zugelassen. Dies bedeutet, dass ein Investor Spielräume behält, tariflich bis an die Grenze des Nachvollziehbaren zu spreizen, aber umgekehrt nur zu einer gewissen Mindestspreizung verpflichtet ist. Im Rahmen dieses Spielraumes können dann intern Überlegungen zur Einnahmengestaltung durch Preisdifferenzierung, zur Nachfragelenkung bzw. Erlösmaximierung – wie oben geschildert – Platz greifen. Siehe hierzu auch die preistheoretischen Überlegungen in Abschnitt G.II.3.

Beispiel: Aufgrund von Untersuchungen zur Beschädigung von Fahrbahndecken sei bekannt, dass schwere Lkw gegenüber Pkw Schäden im Verhältnis 1.000:1 verursachen. Ein zulässiger Mauttarif belastet 10:1. Die Spreizung ist dem Grunde nach sachangemessen und der Höhe nach plausibel. Die Abweichung vom Gutachten-Wert kann z. B. so begründet werden, dass über die Mautgebühr nicht nur Fahrbahndecken-Schäden, sondern alle Projektkosten umgelegt werden, die z. T. andere Lastverhältnisse verkörpern. Auch ein Tarif 2:1 wäre akzeptabel mit der (pauschalen) Begründung, dass Lkw offensichtlich größere Abnutzungen verursachen als Pkw.

Eine weitere Komplizierung der bislang gefundenen Ergebnisse ergibt sich aus Vorgaben des Europarechts.[409] In der Richtlinie 1999/62/EG „über die Erhebung von Gebühren für die Benutzung bestimmter Verkehrswege durch schwere Nutzfahrzeuge“ werden für Kraftfahrzeuge, die „ausschließlich für den Güterkraftverkehr bestimmt sind“ und mindestens 12 t zulässiges Gesamtgewicht aufweisen (Art. 2 Lit. d), verbindliche Differenzierungskriterien festgelegt. Nach Art. 7 Abs. 10 kann dies nach Emissionsklassen oder der „Tageszeit“ geschehen. Zunächst ist unklar, ob nach dieser Bestimmung für schwere Nutzfahrzeuge auch weitere Differenzierungskriterien zulässig sind, die dann nationalstaatlich ergänzt werden könnten. *Limberger et al.* (2001, S. 36) verneinen dies: „Es ist daher davon auszugehen, dass die in Art. 7 der Richtlinie 99/62/EG normierten Differenzierungskriterien abschließend sind.“ Daraus würde freilich folgen, dass der einfachgesetzliche Differenzierungstatbestand „Häufigkeit der Benutzung“ aus dem FStrPrivFinG für schwere Lkw europarechtlich ebenso unzulässig wäre wie das im Konzessionsvertrag ergänzend ge-

---

[409] Hierzu auch kritisch *Müller-Wrede* (2006, S. 151 f.), der einen Gebührenrabatt für „Vielfahrer“ als europarechtlich „problematisch“ einstuft.

nannte Kriterium „Art der Abrechnung“. Der Tatbestand „Zeitpunkt der Benutzung“ aus § 3 Abs. 2 Satz 3 FStrPrivFinG wurde im Konzessionsvertrag bereits – für alle Fahrzeuge – europarechtskonform als „Tageszeit“ ausgelegt.

Es bliebe daher die Möglichkeit, für andere als unter den Anwendungsbereich der Richtlinie 99/62/EG fallende Fahrzeuge die nach deutschem Recht vorgesehenen, aber für Lkw europarechtlich (womöglich) unzulässigen Differenzierungsmaßstäbe gleichwohl anzuwenden. Ein solches Vorgehen erscheint jedoch umgekehrt „verfassungsrechtlich problematisch“. Denn wie zuvor dargestellt wurde, sind „Häufigkeit und Zeitpunkt der Benutzung“ nach nationalem Verfassungsrecht als Kriterien zweifelhaft. Selbst wenn dies nicht gelten würde, bliebe eine Ungleichbehandlung nach Fahrzeugen, die RL 99/62/EG unterfallen, und sonstigen Fahrzeugen nach Art. 3 GG gleichheitswidrig, da ohne hinreichenden sachlichen Grund. Das Europarecht könnte insoweit eine indirekte verfassungsrechtliche Sperrwirkung ausüben. Diese Sperrwirkung könnte auch das Kriterium „Art der Gebührenerfassung“ treffen, das zwar nach nationalem Verfassungsrecht zulässig ist (möglicherweise aber nicht nach dem FStrPrivFinG!), dafür aber europarechtlich womöglich nicht für schwere Lkw angewendet werden darf. Eine europarechtskonform geteilte Anwendung bei schweren Lkw einerseits und allen übrigen Fahrzeugen andererseits wirft wiederum verfassungsrechtliche Probleme aus Art. 3 GG auf.

Überdies wurde oben bereits ausgeführt, dass in jedem Falle eine Begünstigung von Vielfahrern („Häufigkeit der Benutzung“) bzw. Nachtfahrern („Tageszeit“) wohl nicht zulasten der Gelegenheits- bzw. Tagesfahrer gehen dürfte, soweit eine absolut rechtssichere Tarifstruktur angestrebt wird. Ferner darf nicht nach dem wirtschaftlichen Vorteil bemessen werden, da die Mautgebühr nach dem FStrPrivFinG kostenorientiert ist; eine Tarifierung, die eine bloße Abschöpfung von differenten Zahlungsbereitschaften ohne Kostenbegründung anstrebt, ist daher unzulässig.

Definiert man als erbrachte Leistung „die Gewähr der Passage einer bestimmten Mautstrecke“, so dürften alle in Frage kommenden Differenzierungskriterien bis auf die Unterscheidung Pkw/Lkw gebührenrechtlich ausscheiden!

VIII. Lösungsoption „Subventionierung von Defiziten“

Als letzte Option wurde in Abschnitt III. die Möglichkeit identifiziert, das sich ergebende strukturelle Anfangsdefizit durch eine Subvention, d. h. einen staatliche Zuschuss auszugleichen. Zuschussgewährung ist in der kommunalen Daseinsvorsorge üblich, z. B. beim Kläranlagenbau. Dabei ist nach der Zwecksetzung zu unterscheiden, wer jeweils in den Genuss der Entlastung kommen soll: die investierende Gemeinde oder der Gebührenzahler selbst. Im Kommunalabgabenrecht der Länder ist die Behandlung der Zuschussgewährung unterschiedlich geregelt:

- bei der *Verzinsung* ist der Zuschussbetrag durchgängig abzusetzen, d. h. Zuschüsse dürfen regelmäßig nicht verzinst werden (z. B. § 6 Abs. 2 Satz 4 KAG NW);
- bei den *Abschreibungen* wird es in einigen Ländern freigestellt, Zuschüsse einzubeziehen (Brandenburg, NRW); andere Länder sehen ein Verbot der Abschreibung auf Zuschüsse vor (Sachsen-Anhalt: § 5 Abs. 2 Satz 6 KAG-LSA). Das Verbotsmodell gibt die Entlastung direkt an die Gebührenzahler weiter; das Abschreibungsmodell belässt die Entlastung bei der Gemeinde. Dabei wird davon ausgegangen, dass nach Ablauf der Abschreibungsperiode eine Wiederbeschaffung und Fortsetzung der Betriebstätigkeit erforderlich wird. Daher soll eine Gemeinde auch auf einen erhaltenen Zuschuss abschreiben können, um diesen Finanzierungsanteil in der nächsten Investitionsrunde aus Gebührenerlösen bestreiten zu können. Ein einmaliger Zuschuss hindert daher nach herrschender Auffassung (z. B. OVG Münster) nicht eine Gebührenerhebung, die auf Wiederbeschaffung und Substanzerhalt gerichtet ist. Wiederkehrende Zuschüsse ließen eine Abschreibung allerdings nicht zu. Denn in diesem Fall besteht auch in den Folgezyklen kein entsprechender Finanzierungsbedarf durch Gebühren.

Im FStrPrivFinG ist in § 3 Abs. 3 Satz 8 eine Abschreibung von Zuschussbeträgen und Fördermitteln untersagt. Aus § 3 Abs. 3 Satz 10 folgt zudem, dass auch eine kalkulatorische Verzinsung nicht statthaft ist. Der aus der Förderung fließende Vorteil ist damit an die Gebührenzahler vollumfänglich weiterzureichen. Wegen der einmaligen Abschreibungsperiode des gebührenfinanzierten Objekts und der anschließenden Übergabe an den Baulastträger ist dies auch folgerichtig.

Gleichwohl behalten Zuschüsse ihren finanzierenden Effekt, indem der kostenseitige Gebührenbedarf ermäßigt und so an den Akzeptanzwert der ersten Perioden herangeführt werden kann: Das strukturelle Defizit wird so tendenziell verringert.

Zuschüsse können jedoch nicht zur gezielten Reduzierung speziell der Kostenlast in den Anfangsperioden eingesetzt werden; ein gleichsam „gestalterischer“ Einsatz von Zuschüssen in der Kalkulation ist ohne weiteres nicht statthaft. Vielmehr reduzieren Zuschüsse das Gesamtkostenvolumen des Projekts linear; eine „Widmung“ auf einzelne Kostenarten oder Perioden kommt dabei kaum in Betracht. Damit ermäßigt sich die Kostendeckungsmaut als Referenzentgelt c. p. gleichmäßig über die Betriebsdauer des gebührenfinanzierten Objekts.

Dies dürfte auch deshalb gelten, da der Grund für eine weitere (über die Anschubfinanzierung hinausgehenden) Bezuschussung im Strelasundfall wohl nur in der politischen Entscheidung gesehen werden könnte, eine Teil der Nachfrage weiterhin kostenlos über die alte Brückenverbindung zu bedienen. Dieser potentielle Finanzierungsbeitrag geht daher dem privaten Investor definitiv verloren. Soll dies nicht über die Nutzer der neuen Brücke mitfinanziert werden, die insoweit Nichtnutzer subventionieren müssen, bietet sich ein staatlicher Zuschuss an. Der Zuschuss wäre dann wirtschaftlich ein Ausgleich für eine globale Mindereinnahme infolge der politischen Entscheidung, eine kostenlose Nutzungsalternative zuzulassen und damit einzelne Nutzer von der Finanzierungslast freizustellen („Global-Zuschuss").

Denkbar wäre allerdings auch eine gezielte Entlastung des Gebührenbeitrages lokaler Nutzer mit tendenziell geringerer Kaufkraft („Osttarif"). In diesem Fall würde mithilfe des Zuschusses gezielt der Gebührensatz dieser Nutzergruppe abgesenkt („Sozialzuschuss"). Wiederum ergäbe sich allerdings ein über die Betriebszeit gleichmäßiger Entlastungseffekt. Allerdings könnten sich hier im Zeitablauf stärkere Akzeptanzsteigerungseffekte ergeben. Denn im Gegensatz zum „Globalzuschuss" wird beim „Sozialzuschuss" die Referenzmaut gerade nicht abgesenkt, sondern nur der Tarif einzelner Nutzergruppen. Dies bedeutet, dass die nicht-subventionierten Nutzer mit geringerer Preiselastizität der Nachfrage (Touristen, gewerblicher Fernverkehr) im Vergleich zum Globalzuschuss höher veranlagt werden; per Saldo können dadurch mehr Konsumentenrenten abgeschöpft werden. Zugleich steigt die Akzeptanz bei den subventionierten lokalen Nutzern rascher und nachhaltiger.

Ein „Sozialzuschuss" dürfte daher wirtschaftlich insgesamt günstigere Effekte aufweisen. Eine spezifische Abgeltung des strukturellen Anfangsdefizits wird jedoch ohne weiteres in keinem Falle durch eine Bezuschussung gelingen können: Der kostenrechnerische Zuschusseffekt ist ohne gesonderte Widmung der Zuschussgebers auf die gesamte Laufzeit zu verteilen. Eine zuschussbedingte Kostenermäßigung speziell in den Anfangsperioden wäre nur mit einer entsprechenden Widmung des Zuschussgebers möglich.

IX. Einzelfragen der Kalkulation einer Akzeptanzmaut

1. Höhe des kalkulatorischen Zinssatzes

Die zulässige Höhe des kalkulatorischen Zinssatzes hängt zunächst vom Berechnungsmodell der Verzinsung ab: In Rechtsprechung und Schrifttum zum Kommunalabgabenrecht werden sowohl ein einheitlicher kalkulatorischer Zinsfuß für das gesamte betriebsnotwendige Kapital als Mischzinssatz für Eigen- und Fremdmittel für zulässig gehalten als auch ein gespaltener Zinssatz, der für Eigen- und Fremdkapital gesondert ermittelt wird.

Nach § 3 Abs. 3 Satz 4 FStrPrivFinG werden die Fremdkapitalzinsen den (ausgabengleichen) Grundkosten zugewiesen. Damit dürfte für ein Mischzinsmodell kein Raum bestehen. Vielmehr sind die Fremdkapitalzinsen ausgabengleich in die Kostenrechnung zu übernehmen. Ein kalkulatorischer Zinsfuß ist demnach allein noch für das separat zu verzinsende Eigenkapital anzusetzen.

Die bisherige, vom OVG Münster geprägte kommunalabgabenrechtliche Rechtsprechung zur Höhe des Eigenkapitalzinsfußes sieht maximal 8 %[410] (seit 2006 nunmehr 7 %[411]) vor, und zwar unabhängig davon, ob es sich um einen Mischzinssatz oder einen separaten Zinsfuß für Eigenkapitalien handelt. Die Größenordnung wurde dabei in Anlehnung an die in der Vergangenheit beobachteten durchschnittlichen Konditionen langfristiger risikoloser öffentlicher Anleihen entwickelt.

In § 3 Abs. 4 FStrPrivFinG wird diese Überlegung aufgegriffen und ohne Nennung eines Zinssatzes abstrakt formuliert:

> „Als angemessene kalkulatorische Verzinsung des von dem Privaten eingesetzten Eigenkapitals gilt die durchschnittliche Rendite zehnjähriger deutscher Bundesanleihen in einem Zeitraum von 20 Jahren, die der jeweiligen Kalkulationsperiode vorausgehen, zuzüglich eines dem jeweiligen unternehmerischen Risiko angemessenen Risikozuschlags. Der Risikozuschlag darf nicht zu einer unverhältnismäßigen Verzinsung des eingesetzten Eigenkapitals führen."

Damit reduziert sich das Findungsproblem eines angemessenen und damit gebührenrechtlich zulässigen Zinsfußes zunächst auf die Ermittlung der Durchschnittsrendite zehnjähriger Bundes-Anleihen, wie sie etwa von der Deutschen Bundesbank in Zeitreihen im Internet veröffentlicht werden. Dabei ist zu beachten, dass der Zinssatz für jede Kalkulationsperiode erneut aufgrund eines 20-jährigen Zeitraumes davor zu ermitteln ist. Obwohl aufgrund des langen Stützbereichs kurzfristige Zinsschwankungen am Kapitalmarkt nur geringes Gewicht erhalten, reflektiert der kalkulatorische Zinsfuß doch gleichwohl auch aktuelle Kapitalmarkttendenzen. Das heißt, der kalkulatorische Zinsfuß schwankt (stark gedämpft) im Zeitablauf je nach volkswirtschaftlichem Zinsniveau. Der so zu ermittelnde Wert dürfte gegenwärtig erkennbar unter 7 % liegen.

Hinzu tritt nun die dem Kommunalabgabenrecht fremde Risikokomponente. Diese muss laut § 3 Abs. 4 FStrPrivFinG

- dem unternehmerischen Risiko einerseits angemessen
- sowie insgesamt gegenüber der erbrachten Leistung noch verhältnismäßig

[410] OVG NW, Urteil v. 5.8.1994 – 9 A 1248/92.
[411] OVG NW, Urteil v. 13. April 2005 – 9 A 3120/03.

sein. Es handelt sich um zwei zu trennende Anforderungen: So kann etwa ein extrem riskantes Projekt einen 30 %igen Risikoaufschlag als angemessen rechtfertigen; gleichwohl scheidet die Gebührenfinanzierung aus, da dieses Risiko gegenüber einer Gebührenfinanzierten Leistung unverhältnismäßig erscheint.

Es fragt sich allerdings, ob und inwieweit ein solcher Risikozuschlag mit dem verfassungsrechtlichen Äquivalenzprinzip der Gebührenerhebung (willkürfreie Korrespondenz von Leistung und Gegenleistung) vereinbar ist. In einem wichtigen Präzedenzverfahren hat der Berliner Verfassungsgerichtshof anlässlich der Teilprivatisierung der Berliner Wasser-Betriebe einen gesetzlich eingeräumten Zuschlag von 2 % auf die Basismarke risikoloser Anlagen für verfassungsrechtlich zulässig erklärt. Maßgeblich hierfür war die Überlegung, dass eine verfassungsrechtlich gestattete Aufgabenwahrnehmung durch Private es auch nach dem verfassungsrechtlichen Äquivalenzprinzip als sachgerecht erscheinen lasse, wenn die bei Privaten typische Gewinnerzielung bei der Tarifermittlung berücksichtigt werde.

In einem Minderheitenvotum wandten sich jedoch vier der acht Richter gegen die Annahme der verfassungsrechtlichen Unbedenklichkeit. Sie argumentierten, dass die mit dem Zuschlag von 2 % bezweckte allgemeine Haushaltsentlastung des Landes Berlin den Aufschlag nicht rechtfertige. Ein durch den Zuschlag abzugeltendes unternehmerisches Risiko sei ebenso wenig erkennbar. Es sei schließlich auch nicht Aufgabe der öffentlichen Hand, ihre Haushaltsmittel erwerbswirtschaftlich einzusetzen und hierdurch Gewinn zu realisieren.

Die Konsequenzen dieses Urteils für die Kapitalverzinsung privat finanzierter Fernstraßenbauprojekte wurde bereits von *Limberger et al.* (2001, S. 94 ff.) zutreffend herausgearbeitet:

- Die Argumente, mit denen ein Teil des Berliner Verfassungsgerichtshofes eine erhöhte Kapitalverzinsung bei Nutzung privaten Kapitals rechtfertigt, gelten im Bereich des FStrPrivFinG in besonderer Weise, denn es geht hier nicht nur um ein private Beteiligung, sondern sogar um eine vollständige private Finanzierung des Straßenbauprojektes. Ohne Mobilisierung privater Mittel würden die Projekte gar nicht realisiert werden können. Die Alternative besteht daher nicht in einer öffentlichen Bereitstellung, sondern im entsprechenden Verzicht auf Infrastruktur.
- Demgegenüber sind die kritischen Argumente im Bereich des FStrPrivFinG gerade nicht einschlägig: Das unternehmerische Risiko des vollständigen oder teilweisen Scheiterns des Bauprojektes ist evident; eine beliebige Refinanzierung über Gebühren ist schon mangels Anschluss- und Benutzungszwang gar nicht möglich. Im Bereich der Straßennutzung handelt es sich weder um einen lebensnotwendigen Bedarf noch existiert eine Nutzungspflicht, wie dies bei kommunalen Daseinsvorsorgeleistungen, etwa im

Bereich Abfall und Abwasser typischerweise der Fall ist. Das Verkehrsaufkommensrisiko liegt damit wesentlich beim Betreiber.

Ein Zins-Zuschlag gegenüber der Basismarke risikoloser langfristiger Anleihen, wie ihn § 3 Abs. 4 FStrPrivFinG vorsieht, dürfte damit grundsätzlich verfassungsrechtlich keinen Bedenken begegnen. Allerdings benennt § 3 Abs. 4 FStrPrivFinG mit der Angemessenheit und Verhältnismäßigkeit zugleich die Grenzen eines Risikozuschlages.

Die Angemessenheit setzt voraus, dass das Ausmaß des übernommenen unternehmerischen Risikos im Einzelnen dargestellt und bewertet wird und damit zur Begründung des gefundenen Satzes geeignet erscheint. Je größer das Verlust-Risiko des Projektes erscheint, desto größere Zuschläge kommen in Betracht. Rendite-Ansprüche des Investors und auch Vergleichs-Renditen anderer Projekte spielen demgegenüber keine Rolle. Es kommt vielmehr auf eine individuelle Risikobewertung des konkreten Projekts an.

Bei der Risikoabschätzung ist zudem die gebührenrechtliche Verhältnismäßigkeitsgrenze zu beachten. Ihr zufolge dürften jedenfalls Zinsfüße ab 20 % wohl als nicht mehr verhältnismäßig abzulehnen sein.

Je nach Risiko-Lage sind aber nach Auffassung der Autoren durchaus kalkulatorische Zinsfüße bis zu 15 % zu rechtfertigen. Dies setzt freilich die konkret-individuelle Darlegung des unternehmerischen Risikos im Einzelfall voraus. Es muss glaubhaft gemacht werden, dass ein Engagement in dem Projekt gegenüber einer risikolosen Anlage einen reinen Risiko-Zuschlag von etwa 7–8 % erfordert. Der Gesetzgeber hat demgegenüber die risikolose Verzinsung des Eigenkapitals bereits unwiderruflich fixiert. In den Zuschlag dürfen daher keine höheren Rendite-Ansprüche des Investors einfließen, sondern nur (nachvollziehbare) Risiko-Aspekte.

Da der kalkulatorische Zinsfuß nicht mit der internen Eigenkapital-Rendite verwechselt werden darf und im Übrigen projektindividuell zu ermitteln ist, helfen weder Rendite-Vergleiche mit ähnlichen Projekten noch Üblichkeitsbetrachtungen in der Bau-Branche gebührenrechtlich weiter.

Im Fall der Strelasundquerung könnte eine besondere Höhe des Risikos mit der Möglichkeit begründet werden, dass den potentiellen Nutzern weitgehend eine kostenlose Alternative der Brückennutzung offen steht, die dem Investor zudem aus politischen Gründen zugemutet wird. Dies erhöht das Verkehrsaufkommensrisiko über die gewöhnliche Unsicherheit hinsichtlich der Nutzungsfrequenz hinaus beträchtlich. Auch könnte die Zahlungsbereitschaft für eine bislang kostenlose Überfahrt im Nordosten Deutschlands aus mentalen oder Kaufkraftgründen besonders niedrig liegen und besondere, aber hinsichtlich des Erfolges unsichere Anstrengungen um nachhaltige Akzeptanz erfordern.

Ein weiteres Argument kommt im vorliegenden Fall hinzu: Nach Ziffer 33.2.3 des Konzessionsvertrags-Entwurfs dürfen kalkulatorische Wagnisse nicht angesetzt werden, obwohl dies gebührenrechtlich durchgehend anerkannt ist. Stattdessen sieht Ziffer 33.2.3 eine Berücksichtigung im Eigenkapitalzins vor. Dies bedeutet, dass die Eigenkapitalverzinsung um entsprechende Wagniskosten, die ja der Sache nach ebenfalls Risiken des Kapitalverzehrs darstellen, zu erweitern ist. Insoweit ist ein weiteres „Risikozuschlags-Argument“ gegeben.

Entsprechende Argumente sollten eine gebührenrechtliche Fundierung eines Zinsfußes von insgesamt etwa 15 % ermöglichen.

Durch die Novelle des FStrPrivFinG von 2005 wurde das Problem der Wahl eines angemessenen Zinsfußes dadurch erweitert, dass nach dem eingefügten § 3 Abs. 4 Satz 3 FStrPrivFinG nunmehr die zuvor dargestellten Regelungen nur noch *im Durchschnitt der Konzessionslaufzeit* einzuhalten sind. In einzelnen Perioden hingegen ist der Konzessionär frei bei der Wahl eines periodenspezifischen Zinssatzes. Damit ist rechtspraktisch die periodenbezogene Kontrolle nach § 3 Abs. 4 Sätze 1 und 2 FStrPrivFinG ausgehebelt (dazu oben Abschnitt H.VI.3.c)dd)). Die Regelungen sind nur noch auf die Totalperiode der gesamten Konzessionslaufzeit anzuwenden. Die damit verbundenen technischen, betriebswirtschaftlichen und rechtlichen Probleme wurden oben bereits erörtert.

2. Ansatzfähigkeit spezieller Projektentwicklungskosten

a) Allgemeines

Nach § 3 Abs. 2 Satz 1 FStrPrivFinG richten sich die Mautgebühren „nach den Kosten für Bau, Erhaltung, Betrieb und weiteren Ausbau der jeweiligen Strecke“. Als „berücksichtigungsfähige Kosten“ gelten dabei nach § 3 Abs. 3 Satz 1 FStrPrivFinG „die bei wirtschaftlicher Betriebsführung nach betriebswirtschaftlichen Grundsätzen ansatzfähigen Kosten“. Projektentwicklungskosten werden dabei nicht ausdrücklich erwähnt. Entscheidend ist daher, ob und inwieweit sie nach betriebswirtschaftlichen Grundsätzen ansatzfähig sind. Denn unstreitig sind sie sachlich auf „Bau, Erhaltung und Betrieb“ des Mautobjektes gerichtet.

Betriebswirtschaftlich versteht man unter Kosten den

- bewerteten
- betriebsbedingten (= leistungsbezogenen)
- Normalgüterverzehr
- einer Kalkulations-Periode.

Hinzu tritt das Rechtserfordernis der Erforderlichkeit der Kosten (Wirtschaftlichkeitsgebot aus § 3 Abs. 3 Satz 1 FStrPrivFinG).

An der Erforderlichkeit und der Ordentlichkeit („Normalität“) von Aufwendungen im Rahmen der Projektentwicklung eines umfangreichen Investitionsprojekts bestehen dem Grunde nach keine Zweifel. (Eine Beurteilung der Höhe nach steht hier ohnehin nicht zur Untersuchung an.) Kritisch könnten aber die Abgrenzungsmerkmale des „Periodenbezugs“ und des „Leistungsbezugs“ sein.

Gebührenrechtlich und nach betriebswirtschaftlichen Grundsätzen ist nur solcher Aufwand im Rahmen der Kostenrechnung ansatzfähig, der

- gerade durch die Erstellung der durch die Gebühr abzugeltenden Leistung bewirkt wurde (und nicht etwa leistungsfremd, z. B. für andere Projekte, oder Leistungen an Dritte erbracht wurde) (Betriebsbedingtheit) und zudem
- gerade in der oder für die Periode angefallen ist, für die die Kalkulation erstellt wird (Periodenrichtigkeit).

Projektentwicklungskosten müssen diese Kriterien erfüllen, um ansatzfähig zu sein. Es steht außer Zweifel, dass Kosten der Projektentwicklung grundsätzlich in diesem Sinne als berücksichtigungsfähig gelten können. Folgerichtig spricht auch der Konzessionsvertrags-Entwurf an mehreren Stelle ausdrücklich von „Projektkosten“ (Ziffer 33.5.3c), „Kosten der Projektgesellschaft in der Planungs- und Bauphase“ sowie „Planungskosten“.[412]

Es liegt auf der Hand, dass der Projektentwicklungsaufwand unmittelbaren Leistungsbezug aufweist, da er der Realisierung des Investitionsvorhabens dient und hierfür zugleich unerlässlich ist. Die Aufwendungen werden daher zugunsten der Mautgebührenzahler getätigt. Eine Nutzung der Leistung wäre ohne diesen spezifischen Aufwand gar nicht möglich. Die Gebührenzahler dürfen entsprechend grundsätzlich mit diesen Aufwendungen als „Kosten“ belastet werden.

Auch der Umstand, dass der Aufwand typischerweise zu wesentlichen Teilen vor Inbetriebnahme anfällt, hindert die Ansatzfähigkeit nicht. Im Gebührenrecht ist anerkannt, dass Planungskosten als Anschaffungsnebenkosten für ein Investitionsobjekt aktiviert und ab dem Zeitpunkt der Inbetriebnahme mit abgeschrieben werden können. Auf diese Weise wird der Gebührenzahler über die gesamte Laufzeit mit den Anschaffungsnebenkosten der Planung in periodisierter Form konfrontiert. Der Planungsaufwand ist daher wirtschaftlich als Kosten der einzelnen Nutzungsperiode anzusehen.

---

[412] Siehe Konzessionsvertrags-Entwurf, S. 72.

Diese grundsätzlichen Ausführungen bedürfen jedoch je nach konkreter Kostenart der Projektentwicklung noch einer näheren Analyse. Zu diesem Zweck werden die Kostenarten

- „Development Fees“ (Abschnitt b)),
- Vorkosten der Projektentwicklung (Abschnitt c)) und
- Kosten der laufenden Projektbetreuung (Abschnitt d))

nachfolgend im Einzelnen betrachtet.

b) „Development Fees“

(1) Generelle Problematik

Ein erfolgsabhängiges Entgelt der Projektgesellschaft an die Sponsoren, das als „Erfolgsprämie“ gezahlt wird und im Projektentwicklungsgeschäft wirtschaftlich der Abgeltung von Entwicklungsaufwand für nicht realisierte Projekte dient, begegnet gebührenrechtlich Bedenken.

Das Kriterium der Periodenrichtigkeit wird zwar offenbar nicht verletzt, da der Aufwand erst nach Vertragsschluss anfällt und selbst bei weiteren Jahren Wartezeit bis zur Betriebsphase ebenso wie andere Planungsentgeltbestandteile als Anschaffungsnebenkosten ab Inbetriebnahme des Objekts abgeschrieben werden könnte.

Problematisch hingegen ist das Kriterium des Leistungsbezuges (Betriebsbedingtheit). Dem Gebührenzahler dürfen nur solche Kosten in Rechnung gestellt werden, die ihren wirtschaftlichen Grund in der Abgabe der über die Gebühr refinanzierten Leistung haben. Soweit die „Development Fees“ im Projektentwicklungsgeschäft wirtschaftlich aber gerade als Ausgleich für das Risiko fehlgeschlagener bzw. in Wettbewerben nicht mit Zuschlägen versehener Entwicklungsvorarbeiten konzipiert sind, also letztlich für die Planungs-Kosten fremder Projekte gezahlt werden, erscheinen sie gebührenrechtlich nicht ansatzfähig. Sowohl aus dem Äquivalenzprinzip als auch aus den betriebswirtschaftlichen Grundsätzen der Betriebsbedingtheit folgt, dass die Abgeltung erfolgloser Projektentwicklungsbemühungen aus dem allgemeinen Unternehmer-Gewinn zu leisten ist. Auch hierzu muss freilich der Gebührenzahler des FStrPrivFinG gerade keinen Beitrag leisten – etwa über den (risikoäquivalenten!) Gewinnzuschlag nach § 3 FStrPrivFinG.

Das Gebührenrecht fingiert damit eine strikte Kostendeckung plus Zuschlag für ein – aus dem allgemeinen Projektentwicklungsgeschäft gleichsam herausgelöstes und bereits erfolgreich vergebenes – einzelnes Projekt. Das unternehmerische Gesamtrisiko bleibt unberücksichtigt. Lediglich das individuelle

Projektrisiko darf auf die Gebührenzahler umgelegt werden (dazu unter Abschnitt H.IX.1.).

(2) Keine Lösungsmöglichkeit über den Ansatz von nicht realisierten Planungskosten

Das Gebührenrecht kennt in bestimmten gesetzlich legitimierten Ausnahmefällen – etwa im Abfallrecht NRW (LAbfG NW) – die Möglichkeit der Ansatzfähigkeit von Planungskosten für nie realisierte Anlagen: In einem bahnbrechenden Urteil des OVG Münster vom 24.11.1999 wurde es gestützt auf § 9 Abs. 2 LAbfG NW zugelassen, dass eine geplante, aber nie realisierte Abfallbehandlungsanlage ab dem Zeitpunkt des Feststehens der endgültigen Nicht-Inbetriebnahme mit ihren bis dahin aufgelaufenen Planungskosten den Gebührenzahlern belastet werden darf.

Die kumulierten Planungs- und Errichtungsaufwendungen werden generell ab dem Zeitpunkt der Inbetriebnahme (d. h. der konkreten Leistungsabgabe an die Nutzer) zu Kosten, die über die Laufzeit zu verteilen sind. Dies gilt in NRW im Abfallbereich nunmehr auch im Falle einer endgültigen Nicht-Inbetriebnahme.

Die Konstruktion weist Parallelen zum Projektentwicklungsgeschäft auf, da auch hier die Frage der Ansatzfähigkeit gleichsam von „Planungskosten" für nicht realisierte Projekte ansteht. Freilich trägt die Parallele gebührenrechtlich nicht: Denn anders als im Projektentwicklungsgeschäft wird im nordrhein-westfälischen Abfallgebührenrecht den Gebührenzahlern nur ein Planungsaufwand angelastet, der ihnen konkret in Gestalt der Anlage zugute gekommen wäre. Das heißt, es besteht ein strikter projektindividueller Leistungsbezug der Aufwendungen, auch wenn tatsächlich nie geleistet wurde. „Development Fees" werden aber offenbar dafür gezahlt, dass andere Wettbewerbe um Projekte zugunsten gänzlich anderer Nutznießer nicht gewonnen wurden und der Projektentwickler auf den bereits angefallenen Aufwendungen sitzen bleibt. Dies wäre gebührenrechtlich als unzulässige „Quersubventionierung" anzusehen. Der Lösungsweg trägt daher nicht.

(3) Eingeschränkte Lösungsmöglichkeit über „Fremdleistungsentgelte"

Ein Ausweg aus der Problematik könnte allein § 3 Abs. 3 Satz 4 FStrPrivFinG bieten, demzufolge als Grundkosten auch „Entgelte für in Anspruch genommene Fremdleistungen" gelten. Diese auch im kommunalen Gebührenrecht verankerte Bestimmung gewährt zunächst die Möglichkeit, externe Leistungen mit ihren in Rechnung gestellten Marktentgelten, d. h. so wie vom Lieferanten kalkuliert, in die Gebührenkalkulation zu übernehmen. Zu den Entgelten privater Anbieter gehören dabei selbstverständlich auch angemessene Gewinnbestandteile, die selbst bei strikter Kostendeckung der Gebührenkalkulation zunächst ansatzfähig bleiben. Entscheidend ist daher, dass es sich um einen externen Dritten handelt, der Kosten in Rechnung stellt.

Allerdings sieht das Gebührenrecht wiederum Vorkehrungen vor, damit öffentlich-rechtliche Bindungen nicht einfach über den Weg der Privatisierung und des Out-Sourcing von Leistungen ausgehebelt werden können:

Danach ist ein Fremdleistungsentgelt umlagefähig, wenn und soweit die Kostenansätze für Fremdleistungen des Dritten in angemessenem Verhältnis zu den von dem Dritten erbrachten Leistungen stehen. Unangemessen überhöhte Drittkosten sind im „Außenverhältnis" zwischen kalkulierender Einheit und gebührenpflichtigen nicht ansatzfähig, und zwar auch dann nicht, wenn sie im „Innenverhältnis" zwischen kalkulierender Einheit und Drittleister (z. B. durch Vertrag) rechtsverbindlich sind. Ist nämlich die kalkulierende Einheit aus Rechtsgründen gehindert, unangemessen überhöhte Kosten auf die Gebührenpflichtigen umzulegen, so kann sie sich dieser gesetzlichen Kalkulationsbeschränkung, durch die der Bürger vor einer überzogenen Gebührenbelastung geschützt wird, nicht dadurch entziehen, dass sie solche unangemessen überhöhten Kosten auf dem Umweg über einen Dritten anfallen lässt.

Damit ist die kalkulierende Einheit generell verpflichtet, Fremdleistungsentgelte auf ihre gebührenrechtliche Angemessenheit hin zu überprüfen. Der Autor geht aufgrund der vorherigen Überlegungen davon aus, dass Development Fees materiell nicht ansatzfähig sind. Insoweit müssten Entgelte an Projektentwickler auf eine angemessene Berücksichtigung dieses Umstandes geprüft werden.

Allerdings ist dabei den kalkulierenden Einheiten regelmäßig ein weiter Ermessens- und Beurteilungsspielraum zugestanden. Eine Pflicht zu Überprüfung und ggf. Kürzung von angefallenen gebührenfähigen Fremdleistungsentgelten ergibt sich ausschließlich aus dem Grundsatz der Erforderlichkeit und Angemessenheit der Kosten (d. h. ist weniger strikt als die Äquivalenzkontrolle bei Eigenleistungen). Überschritten wird diese äußerste Grenze im Regelfall erst, wenn das von dem Dritten beanspruchte Entgelt in für die kalkulierende Einheit erkennbarer Weise eine grob unangemessene Höhe erreicht, d. h. sachlich schlechthin unvertretbar ist.

Im vorliegenden Fall dürfte daher eine Einzelrechnung eines Projektentwicklers über „Development Fees" nicht ansatzfähig sein, eine Gesamtrechnung für das Projektentwicklungsgeschäft eines Projektes hingegen durchaus, soweit die oben genannte Offensichtlichkeitsgrenze nicht überschritten wird.

c) Vorkosten der Projektentwicklung

Vorkosten der Projektentwicklung, z. B. für die Erstellung des konkreten Projekt-Angebotes, sind – soweit streng projektbezogen – uneingeschränkt ansatzfähig, da sie für Leistungen aufgewendet wurden, die ausschließlich dem Gebührenzahler zugute kommen. Das Kriterium des Leistungsbezuges bzw. der Betriebsbedingtheit ist daher erfüllt.

Auch ist eine Projektdurchführung ohne den Planungs- und Angebotsvorlauf nicht denkbar. Diese Kosten gehören daher sachlich zweifelsfrei zu den Kosten für „Bau, Erhaltung, Betrieb und weiteren Ausbau der jeweiligen Strecke" im Sinne des § 3 FStrPrivFinG.

Schließlich bereitet auch das Periodenkriterium bereitet keine Schwierigkeiten, da hier abermals gilt, dass im Vorlauf der eigentlichen Betriebs- und Nutzungsphase angefallene Aufwendungen wirtschaftlich den einzelnen Leistungsperioden als abzuschreibende Anschaffungsnebenkosten zuzurechnen sind.

Gegen die Berücksichtigung von „Vorkosten der Projektentwicklung" sind daher zusammenfassend keine Bedenken ersichtlich.

d) Kosten der laufenden Projektbetreuung

Hinsichtlich der Kosten der laufenden Projektbetreuung gilt mutatis mutandis das bereits oben zu c) Gesagte. Auch hier ist sowohl der projektindividuelle Leistungsbezug, der materielle Sachbezug des § 3 FStrPrivFinG sowie ein unmittelbarer Periodenbezug zur Nutzungsphase gegeben.

Unterschiede ergeben sich allein daraus, dass es sich hierbei um laufende Betriebskosten handelt, die jeweils in der Periode ihres Anfalls umzulegen und nicht mehr aktiviert über die Nutzungsdauer zu verteilen sind.

X. Zusammenfassung

Bei der Refinanzierung von Infrastrukturprojekten im Rahmen von Betreibermodellen nach dem Fernstraßenbauprivatfinanzierungsgesetz (FStrPrivFinG) kann es zu strukturell bedingten Anfangsdefiziten kommen. Soweit in der Anfangsphase eine bewusst moderate Entgeltgestaltung zur nachhaltigen Akzeptanzsicherung erforderlich wird, um die Wirtschaftlichkeit des Projekts insgesamt zu erhalten, konfligiert eine solche „Akzeptanzmaut" mit den Möglichkeiten und Grenzen einer gebührenrechtlich vorgesehenen „Vollkostendeckungsmaut", die einer periodenbezogene Logik folgt und gerade dadurch zu Beginn der Laufzeit vergleichsweise hohe, später aber im Vergleich zur Akzeptanzmaut nur noch niedrigere Mautsätze zulässt. Auf diese Weise kann eine „Kostendeckungsmaut" die Wirtschaftlichkeit des Gesamtprojektes gefährden, da die Kosten im Wesentlichen unabhängig vom Nutzungsgrad sind und es daher entscheidend auf die Erlössituation durch hohe Nachfrage ankommt (Abschnitt H.III.). Diese Problematik kann durch die 2005 eingeführte Option zugunsten eines privatrechtlichen Entgelts nicht umgangen werden.

Trotz erheblicher betriebswirtschaftlicher und verfassungsrechtlicher Bedenken, sog. F-Modellen ungeprüft und ohne Modifizierungen die traditionelle Logik der Refinanzierung durch Benutzungsgebühren im kommunalen Bereich mit Anschluss- und Benutzungszwang und ohne nennenswerte Nachfragerisiken zu unterlegen (Abschnitt H.II.), orientiert sich die vorliegende Untersuchung gleichwohl an der derzeit geltenden Rechtslage und diskutiert daher de lege lata Lösungsmöglichkeiten für die Vermeidung bzw. Bewältigung des strukturellen Anfangsdefizitrisikos einer „Akzeptanzmaut". Dabei sind Wege zu prüfen, wie im gegebenen gebührenrechtlichen Rahmen ein Akzeptanzmautmodell finanziell abgesichert werden kann.

Hierzu bieten sich vier strategische Hebel an:

- *Intertemporaler Verlustausgleich*: Anfängliche Verluste könnten durch einen Verlustvortrag in spätere Perioden verlagert und dort – bei zwischenzeitlich gestiegener Akzeptanz der Leistung – vom Gebührenzahler nachträglich abgegolten werden (Abschnitt V.).
- *Intertemporale Kostenverlagerung*: Anstatt zunächst durch volle Kostenverrechnung Verluste entstehen zu lassen, die dann in laufender Wirtschaftsrechnung vorgetragen werden müssen, könnte auch versucht werden, die Kosten direkt in spätere Perioden zu verlagern. Dadurch fiele der Gebührenbedarf in den ersten Perioden niedriger aus und entspräche den Anforderungen des Akzeptanzmautmodells. Dadurch eintretende Gebührensteigerungen in späteren Perioden stießen annahmegemäß auf zwischenzeitlich erhöhte Akzeptanz und bürgen daher kein Verlustrisiko mehr. Entsprechende Kostengestaltungsspielräume bestehen nicht bei den aufwandsgleichen Grundkosten, die streng periodenbezogen vorgegeben sind, sondern im Wesentlichen nur im Rahmen der kalkulatorischen Kostenarten „Abschreibungen" und „Eigenkapitalzinsen" (Abschnitt VI.). Der neue § 3 Abs. 4 Satz 3 FStrPrivFinG sieht sogar ausdrücklich eine zeitliche „Gestaltung" des kalkulatorischen Zinsfußes vor.
- *Tarifierung mit deglomerativer Preisdifferenzierung*: Ungeachtet des in einer Periode jeweils insgesamt umzulegenden Kostenvolumens könnte schließlich auch versucht werden, durch eine an den unterschiedlichen Zahlungsbereitschaften bzw. Elastizitäten einzelner Nachfragesegmente orientierten Tarifierung die Erlössituation zu verbessern und damit das strukturelle Anfangsdefizit zu vermindern. Nachfrager mit geringen Ausweichmöglichkeiten tragen in einem solchen Tarifmodell höhere Lasten als solche Tarifgruppen, die preissensibler reagieren und zugleich Substitutionsalter-

nativen nutzen können. So werden zusätzliche Konsumentenrenten zugunsten des Betreibers abgeschöpft (Abschnitt VII.).

- *Subventionierung von Defiziten*: Schließlich kann ein strukturelles Defizit auch durch gezielte Bezuschussung der überschießenden Kosten ausgeglichen werden (Abschnitt VIII.).

Die Untersuchung kommt bei der Prüfung der vier strategischen Lösungsoptionen zu folgenden Ergebnissen:

- *Intertemporaler Verlustausgleich*: Im Rahmen des Ausgleichs von ex-post-Kostenunterdeckungen bestehen erhebliche Spielräume für Kostenverlagerungen: Durch die Zugrundelegung optimistischer Verkehrsaufkommenschätzwerte, wie sie im Verkehrsgutachten des Konzessionsgebers zum Ausdruck kommen, wird die Referenzmaut c. p. ermäßigt. Angesichts der (erwarteten) tatsächlich schlechteren Verkehrsfrequenz in der Anfangsphase entsteht gleichwohl gegenüber der Prognose ein Defizit. Diese (überraschende) Kostenunterdeckung, die auf einem Prognoseirrtum beruht, darf gebührenrechtlich einwandfrei und uneingeschränkt in die nächste Periode vorgetragen werden. Legt man zulässigerweise die Kalkulationsperiode auf drei Jahre fest, so kann folgende Entgelt-Gestaltung durchgeführt werden: Es werden die Schätzungen des Verkehrsgutachtens zugrunde gelegt und kein eigenes Gutachten in Auftrag gegeben. Eventuelle Unterdeckungen der Jahre 1, 2 und 3 (= Periode 1) werden frühestens per Nachkalkulation in die Jahre 5 und 6 (= Periode 2) vorgetragen. Entstehen dennoch Überdeckungen, so ist dies unschädlich. Der Vortrag von Defiziten erhöht zwar c. p. die Referenzmaut der Folgejahre. Annahmegemäß steigt zwischenzeitlich aber auch die Zahlungsbereitschaft der Nutzer an. Ist das Projekt überhaupt wirtschaftlich, so entstehen durch die Verschiebung keine zusätzlichen Gebühreneinnahme-Risiken, etwa der gefürchteten Gebührensatz-Nachfrage-Spirale.
- *Kostenverlagerung*: Für gestaltende Kostenverlagerungen in die Zukunft kommen kostenrechnerisch nur kalkulatorische Kostenarten in Betracht. Bei Fremdkapitalzinsen, die nach dem FStrPrivFinG als (aufwandsgleiche) Grundkosten anzusetzen sind, kann aber vertraglich eine annuitätische Tilgung mit den Gläubigern vereinbart werden: Während die Tilgung des Fremdkapitals kostenrechnerisch durch die kalkulatorischen Abschreibungen erfasst wird, schlagen die Fremdkapital-Zinsen gemäß Tilgungsplan zu Buche, d. h. mit zunehmender Laufzeit stärker. Hierbei sind allerdings im Einzelfall besondere Vorgaben im Konzessionsvertrag für die Fremdkapitalverzinsung zu beachten. Bei den Eigenkapitalzinsen stellt sich die Situation wie folgt dar: Nach dem Gebührenverfassungsrecht dürften bei entsprechender Interpretation des Äquivalenzprinzips durchaus Spielräume bestehen, Eigenkapitalzinsen durch geeignete Verrechnungen vorrangig am

Ende der Nutzungsperiode anfallen zu lassen. Auch das FStrPrivFinG macht hierzu einfachgesetzlich gerade keine einschränkenden Vorgaben und eröffnet seit 2005 sogar in § 3 Abs. 4 Satz 3 FStrPrivFinG die Möglichkeit zu einer zeitlichen Gestaltung des Zinssatzes. Die herrschende, streng periodenbezogene Interpretation des Äquivalenzprinzips macht aber wohl alle Lösungen außer der sog. „Restwertmethode“ (Verzinsung des jeweils nach Abschreibungsplan noch gebundenen Kapitals) verfassungsrechtlich mindestens zweifelhaft. Eine „dynamische Mautkalkulation“, d. h. eine Zinsprogression ist danach aber in keinem Falle rechtmäßig. Auch eine entsprechende Auslegung von § 3 Abs. 4 Satz 3 FStrPrivFinG dürfte nach h. M. verfassungsrechtlich nicht haltbar sein. Im Rahmen der Fallstudie verhindert aber letztlich der Konzessionsvertrags-Entwurf durch eine strikt pagatorische Zinsberechnung alle denkbaren Methoden und lässt keinerlei nennenswerte strategische Spielräume zur Kostenverlagerung und bricht zudem mit der kostenrechnerischen Systematik der Kapitalkostenermittlung.

– *Tarifspreizung*: Weder der Gesetzgeber noch der Konzessionsgeber sind gebührenrechtlich frei, beliebige Differenzierungstatbestände zu schaffen. Diese müssen sich an den Erfordernissen der Gleichbehandlung (Vergleich der Gebührenlast der Nutzer untereinander) und der Äquivalenz (Vergleich der individuellen Gebührenlast mit der individuell empfangenen Leistung) ausrichten. Hierzu wurden im Kommunalabgabenrecht weitreichende Maßgaben entwickelt. Danach dürften die Differenzierungsmerkmale „Häufigkeit der Benutzung“ und „Tageszeit“ gebührenrechtlich zweifelhaft sein. Die Kriterien der „Fahrzeugart“ und der „Erfassungsart“ sind hingegen kosten- und leistungsseitig zu begründen. Sie stellen Differenzierungsmerkmale dar, die auf den Grad der Inanspruchnahme der Anlage referieren und damit einen gebührenrelevanten sachlichen Grund zur Unterscheidung gem. Art. 3 GG bereithalten. Hinsichtlich der Frage, wie weit eine Spreizung zulässig ist, gilt: Die Differenzierung geht bis an die Grenze einer plausiblen und nachvollziehbaren Darlegung von Unterschieden im Grad der Inanspruchnahme bzw. im Grad der Kostenverursachung einzelner Nutzergruppen. Dies kann durchaus mit Pauschalierungen und Typisierungen geschehen – entweder durch Äquivalenzziffern oder Kostenspaltungen nach Nutzergruppen. Entscheidend ist die belegbare Evidenz differenter Nutzungs- und Kostenstrukturen. Dies kann im Wege einer nachvollziehbaren Schätzung, durch Stützung auf belegbare Erfahrungswerte der Vergangenheit oder vergleichbare Fälle sowie aufgrund einschlägiger Untersuchungen geschehen. Der Gebührenschuldner hat jedoch gebührenrechtlich keinen Anspruch auf eine Gebührenbemessung nach individueller Kostenverursachung: Pauschalierungen und Typisierungen mit erheblichen Ermessensspielräumen sind mithin zugelassen. Dies bedeutet, dass ein Investor Spielräume behält, tariflich bis an die Grenze des Nachvollziehbaren zu spreizen, aber umgekehrt nur zu einer gewissen Mindestspreizung verpflichtet ist. Im Rahmen dieses Spielraumes können dann intern Überlegungen zur Einnahmengestaltung durch Preisdifferenzierung zur Nachfragelenkung und Erlösmaximierung (bei Kostenunterdeckung) Platz greifen.

Europarechtliche Vorgaben bei schweren Lkw (Richtlinie 1999/62/EG) erschweren eine rechtssichere Tarifgestaltung zusätzlich.

Wird eine Spreizung bei zwar sachgerechten, aber nicht gebührenfähigen Kriterien (z. B. Häufigkeit, Tageszeit) vorgenommen, die den Grad der Inanspruchnahme nicht adäquat widerspiegeln, d. h. werden z. B. Viel- und Nachtfahrer begünstigt, so müsste deren Ermäßigung streng genommen aus fremden Quellen finanziert werden. Die übrigen Nutzer (Gelegenheitsfahrer, Tagesfahrer) dürfen nach Art. 3 GG zu dieser Quersubventionierung wohl nicht herangezogen werden.

– *Subventionierung*: Öffentliche Zuschüsse mindern den Mautgebührenbedarf und sind geeignet, bei gegebenen Kosten und Erlösen das strukturelle Anfangsdefizit zu reduzieren. Im FStrPrivFinG ist eine Abschreibung von Zuschussbeträgen und Fördermitteln untersagt; auch eine kalkulatorische Verzinsung ist nicht statthaft. Der aus der Förderung fließende Vorteil ist damit an die Gebührenzahler vollumfänglich weiterzureichen. Gleichwohl behalten Zuschüsse ihren finanzierenden Effekt, indem der kostenseitige Gebührenbedarf ermäßigt und so an den Akzeptanzwert der ersten Perioden herangeführt werden kann: Das strukturelle Defizit wird so tendenziell verringert. Zuschüsse können jedoch nicht zur gezielten Reduzierung speziell der Kostenlast in den Anfangsperioden eingesetzt werden; ein gleichsam „gestalterischer" Einsatz von Zuschüssen in der Kalkulation ist ohne weiteres nicht statthaft. Vielmehr reduzieren Zuschüsse das Gesamtkostenvolumen des Projekts linear; eine „Widmung" auf einzelne Kostenarten oder Perioden kommt dabei ohne weiteres nicht in Betracht. Damit ermäßigt sich die Referenzmaut c. p. gleichmäßig über die Betriebsdauer des Gebührenfinanzierten Objekts. Lediglich ein spezifischer Defizitzuschuss für die Anfangsperioden könnte hier weiterhelfen.

Alternativ könnte auch eine gezielte Entlastung des Gebührenbeitrages lokaler Nutzer mit tendenziell geringerer Kaufkraft („Osttarif") als Zuschusszweck in Betracht gezogen werden. In diesem Fall würde mithilfe des Zuschusses gezielt der Gebührensatz dieser Nutzergruppe abgesenkt („Sozialzuschuss"). Wiederum ergäbe sich allerdings ein über die Betriebszeit gleichmäßiger Entlastungseffekt. Allerdings könnten sich hier im Zeitablauf stärkere Akzeptanzsteigerungseffekte ergeben. Denn im Gegensatz zum „Globalzuschuss" wird beim „Sozialzuschuss" die Referenzmaut gerade nicht abgesenkt, sondern nur der Tarif einzelner Nutzergruppen. Dies bedeutet, dass die nicht-subventionierten Nutzer mit geringerer Preiselastizität der Nachfrage (Touristen, gewerblicher Fernverkehr) bzw. höherer Zahlungsbereitschaft im Vergleich zum Globalzuschuss höher veranlagt werden; per Saldo können dadurch mehr Konsumentenrenten abgeschöpft werden. Zugleich steigt die Akzeptanz bei den subventionierten lokalen Nutzern rascher und nachhaltiger.

– *Höhe des kalkulatorischen Zinsfußes*: Der Gesetzgeber hat in § 3 Abs. 4 FStrPrivFinG die risikolose Verzinsung des Eigenkapitals in abstrakter Form unwiderruflich fixiert. Der Norm ist eine Referenz auf langjährige Kapitalmarktverhältnisse für risikolose öffentlich Anleihen zu entnehmen. Der Wert dürfte aktuell etwa bei etwa 7 % liegen. Darauf ist ein Zuschlag zulässig, in den aber keine höheren Rendite-Ansprüche des Investors einfließen dürfen, sondern nur (nachvollziehbare) Risiko-Aspekte. Je nach Risiko-Lage sind aber nach Auffassung des Autors durchaus kalkulatorische Zinsfüße bis zu 15 % zu rechtfertigen. Dies setzt freilich die konkret-individuelle Darlegung des unternehmerischen Risikos im Einzelfall voraus. Es muss glaubhaft gemacht werden, dass ein Engagement in dem Projekt gegenüber einer risikolosen Anlage einen reinen Risiko-Zuschlag von etwa 7–8 % erfordert. Da der kalkulatorische Zinsfuß nicht mit der internen Eigenkapital-Rendite verwechselt werden darf und im Übrigen projektindividuell zu ermitteln ist, helfen weder Rendite-Vergleiche mit ähnlichen Projekten noch Üblichkeitsbetrachtungen in der Bau-Branche gebührenrechtlich weiter. Im Rahmen der Fallstudie „Strelasundquerung" könnte eine besondere Höhe des Risikos mit der Möglichkeit begründet werden, dass den potentiellen Nutzern weitgehend eine kostenlose Alternative der Brückennutzung offen steht, die dem Investor zudem aus politischen Gründen zugemutet wird. Dies erhöht das Verkehrsaufkommensrisiko über die gewöhnliche Unsicherheit hinsichtlich der Nutzungsfrequenz hinaus beträchtlich. Auch könnte die Zahlungsbereitschaft für eine bislang kostenlose Überfahrt im Nordosten Deutschlands aus mentalen oder Kaufkraftgründen besonders niedrig liegen und besondere, aber hinsichtlich des Erfolges unsichere Anstrengungen um nachhaltige Akzeptanz erfordern. Hinzu kommt, dass im Fall der Strelasundquerung nach Ziffer 33.2.3 des Konzessionsvertrags-Entwurfs kalkulatorische Wagnisse nicht explizit angesetzt werden dürfen. Stattdessen sind sie beim Eigenkapitalzins zu berücksichtigen. Dies bedeutet, dass die Eigenkapitalverzinsung um entsprechende Wagniskosten, die ja der Sache nach ebenfalls Risiken des Kapitalverzehrs darstellen, zu erweitern ist. Insoweit ist ein weiteres „Risikozuschlags-Argument" gegeben. Entsprechende Argumente sollten eine gebührenrechtliche Fundierung eines Zinsfußes von insgesamt etwa 15 % ermöglichen.

– *Projektentwicklungskosten*: Ein erfolgsabhängiges Entgelt der Projektgesellschaft an die Sponsoren, das als „Erfolgsprämie" gezahlt wird und im Projektentwicklungsgeschäft wirtschaftlich der Abgeltung von Entwicklungsaufwand für nicht realisierte Projekte dient, begegnet gebührenrechtlich Bedenken. Das Kriterium der Periodenrichtigkeit wird zwar offenbar nicht verletzt, da der Aufwand erst nach Vertragschluss anfällt und selbst bei weiteren Jahren Wartezeit bis zur Betriebsphase ebenso wie andere Planungsentgeltbestandteile als Anschaffungsnebenkosten ab Inbetriebnahme des Objekts abgeschrieben werden könnte. Problematisch hingegen ist das Kriterium des Leistungsbezuges (Betriebsbedingtheit). Dem Gebührenzahler dürfen nur solche Kosten in Rechnung gestellt werden, die ihren wirtschaftlichen Grund in der Abgabe der über die Gebühr refinanzierten Leistung haben. Soweit die „Development Fees“ im Projektentwicklungsgeschäft wirtschaftlich aber gerade als Ausgleich für das Risiko fehlgeschlagener bzw. in Wettbewerben nicht mit Zuschlägen versehener Entwicklungsvorarbeiten konzipiert sind, also letztlich für die Planungs-Kosten fremder Projekte gezahlt werden, erscheinen sie gebührenrechtlich nicht ansatzfähig. Sowohl aus dem Äquivalenzprinzip als auch aus den betriebswirtschaftlichen Grundsätzen der Betriebsbedingtheit folgt, dass die Abgeltung erfolgloser Projektentwicklungsbemühungen aus dem allgemeinen Unternehmer-Gewinn zu leisten ist. Auch hierzu muss freilich der Gebührenzahler des FStrPrivFinG gerade keinen Beitrag leisten – auch nicht über den Gewinnzuschlag. Ein Ausweg aus der Problematik könnte allein § 3 Abs. 3 Satz 4 FStrPrivFinG bieten, demzufolge als Grundkosten auch „Entgelte für in Anspruch genommene Fremdleistungen“ gelten. Zu den Entgelten privater Anbieter gehören dabei selbstverständlich auch angemessene Gewinnbestandteile, die selbst bei strikter Kostendeckung der Gebührenkalkulation zunächst ansatzfähig bleiben. Entscheidend ist daher, dass es sich um einen externen Dritten handelt, der Kosten in Rechnung stellt. Allerdings ist nach dem Gebührenrecht ein Fremdleistungsentgelt nur dann umlagefähig, wenn und soweit die Kostenansätze für Fremdleistungen des Dritten in angemessenem Verhältnis zu den von dem Dritten erbrachten Leistungen stehen. Unangemessen überhöhte Drittkosten sind im „Außenverhältnis“ zwischen kalkulierender Einheit und gebührenpflichtigen nicht ansatzfähig, und zwar auch dann nicht, wenn sie im „Innenverhältnis“ zwischen kalkulierender Einheit und Drittleister rechtsverbindlich sind. Damit ist die kalkulierende Einheit generell verpflichtet, Fremdleistungsentgelte auf ihre gebührenrechtliche Angemessenheit hin zu überprüfen. Der Autor geht aufgrund der vorherigen Überlegungen davon aus, dass Development Fees materiell nicht ansatzfähig sind. Insoweit müssten Entgelte an Projektentwickler auf eine angemessene Berücksichtigung dieses Umstandes geprüft werden. Allerdings ist dabei den kalkulierenden Einheiten regelmäßig ein weiter Ermessens- und Beurteilungsspielraum zugestanden. Überschritten wird diese äußerste Grenze im Regelfall erst, wenn das von dem Dritten beanspruchte Entgelt in für die kalkulierende Einheit erkennbarer Weise eine grob unangemessene Höhe erreicht, d. h. sachlich schlechthin unvertretbar ist. Im vorliegenden Fall dürfte daher eine Einzelrechnung eines Projektentwicklers über „Development Fees" nicht ansatzfähig sein, eine Gesamtrechnung für das Projektentwicklungsgeschäft eines Projektes hingegen durchaus, soweit die oben genannte Offensichtlichkeitsgrenze nicht überschritten wird.

Gegen die Ansatzfähigkeit von Vorkosten der Projektentwicklung sowie der laufenden Projektbetreuung sind keine Einwände ersichtlich.

I. Empfehlungen

Die bisherigen Rahmenbedingungen für Betreibermodelle im Bereich der Verkehrsinfrastrukturfinanzierung sind unzureichend. Die privatwirtschaftlichen Unternehmen sehen sich derzeit wegen der politischen Unsicherheit gezwungen, ihr Engagement bei den F-Modellen aufgrund der hohen Entwicklungskosten zu überdenken. Alleine der Rückzug des Bundes aus der privatwirtschaftlichen Realisierung der Strelasundquerung hat die sieben Bewerber von Seiten der Bauwirtschaft zwischen eineinhalb und zwei Millionen Euro gekostet.[413] Das spektakuläre Scheitern dieses Projektes hatte darüber hinaus erhebliche Signalwirkung.

Aufgrund der leeren Kassen der öffentlichen Hand müssen in Deutschland aber privatwirtschaftliche Lösungen zunehmen. Dabei kann es letztlich nicht nur bei den durch das FStrPrivFinG sehr restriktiv definierten „Betreibermodellen" bleiben. Problematisch ist, dass das Gesetz trotz entfallener europarechtlicher Beschränkungen immer noch lediglich auf Ingenieur-Bauwerke wie z. B. Tunnel, Brücken, Gebirgspässe beschränkt ist. Sinnvoll wäre es, dass das FStrPrivFinG künftig für alle Maßnahmen des Fernstraßenbaus Geltung besäße – vom Bau über die Finanzierung bis zum Betrieb.[414] Das Gesetz muss daher auf den Neu- bzw. Ausbau von Teilstrecken und Teilnetzen erweitert werden.[415] Ein erweitertes F-Modell würde die Möglichkeit schaffen, langjährige Engpässe zu beseitigen sowie lang geplante Lückenschlüsse im Autobahnnetz zu realisieren.[416]

Eine solche gesetzgeberische Erweiterung des Objektbereichs für Betreibermodelle muss jedoch einhergehen mit deutlichen Verbesserungen in den Rahmenbedingungen: Eine ineffiziente Risikoallokation zwischen Staat, Betreibern und Nutzern sowie ein restriktives Gebührenrecht zur Refinanzierung, das unternehmerische Preissetzungen zur Ausschöpfung des Finanzierungspotentials behindert, bedürfen der Korrektur.

Insbesondere in Bezug auf die Übernahme des Verkehrsmengenrisikos müssen die Maßnahmen projektspezifisch evaluiert werden: Trägt der private Kon-

---

[413] Vgl. RP-Online (2004).

[414] Vgl. *Alfen / Mayrzedt / Tegner* (2004, S. 60) und Bayerische Bauindustrie (2000).

[415] Vgl. *Alfen / Knop* (2001, S. 13).

[416] Vgl. *Alfen / Mayrzedt / Tegner* (2004, S. 68).

zessionär das Verkehrsmengenrisiko vollständig, so wird er sorgfältig prüfen, ob die erwarteten zukünftigen Verkehrsmengen bei den geplanten Nutzungsgebühren tatsächlich seine Investitionen rechtfertigen. Dies könnte zu Marktversagen führen, da gesamtwirtschaftlich effiziente Vorhaben betriebswirtschaftlich unrentabel wären. Da Staat und Nutzer im Wesentlichen für die Höhe des Verkehrsaufkommens Verantwortung tragen, ist zu überprüfen, inwieweit jeweils das für den Betreiber hohe bzw. nur schwer beeinflussbare Verkehrsmengenrisiko an die Nutzer bzw. an den Staat übertragen werden kann, um entsprechende Kapitalkosten zu reduzieren.

Grundsätzlich muss zudem die Mauthöhe für die Nutzer akzeptabel sein, d. h. sie darf keine die benötigten Erlöse unnötig reduzierenden oder für das nachgelagerte Straßennetz schädliche Verdrängungseffekte auslösen.[417] Für die finanzpsychologische Akzeptanz, aber auch die ökonomische Zahlungsbereitschaft der potentiellen Wegenutzer sind erneut die staatlichen Rahmenbedingungen entscheidend. In einem Land, das bisher traditionell durch Steuerfinanzierung der Wegekosten der Fiskalillusion Vorschub geleistet hat und nunmehr lediglich bei singulären Streckenprojekten Ausnahmen propagiert, bleibt die Akzeptanz gering, da die Referenzpreise für die Straßennutzung bei (nahe) Null gesetzt sind. Akzeptanzsteigerungen können nach den Erkenntnissen der Theorie des *behavioural pricing* vor allem durch ein „Updating" von Referenzpreisen erreicht werden. Dies könnte das einfachgesetzliche Gebührenrecht durch Zulassen einer „Akzeptanzmaut" unterstützen, die einen ansteigenden Zeitpfad der Mauthöhe modelliert. Soweit dies auf unüberwindliche verfassungsrechtliche Hindernisse stößt, ist ein Übergang von der Gebührenfinanzierung auf eine price-cap-Regulierung zu erwägen, die die nötigen Entgeltgestaltungsspielräume (Tarifdifferenzierung, Zeitpfad) sichert.

Besonders kritisch für die Wirtschaftlichkeit eines Projekts ist eine bereits existierende oder geplante, unbemautete Parallelstruktur, gegenüber der die bemautete Neustrecke für den Nutzer kaum erkennbare Vorteile besitzt. Ferner müssen bestimmte grundsätzliche, rechtliche und wirtschaftliche Rahmenbedingungen trotz der langen Laufzeiten von 30 Jahren und länger verlässlich festgeschrieben und/oder kalkulierbar sein, um für den privaten Investor und die Fremdkapitalgeber sicherzustellen, dass Ihnen die wirtschaftliche Grundlage für die zu Projektbeginn getätigten Investitionen nicht entzogen werden.[418]

Die Optimierung des Gebührenrechts und der Risikoallokation bleibt eine Aufgabe, die kurzfristig Verbesserungen liefern muss. In Bezug auf das Gebührenrecht kommt es vor allem beim F-Modell darauf an, die Vorteile des öffent-

[417] Vgl. *Eitel* (2004).

[418] Vgl. *Alfen* (2000, S. 152 f.).

lichen Gebührenrechts (Durchsetzung von Ansprüchen gegenüber Mautpflichtigen) mit den Flexibilitätsvorteilen von Marktpreisen zu vereinen.[419]

Bei der Gestaltung der Risikoallokation muss bedacht werden, dass beide Vertragsparteien die richtigen Anreize zur Risikoverminderung erhalten. Veränderte Anforderungen der finanzierenden Banken sowie neue Vertragstechniken und Technologien bedingen, dass dies ein dynamischer Prozess ist. Die Risikoverteilung muss ausgewogen erfolgen, und zwar danach, wer das Risiko am besten managen kann. In diesem Sinne sollten politisch gewollte a-priori-Risiken durch staatliche Anschubfinanzierungen abgegolten werden. Die Unternehmen behalten das verbleibende Datenänderungsrisiko und die Möglichkeit einer geeigneten Weiterwälzung im Gebühren- bzw. Entgeltwege.[420] Hinsichtlich des Finanzierungshebels ist ggf. die Aufgabe des materiellen Gebührenmodells (einschließlich der darauf bezogenen Entgeltvariante) zugunsten einer Preisregulierung wie im Strom- und Telekommunikationsmarkt erwägenswert. Dies setzt weitere Finanzierungsspielräume einer marktgerechten Preissetzung frei.[421]

Die erfolgreiche Umsetzung der F-Modelle kann nur gelingen, wenn marktreife Projekte auf den Weg gebracht werden. Zudem müssen die gegenseitigen taktischen Blockaden zwischen Bund und Ländern sowie den zuständigen Ressorts beendet werden. Letzten Endes muss ein Projekt von breiter Akzeptanz getragen und auch in Form eines Betreibermodells nach dem FStrPrivFinG gewollt sein.[422] Entscheidend ist, dass eine verbesserte Projektauswahl durchgeführt wird mit dem Grundsatz, dass privates Kapital vorrangig für Projekte mit vordringlichem Bedarf und hohem Erlöspotential herangezogen werden sollte. Dagegen sollten Vorhaben mit hoher (regional-)politischer Bedeutung aus dem Haushalt finanziert werden. Eine ausreichend hohe Anzahl von Projekten ermöglicht zudem, die Kosten bei der Anwendung vorgegebener Modelle zu verringern.[423]

---

[419] Vgl. *Alfen / Mayrzedt / Tegner* (2004, S. 67).

[420] Dazu auch *Beckers / von Hirschhausen* (2003, S. 58).

[421] In diesem Sinne *Gawel* (2002).

[422] Vgl. *Alfen / Mayrzedt / Tegner* (2004, S. 67).

[423] Vgl. FAZ (2004, S. 15).

J. Fazit und Ausblick

Die privatwirtschaftliche Realisierung von Verkehrsinfrastrukturprojekten im Rahmen des Betreibermodells ist sehr komplex und stellt an alle Projektbeteiligten hohe Anforderungen. Der Projekterfolg hängt von zahlreichen kritischen Faktoren ab, für die der Staat als Rahmengeber die Verantwortung trägt. Die öffentliche Hand steht durch ihre mangelnde Erfahrung und Unsicherheit, aber auch aufgrund politischen Drucks von Seiten der Wähler und der veröffentlichten Meinung, Projekten nach den F-Modellen skeptisch gegenüber. Die private Seite verfügt bisher ebenso nur über wenig Erfahrung. Ihre Bereitschaft wird gedämpft durch hohe Anforderungen im Ausschreibungsverfahren. Damit ergibt sich ein hohes Risiko schon während der Entwicklungsphase. Zudem existieren nur wenige private Investoren, die über ein umfassendes Know-how und entsprechende Finanzkraft zur Realisierung eines Projektes im Rahmen der F-Modelle verfügen. Erschwert wird die Situation durch fehlende Transparenz des öffentlichen Rechnungswesens und Controllings, durch eine breite Streuung der Zuständigkeiten zwischen Bund, Land und Kommune sowie in unterschiedlicher Besteuerung von öffentlicher und privater Realisierung. Außerdem fehlt in Deutschland ganz offenbar der durchgängige Wille der Politik auf Bund-, Länder-, und Gemeindeebene.

Der Einstieg in die Nutzerfinanzierung und in privatwirtschaftliche Modelle in Deutschland ist trotz der angesprochenen Mängel des FStrPrivFinG als ein Meilenstein zu werten. Damit wurde mit einer alten Tradition gebrochen, die sich die Finanzierung der Autobahnen nur aus herkömmlichen Steuern vorstellen konnte. Die Gebietskörperschaften in Deutschland stehen vor der dringlichen Aufgabe, trotz weiter bestehender Konsolidierungszwänge, den Ausbau und die Modernisierung der Infrastruktur bedarfsgerecht sicherzustellen. Dies ist im erforderlichen Umfang nur mittels „Public-Private-Partnership-Modellen" möglich. Das FStrPrivFinG ist bisher die einzige rechtliche Grundlage zur Umsetzung von privatwirtschaftlichen Lösungen in Deutschlands Straßenverkehrsinfrastruktur. Die partnerschaftliche Zusammenarbeit zwischen öffentlicher Hand und privater Wirtschaft kann einerseits den Investitionsstau bei öffentlichen Bauaufgaben auflösen und wirkt sich zum anderen positiv auf die Entwicklung der regionalen Wirtschaft aus.

Deutlich geworden ist, dass grundsätzlich Bereitschaft bei den politischen Entscheidungsträgern dazu besteht, internationalen Standards bei Betreibermodellen und entsprechenden Erwartungshaltungen der Bau- und Finanzwirtschaft entgegenzukommen. Auch wenn erst die Zukunft zeigen wird, ob der privatfinanzierte Fernstraßenbau in Deutschland für in- und ausländische Investoren überzeugende Modelle bietet, ist bereits heute zu beobachten, dass ein internationaler Wettbewerb um die neuen Projekte stattfindet. Im Wettbewerb um die Pilotprojekte werden wichtige Vorentscheidungen für den Zukunftsmarkt des privatfinanzierten Fernstraßenbaus in Deutschland getroffen.[424]

Im Zusammenhang mit Projekten nach dem FStrPrivFinG wird vom BMVBS derzeit lediglich eine Liste von wenigen Projekten geführt, von denen bisher erst zwei konzessioniert werden konnten. Die anderen Projekte befinden sich im Stadium der Machbarkeitsuntersuchung oder sind bereits gescheitert. Die realisierten Projekte wiederum sind bereits kurz nach Inbetriebnahme der Strecken in finanzielle Schieflagen geraten. Daraus lässt sich erkennen, dass weder die Möglichkeiten, die das Gesetz bietet, bisher zureichend genutzt wurden, aber zugleich, dass die institutionellen Rahmenbedingungen bislang mangelhaft sind (Regulierungsversagen). Auch die Gesetzes-Novellen von 2002 und 2005 haben hier keinen Durchbruch bewirken können.

Im Zuge von Reformüberlegungen bleibt erwägenswert, ob die staatliche Mautgebühr durch einen regulierten Marktpreis (*price cap regulation*) abgelöst werden kann, um Freiheitsgrade einer unternehmerischen Preissetzung zu gewinnen. Ferner sollte in Zukunft eine Erweiterung des FStrPrivFinG auf den Neubau und Ausbau von Autobahn- und sonstigen Fernverkehrsstrecken erfolgen – unter der Prämisse, dass gleichzeitig eine Verbesserung der gesetzlichen Rahmenbedingungen eintritt, um privates Kapital in PPP-Modelle nach dem FStrPrivFinG lenken zu können.

Die private Finanzierung öffentlicher Verkehrsinfrastruktur stellt bislang vor allem im Ausland, aber kaum in Deutschland genutzten Ansatz dar, privates Kapital und Know-how bei der Beschaffung bzw. Bereitstellung öffentlicher Verkehrsinfrastruktur zu nutzen. Angesichts des hohen Bedarfs an öffentlichen Verkehrsinfrastrukturinvestitionen und der angespannten Haushaltslage ist die öffentliche Hand gefordert, konsequent zu prüfen, inwieweit in Deutschland Projekte im Rahmen des FStrPrivFinG durchgeführt werden können.

Den mit den ersten privatwirtschaftlichen Projekten eingeschlagenen Weg gilt es konsequent fortzusetzen. Die Privatfinanzierungsmodelle im Straßen- und Tiefbau müssen weiterentwickelt, der Objektbereich erweitert und die in der Untersuchung aufgezeigten Aspekte von Regulierungsversagen beseitigt werden.

---

[424] Ebenso Lovells (2004, S. 7 ff.).

Literaturverzeichnis

Aberle, G. (2000a): Transportwirtschaft, 3. Auflage, München 2000.

– (2000b):Verkehrsinfrastruktur – ein wichtiger Standortfaktor in der Krise. Zeitgespräch: Wie sollte die Verkehrsinfrastruktur finanziert werden?, in: Wirtschaftsdienst 11/2000, S. 654–656.

Alfen, H. W. (1999): Neue Wege der Straßenfinanzierung in Deutschland, in: Tiefbau Ingenieurbau Straßenbau (TIS) 7/1999, S. 22.

– (2000): Privatwirtschaftliche Modelle für eine bedarfsgerechte Straßenverkehrsinfrastruktur; in: Internationales Verkehrswesen, 4/2000, S. 148–154.

– (2001a): Entwicklung, Bau, Finanzierung und Betrieb von Straßenverkehrsinfrastruktur in Partnerschaft zwischen öffentlicher Hand und Privaten, Weimar 2001.

– (2001b): Privatfinanzierung aus Sicht der Industrie/Wirtschaft am Beispiel der Travequerung, in: Straße + Autobahn 08/2001, S. 427–432.

Alfen, H. W. / *Knop,* D. (2001): Durchbruch bei Betreibermodellen in Deutschland, in: Bauingenieur 01/2001: S. 7–14.

Alfen, H. W. / *Mayrzedt,* H. / *Tegner,* H. (2004): PPP Lösungen für Deutschlands Autobahnen – Empfehlungen für eine erfolgreiche Umsetzung, Weimar 2004.

Andel, N. (1990): Finanzwissenschaft, 2. völlig überarb. u. erw. Auflage, Tübingen 1990.

– (1998): Finanzwissenschaft, 4. Auflage, Tübingen 1998.

Arrow, K. J. / *Lind,* R. C. (1970): Uncertainty and the Evaluation of Public Investment Decisions, in: American Economic Review, 60. Jg. (1970), S. 364–378.

Bach, S. (1994): Private Bereitstellung von Infrastruktur unter besonderer Berücksichtigung der Verhältnisse in den neuen Bundesländern, in: Vierteljahreshefte zur Wirtschaftsforschung, 03/94, S. 208–243.

Balthaus, H. / *Keppel,* A. (2000): Privatfinanzierung von Bundesfernstraßen nach dem Betreibermodell – Machbarkeitsstudien, in: Internationales Verkehrswesen 11/2000, Hamburg 2000.

Bartsch, Chr. (2009): Verursachergerechte Finanzierung des Straßenverkehrs. Allokationsmodell zur fahrzeugtypenbezogenen Kostenanlastung, Frankfurt am Main 2009.

Beckers, Th. / *Hirschhausen,* Ch. von (2003a): Privatisierung der Bundesautobahnen über Konzessionsmodelle – Alternative Konzepte, offene Fragen und wirtschaftspolitische Schlussfolgerungen, Berlin 2003.

– (2003b): Konzessionsmodelle für Fernstraßen in Deutschland: Eine ökonomische Analyse der Risikoallokation beim F- und A-Modell, Berlin 2003.

Beckers, Th. / *Miksch,* J. (2002): Die Allokation des Verkehrsmengenrisikos bei Betreibermodellen für Straßeninfrastruktur. Theoretische Grundlagen und Anwendung auf das A-Modell, Berlin 2002.

Benz, Th. (2000): Projektentwicklung von Fernstraßen durch Private unter Berücksichtigung von Ingenieurbauwerken, Berlin 2000.

Berner, F. / *Benz,* Th. (2002): Privatisierung von Fernstraßen – Risiken bei der Projektentwicklung von Ingenieurbauwerken bei Fernstraßen, Stuttgart 2002.

Bertelsmann-Stiftung (2003): Prozessleitfaden Public Private Partnership, Gütersloh 2003.

Brealey, R. / *Myers,* S. (2003): Principles of Corporate Finance, 7. Aufl., Boston, Mass. 2003.

Briesch, R. A. / *Krishnamurthi,* L. / *Mazumdar,* T. / *Raj,* S. P. (1997): A Comparative Analysis of Reference Price Models, in: Journal of Consumer Research, 24. Jg. (1997), S. 202–214.

Brümmerhoff, D. (2001): Finanzwissenschaft, 8. völlig überarb. und stark erw. Auflage, München 2001.

BSWIVT (2002): Gesamtverkehrsplan Bayern 2002, München 2002.

Bucher, A. (1996): Privatisierung von Bundesfernstraßen, Berlin 1996.

Budäus, D. (1993): Finanzierung öffentlicher Infrastrukturen, in: Zeitschrift für das gesamte Kreditwesen, 10/93, S. 21–28.

Bundesministerium für Finanzen (1991): Bericht der Arbeitsgruppe „Private Finanzierung öffentlicher Infrastruktur", Bonn 1991.

– (2004): Monatsbericht 2004, Berlin 2004.

Bundesministerium für Verkehr, Bau- und Wohnungswesen (1997): Privatfinanzierung/Privatisierung von Bundesfernstraßen: Sachstand und Perspektiven, Bonn 1997.

– (1998): Private Vorfinanzierung beschleunigt Straßenbau, in: Verkehrsnachrichten (1998), Bonn 1998.

– (2003): Bundesverkehrswegeplan 2003, Berlin.

Bundesverband Deutsche Bauindustrie (1999): Verkehrs- und Erlösprognosen bei privatfinanzierten Infrastrukturprojekten, Berlin 1999.

Bundesverband deutscher Banken (2004): Public Private Partnership – Chance für die Modernisierung von Infrastruktur und Verwaltung, Berlin 2004.

Busch, B. / *Klös,* H.-P. (1995): Potentialfaktor Infrastruktur. Ökonomische Bedeutung und privatwirtschaftliches Engagement, Köln 1995.

Büschgen, H. E. / *Ergenzinger,* T. (1993): Privatwirtschaftliche Finanzierung und Erstellung von Verkehrsinfrastrukturinvestitionen, Frankfurt am Main 1993.

Conrad, K. / *Seitz,* H. (1992): The „Public Capital Hypothesis": The Case of Germany, in: Recherches Economique des Louvain, 58. Jg. (1992), S. 1–19.

– (1994): The Economic Benefits of Public Infrastructure, in: Applied Economics, 26. Jg. (1994), S. 303–311.

De Rus, G. / *Nombela,* G. (2000): Least Present Value of Net Revenue: A New Auction-Mechanism for Highway Concessions, Working Paper, Department of Economics. University of Las Palmas de Gran Canaria, Las Palmas 2000.

DEGES (2003): DEGES Report 2003, Berlin.

Deutsche Bank Research (1994): Privatisierung des Bundesautobahnnetzes – Chance für die Verkehrs- und Finanzpolitik, 1994.

– (2003): Betreibermodelle für Straßeninfrastruktur: Lukrative Anlageobjekte für institutionelle Anleger, Frankfurt a. M. 2003.

Deutscher Bundestag (1995a): Straßenbaubericht 1994, BT-Drucksache 13/342, Berlin 1996.

– (1995b): Straßenbaubericht 1995, BT-Drucksache 13/2682, Berlin 1996.

– (1996): Straßenbaubericht 1996, BT-Drucksache 13/5850, Berlin 1996.

– (1997): Straßenbaubericht 1997, BT-Drucksache 13/8759, Berlin 1997.

– (2002): Straßenbaubericht 2002, BT-Drucksache 15/265, Berlin 2002.

– (2004): Straßenbaubericht 2003, BT-Drucksache 15/2456, Berlin 2004.

– (2008): Straßenbaubericht 2007, BT-Drucksache 16/7394, Berlin 2008.

– (2009): Verkehrsinvestitionsbericht 2008, BT-Drucksache 16/11850, Berlin 2009.

Deutsches Institut für Wirtschaftsforschung (1994): Wechselwirkungen zwischen Infrastrukturausstattung, strukturellem Wandel und Wirtschaftswachstum: Zur Bedeutung wirtschaftsnaher Infrastruktur für die Entwicklung in den neuen Bundesländern. Gutachten im Auftrag des Bundesministers für Wirtschaft, Berlin 1994.

Drömann, D. / *Tegtbauer,* T. (2004): Rechtsfragen der Mautgebühr nach dem Gesetz über den Bau und die Finanzierung von Bundesstraßen durch Private, in: Neue Zeitschrift für Verwaltungsrecht 2004, Heft 3, S. 296–303.

Engel, E. / *Fischer,* R. / *Galetovic,* A. (1997a): Highway Franchising: Pitfalls and Opportunities; in: American Economic Review, Papers and Proceedings, May 1997, S. 68–72.

– (1997b): Infrastructure Franchising and Government Guarantees; in: Irwin, T. / Klein, M. / Perry, G. E. / Thobani, M. (1997): Dealing with Public Risk in Private Infrastructure; World Bank Latin American and Carribean Studies, Viewpoints.

Estache, A. / *Romero,* M. / *Strong,* J. (2000): The Long and Winding Path to Private Financing and Regulation of Toll Roads, World Bank Institute, Policy Research Working Paper 2387, Washington D.C. 2000.

Europäische Gemeinschaft (1999): Richtlinie 1999/62/EG des Europäischen Parlaments und des Rates über die Erhebung von Gebühren für die Benutzung bestimmter Verkehrswege durch schwere Nutzfahrzeuge vom 17.06.1999.

Ewers, H.-J. / *Rodi,* H. (1995): Privatisierung der Bundesautobahnen, Göttingen 1995.

Ewers, H. J. / *Tegner,* H. (2000): Entwicklungschancen der privaten Realisierung von Verkehrsinfrastruktur in Deutschland – Eine ökonomische Analyse des Fernstraßenbauprivatfinanzierungsgesetzes (FStrPrivFinG), Berlin 2000.

Fisher, G. / *Babbar,* S. (1996): Private Financing of Toll Roads, RMC Discussion Paper Series 117, Washington, D. C. 1996.

Ford, R. / *Poret,* P. (1991): Infrastructure and Private Sector Productivity, in: OECD Economic Studies, 17. Jg. (1991), S. 63–89.

Frisch, M. / *Wein,* T. / *Ewers,* H. J. (2000): Marktversagen und Wirtschaftspolitik, 4. Auflage, Freiburg/Lüneburg/Berlin 2000.

Gawel, E. (1994): Zur kalkulatorischen Verzinsung des Kapitals kommunaler Gebührenhaushalte, in: Der Gemeindehaushalt (GemHH), 95. Jg. (1994), S. 222–232.

– (1995): Die kommunalen Gebühren, Berlin 1995.

– (1999): Betriebswirtschaftliche Probleme der Gebührenkalkulation, Berlin 1999.

– (2002): Gutachten – Betriebswirtschaftliche und gebührenrechtliche Optionen zur Gestaltung einer Akzeptanzmaut im Rahmen des FStrPrivFinG, Frankfurt a. M. 2002.

– (2005): Private Finanzierung von Fernstraßen – Erfahrungen und Probleme, in: Wirtschaftsdienst, 85. Jg. (2005), S. 173–181.

– (2007): Pricing Traffic Infrastructure: Price Acceptance, Reference Prices and the German Charge Law, Discussion Paper, Frankfurt/M. 2007.

– (2010a): CO_2-basierte Kfz-Steuer – eine Klimaschutzsteuer?, in: Zeitschrift für Umweltrecht (ZUR), 21. Jg. (2010), erscheint in Heft 1.

– (2010b): Kalkulation nachfrageschwacher Friedhofsleistungen, in: Friedhofskultur, 100. Jg. (2010), erscheint in Heft 2.

Gösta, B. (2000): Transport, Verkehr, Logistik, 3. völlig überarb. und erw. Auflage, Mannheim 2000.

Hansjürgens, B. (2001): Äquivalenzprinzip und Staatsfinanzierung, Berlin 2001.

Hauptverband der deutschen Bauindustrie (1999) (Hrsg.): Verkehrs- und Erlösprognosen bei privat finanzierten Infrastrukturprojekten; Tagungsdokumentation.

Hesse, M. / *Meyerhoff,* J. (2001): Preispolitische Instrumente in der Güterverkehrspolitik – Kommunale Gestaltungsspielräume bei der Bemessung von Gebühren, Regensburg 2001.

Hinrichs, S. / *Keppel,* A. (2000): Betreibermodelle im Rahmen des FStrPrivFinG, in: Internationales Verkehrswesen, Heft 6/2000, S. 258–263.

Hirschhausen, Chr. von / *Beckers,* T. / *Klatt,* J. P. (2005): Aktuelle ÖPP-Modelle für die Bundesfernstraßen, ADAC-Studie zur Mobilität, München 2005.

Hirschhausen, Chr. von / *Beckers,* T. / *Tegner,* H. (2002): PPI in Germany – The Gradual Awakening; in: Infrastructure Journal, June 2002, S. 48–55.

Höfling, W. (1995): Private Vorfinanzierung öffentlicher Verkehrsinfrastrukturprojekte – ein staatsschuldenrechtliches Problem?, in: Die öffentliche Verwaltung, 48. Jg. (1995), S. 141–147.

Irwin, T. / *Klein,* M. / *Perry,* G. E. / *Thobani,* M. (1997): Dealing with Public Risk in Private Infrastructure; World Bank Latin American and Carribean Studies, Viewpoints.

– (1999): Managing Government Exposure to Private Infrastructure Risks; in: The World Bank Observer, 14. Jg. (1999), Nr. 2, August 1999, S. 229–245.

Jacob, D. (2002): Privatwirtschaftliche Realisierung öffentlicher Hochbauvorhaben (einschließlich Betrieb) durch mittelständische Unternehmen in Niedersachsen – Kurzfassung, Freiberg 2002.

Jacob, D. / *Kochendörfer,* B. (2000): Private Finanzierung öffentlicher Bauinvestitionen – ein EU-Vergleich, Berlin 2000.

– (2002): Effizienzgewinne bei privatwirtschaftlicher Realisierung von Infrastrukturvorhaben; Köln 2002.

Jochimsen, R. (1966): Theorie der Infrastruktur, Tübingen 1966.

Kaftan, K. (1955): Der Kampf um die Autobahnen, Berlin 1955.

Kahneman, D. / *Tversky*, A. (1979): Prospect Theory: An Analysis of Decisions under Risk, in: Econometrica, 47. Jg. (1979), S. 263–291.

Keppel, A. (2003): Betreibermodelle für die Bundesfernstraßen in Deutschland, in: Straße und Autobahn 01/2003, S. 62–66.

Keppel, A. / *Hinrichs*, S. (2000): Betreibermodelle im Rahmen des FStrPrivFinG – Regelungen, Sachstand, Perspektiven, in: Internationales Verkehrswesen 06/2000.

Kerf, M. (1998): Concessions for Infrastructure; World Bank Technical Paper No. 399, Washington, D. C.

Kirchhoff, U. / *Müller-Godeffroy*, H. (1993): Finanzierungsmodelle für kommunale Investitionen, 4. Aufl., Stuttgart 1993.

Klatt, S. (1990): Die Finanzierung der Verkehrsinfrastruktur, in: Hamburger Jahrbuch für Wirtschafts- und Gesellschaftspolitik, 44. Jg. (1990), S. 207–221.

Klein, M. (1996): Risks, Taxpayers and the Role of Government in Project Finance; Policy Research Working Paper 1688, World Bank, Washington, D. C.

Kloepfer, M. (1972): Die lenkende Gebühr, in: Archiv des öffentlichen Rechts, 97. Jg. (1972), S. 232–275.

Kohnke, T. (2002): Die Gestaltung des Beschaffungsprozesses im Fernstraßenbau unter Einbeziehung privatwirtschaftlicher Modelle; Berlin: TU Berlin.

Kolodziej, M. (1996): Die private Finanzierung von Infrastruktur, Frankfurt a. M.

Kommission der Europäischen Gemeinschaft (2003a): Vorschlag für eine Richtlinie des Europäischen Parlaments und des Rates über die allgemeine Einführung und die Interoperabilität elektronischer Mautsysteme in der Gemeinschaft vom 23.04.2003, Brüssel.

– (2003b): Vorschlag für eine Richtlinie des Europäischen Parlaments und des Rates zur Änderung der Richtlinie 1999/62/EG über die Erhebung von Gebühren für die Benutzung bestimmter Verkehrswege durch schwere Nutzfahrzeuge vom 23.07.2003, Brüssel.

Kommission Verkehrsinfrastrukturfinanzierung (2000): Schlussbericht der im Auftrag des Bundesministeriums für Verkehr, Bau- und Wohnungswesen tätigen Kommission vom 05.09.2000.

Kopalle, P. K. / *Lindsey-Mullikin*, J. (2003): The Impact of External Reference Price on Consumer Price Expectations, in: Journal of Retailing, 78. Jg. (2003), S. 225–236.

Kossak, A. (2004): Straßenbenutzungsgebühren weltweit, in: Internationales Verkehrswesen, 06/2004.

Kruschwitz, L. (1991): Leasing und Steuern, in: Zeitschrift für betriebswirtschaftliche Forschung, 43. Jg., S. 99–118.

Kucher, E. (1987): Absatzdynamik nach Preisänderungen, in: Marketing ZFP, 9. Jg. (1987), S. 177–186.

Kulle, B. (2003): Kooperation zwischen öffentlicher Hand und privaten Unternehmen (Public-Private Partnership). Erfahrungen aus unternehmerischer Sicht, in: Zeitschrift für deutsches und internationales Bau- und Vergaberecht, 26. Jg. (2003), S. 129–133.

Laaser, C.-F. / *Rosenschon*, A. (2001): Verkehrsspezifische Ausgaben und Einnahmen der Gebietskörperschaften in Deutschland – eine empirische Analyse, Kiel 2001.

Landtag Mecklenburg-Vorpommern (2003): Plenarprotokoll 4/12 vom 09.04.2003, Schwerin 2003.

Lichtenstein, D. R. / *Netemeyer*, R. G. / *Burton*, S. (1990): Distinguishing coupon proneness from value consciousness: An acquisition-transaction utility theory perspective, in: Journal of Marketing, 54. Jg. (1990), S. 54–67.

Limberger, G. et al. (2001): Gutachten und Erläuterungsbericht zu einem Musterkonzessionsvertrag, einer Mustermautverordnung und Ausschreibungs- und Verdingungsunterlagen nach dem Fernstraßenbauprivatfinanzierungsgesetz, in: Bundesministerium für Verkehr, Bau- und Wohnungswesen, Abteilung Straßenbau, Straßenverkehr, Bonn (Hrsg.): Forschung Straßenbau und Straßenverkehrstechnik, Heft 822, Bonn 2001.

Lohrberg, K. (1993): Neue Ansätze zur Beschleunigung der Bauvorhaben in Deutschland, in: Straße + Autobahn 06/1993, S. 401, 1993.

Mayrzedt, H. (2003): Veränderte Anforderungen an die Autobahnfinanzierung am Beispiel Deutschlands, in: Information der Internationalen Treuhand AG, Nr. 113/2000 Basel 2003.

Mellwig, W. (1983): Vorteilhafte Leasingverträge – ein Rechenfehler?, in: Der Betrieb, 35. Jg., S. 782–800.

Mittnik, St. / *Neumann*, T. (1997): Dynamic Effects of Public Investment, Working Paper No. 112 des Instituts für Statistik und Ökonometrie der Universität Kiel, Kiel 1997.

Müller, R. (1993): Konjunktur-, Stabilisierungs- und Wachstumspolitik, 4. verb. und erw. Aufl., Stuttgart/Berlin/Köln 1993.

Müller-Wrede, M. (2006): Änderung des Fernstraßenbauprivatfinanzierungsgesetzes, in: ders. (Hrsg.), ÖPP-Beschleunigungsgesetz: Leitfaden mit Fallbeispielen, Praxishinweisen und Checklsiten, Köln 2006, S. 117–166.

Munnell, A. H. (1990): How does Public Infrastructure Affect Regional Economic Performance?, in: ders. (Hrsg.), Is there a Shortfall in Public Capital Investment?, Conference Series No. 34, Federal Reserve Bank of Boston, S. 69–103.

OECD (1987): Toll Financing and Private Sector Involvement in Road Infrastructure Development, Paris 1987.

– (1991): Urban Infrastructure: Finance and Management, Paris 1991.

– (1993): Infrastructure Policies for the 1990s, Paris 1993.

Pällmann-Kommission (2000): Kommission Verkehrsinfrastrukturfinanzierung, o. O. 2000.

Pechtl, H. (2005): Preispolitik, Stuttgart 2005.

Pohl, M. (2001): Weserquerung im Zuge der Bundesautobahn A 281. Regionalwirtschaftliche Bewertung einer mautgestützten Finanzierung, in: Monatsbericht Institut für Wirtschaftsforschung, Heft 8/2001, S. 1–12.

Prognos (2002): European Transport Report 2002, Basel 2002.

Rehm, H. (1994): Modelle zur Finanzierung kommunaler Investitionen, in: Ipsen, J. (Hrsg.), Privatisierung öffentlicher Aufgaben: Private Finanzierung kommunaler Investitionen, Köln/Bonn/Berlin/München, S. 93–114.

Reuter, A. (2005): PPP-Finanzierung unter Haushalts-, Gebühren-, Preis- und Beihilferecht. Zielkonflikte und Lösungsansätze, in: Neue Zeitschrift für Verwaltungsrecht, 24. Jg. (2005), S. 1246 ff.

Rommerskirchen, S. / *Helms,* M. / *Vödisch,* M. / *Rothengatter,* W. / *Liedtke,* G. / *Doll,* C. (2002): Wegekostenberechnung für das Bundesfernstraßennetz unter Berücksichtigung der Vorbereitung einer streckenbezogenen Autobahnbenutzungsgebühr; Schlussbericht zu einem Forschungsprojekt des Bundesministeriums für Verkehr, Bau- und Wohnungswesen.

Rudolph, K.-U. et al. (1994): Privatwirtschaftliche Realisierung der Abwasserentsorgung. Erfahrungsbericht über BMU-Projekte in den neuen Bundesländern, in: Infodienst Kommunal, Nr. 66.

Sacksofsky, U. / *Wieland,* J. (Hrsg.) (2000): Vom Steuerstaat zum Gebührenstaat, Baden-Baden 2000.

Schäfer, H.-B. / *Ott,* C. (2005): Lehrbuch der ökonomischen Analyse des Zivilrechts, 4. Aufl., Berlin u. a. O. 2005.

Scheele, U. (1993): Privatisierung von Infrastruktur: Möglichkeiten und Alternativen, Köln 1993.

Schmidt, F. O. (1994): Die Finanzierung der Verkehrsinfrastruktur vor dem Hintergrund der Wiedervereinigung – Privatfinanzierung: Eine Alternative zur öffentlichen Finanzierung?, Frankfurt a. M. 1994.

Schmitt, S. (1999): Bau, Erhaltung, Betrieb und Finanzierung von Bundesfernstraßen durch Private nach dem FStrPrivFinG, Diss., Berlin 1999.

Schulte, F.-W. / *Wiesemann,* H. (2009): Kommentierung von § 6 KAG NW, in: Driehaus, H.-J. (Hrsg.), Kommunalabgabenrecht. Kommentar, Loseblatt-Sammlung, Herne/Berlin, Stand: 41. Erg.-Lfrg, Sept. 2009.

Schulte-Althoff, M. (1992): Projektfinanzierung. Ein kooperatives Finanzierungsverfahren aus Sicht der Anreiz-Beitrags-Theorie und der Neuen Institutionenmikroökonomik, Münster 1992.

Seitz, H. / *Licht,* G. (1993): The Impact of the Provision of Public Infrastructures on Regional Economic Development in Germany, in: Saint-Girous, B. (Hrsg.), L'Euroregion, Tulouse, S. 114–131.

Smith, W. (1997): Covering Political and Regulatory Risk: Issues and Options for Private Infrastructure Arrangements; in: Irwin, T. / Klein, M. / Perry, G. E. / Thobani, M. (1997a).

Spelthahn, S. / *Steger,* U. (1992): Privatisierung der Abwasserbeseitigung, Wiesbaden 1992.

Stobbe, A. (1998): Zur Leistungsfähigkeit privaten Infrastrukturengagements – Eine Analyse für die neuen Bundesländer, Frankfurt a. M. 1998.

Störmann, W. (2009): Regionalökonomik. Theorie und Politik, München 2009.

Strohbach, H. (2001): Build Operate Transfer-Modelle zur Finanzierung von Infrastrukturinvestitionen. Eine Untersuchung im Lichte der neoinstitutionalistischen Theorie, Frankfurt am Main 2001.

Tegner, H. (1998): Risikoallokation zwischen öffentlicher Hand und Privaten im privat finanzierten Straßenbau; in: VDI (Hrsg.), Gesamtverkehrsforum Braunschweig, S. 117–128.

– (2003): Investitionen in Verkehrsinfrastruktur unter politischer Unsicherheit – Ökonomische Probleme, vertragliche Lösungsansätze und wirtschaftliche Implikationen, Münster 2003.

Thaler, R. (1985): Mental accounting and consumer choice, in: Marketing Science, 4. Jg. (1985), S. 199–214.

Tomas, C. (1997): Die Privatfinanzierung von Bundesfernstraßen, Frankfurt a. M. 1997.

Trusiewytsch, S. (1999): Privatisierung von Verkehrsinfrastruktur, Berlin 1996.

Uechtritz, M. (2005): Das „ÖPP-Beschleunigungsgesetz“: Neuer Name, neuer Schwung für „öffentlich-private Partnerschaften“, in: Neue Zeitschrift für Verwaltungsrecht, 24. Jg. (2005), S. 1105 ff.

Uechtritz et al. (2005): Uechtritz, M. / Deutsch, M. / Tomas, Chr. / Röth, C.: Gutachten zur Prüfung der rechtlichen Zulässigkeit der Umstellung des FStrPrivFinG von „Gebühr“ auf „Entgelt“ sowie der wirtschaftlichen und rechtlichen Vor- und Nachteile einer etwaigen Umstellung (= Forschungsberichte aus dem Forschungsprogramm des BMVBW und der Forschungsgesellschaft für Straßen- und Verkehrswesen e. V., Heft 917), Bremerhaven 2005.

Ullrich, M. (2002a): Nur Probleme oder reale Chance? – Nutzerbezogene Infrastrukturfinanzierung, in: Internationales Verkehrswesen 04/2002.

– (2002b): Auf dem Weg zur Nutzerfinanzierung in: Internationales Verkehrswesen 04/2002, S. 165.

– (2002c): Nutzerbezogene Infrastrukturfinanzierung von der theoretischen Fundierung über die politische Entscheidung zur praktischen Umsetzung, Bergisch Gladbach 2002.

Vickrey, W. S. (1963): Pricing in Urban and Suburban Transport, in: American Economic Review, Bd. 53, Papers and Proceedings, 1963.

VIFG / Servatius / PWC (2007): Verkehrsinfrastrukturfinanzierungsgesellschaft mbH, Servatius Rechtsanwälte Partnergesellschaft und PriceWaterhouseCoopers Corporate Finance Beratung GmbH: Sachstandsbericht F-Modell, o. O. 2007.

Weichenrieder, A. J. (1998): Local Public Investments and Dept Limitation in a Federation, München 1998.

Wellisch, D. (2000): Finanzwissenschaft – Rechtfertigung der Staatstätigkeit, München 2000.

Willms, M. (1998): Private Finanzierung von Infrastrukturinvestitionen – Theoretische und empirische Grundlagen, 1. Aufl., Kiel 1998.

Winkelmann, C. (2000): Privatisierung von Verkehrsinfrastrukturen – Triebkräfte und Finanzierungsprobleme, Diss., Darmstadt 2000.

Wolff / Bachof / Stober / Kluth (2007): Stober, R. / Kluth, W. / Müller, M. / Peilert, A. / Wolff, H. J. / Bachof, O.: Verwaltungsrecht, Bd. 1, München 2007.

Wolter, M. (2004): BOT im Bauwesen – Grundlagen, Risikomanagement, Praxisbeispiele, Heidelberg 2004.

Zeichner, W. (2001): Möglichkeiten und Grenzen von privatwirtschaftlichen Modellen im Fernstraßenbau in: Straße + Autobahn 08/2001, S. 433–438.

Zimmermann, K. W. / *Henke,* K.-D. (2001): Finanzwissenschaft, 8. Auflage, Marburg/ Gießen 2001.

Gesetzestexte

Fernstraßenbau-Privatfinanzierungsgesetz (1994): Gesetz über den Bau und die Finanzierung von Bundesfernstraßen durch Private vom 30. August 1994, BGBl. I, S. 2243.

Fernstraßenbau-Privatfinanzierungsgesetz (2003): Neufassung zum Gesetz über den Bau und die Finanzierung von Bundesfernstraßen durch Private vom 29. Januar 2003, BGBl. I, S. 98.

Fernstraßenbau-Privatfinanzierungsgesetz (2006): Neufassung zum Gesetz über den Bau und die Finanzierung von Bundesfernstraßen durch Private vom 6. Januar 2006, BGBl. I, S. 49.

Fernstraßenbau-Privatfinanzierungs-Bestimmungsverordnung (FStrPrivFinBestV) (2005): Verordnung zur Bestimmung von privatfinanzierten Abschnitten von Bundesfernstraßen vom 20. Juni 2005, BGBl. 2005 I, S. 1686.

Herrentunnel-Mauthöheverordnung (HerrentunnenMautHV) (2005): Verordnung über die Höhe der Maut für die Benutzung des Herrentunnels vom 6. Juli 2005, BGBl. 2005 I, S. 2108.

Warnow-Tunnel-Mauthöheverordnung (WarnowMautHV) (2003): Verordnung über die Höhe der Maut für die Benutzung des Warnowtunnels vom 11. Juni 2003, BGBl. 2003 I, S. 835.

Internet-Quellen

Bayerische Bauindustrie (2000): Dem Staat geht die Luft aus! Infrastruktur braucht Privatfinanzierung, http://www.bauindustrie-bayern.de/Privatfinanzierung/g2109wolff.htm [Stand: 29. April 2003].

BAYIKA (2004): Pkw-Maut für Innenminister Dr. Günter Beckstein völlig abwegig, http://www.bayika.de/news/medunganzeigen.asp?id=694 [Stand: 25. August 2004].

Birtel (2003): Rede zur Hauptversammlung der STRABAG Beteiligungs AG am 25. Juni 2003, http://www.strabag.de/rede2003.htm [Stand: 10. August 2004].

BMVBW (2003): Braune: Planungen für Strelasundquerung auf gutem Wege, http://www.bmvbw.de/Pressemitteilungen-411.17820/Braune-Planungen-fuer-Strelasund querung-auf-gute...htm [Stand: 04. August 2004].

BMVBW (2004): http://www.bmvbw.de/Betreibermodelle-fuer-die-Bundesfernstrassen.739.htm [Stand: 28. Juli 04].

Financial Times Deutschland (2004): Die Maut in Deutschland kommt – für Autofahrer, 17. Mai 2004, http://www.ftd.de/politik/deutschland/:die-maut-in-deutschland-kommt-fuer-autofahrer/1084608589374.html [Stand: 29. Januar 2010].

Hauptverband der Deutschen Bauindustrie (2004): PPP-Verkehrswegebau in der Krise, http://www.bauindustrie.de/seiten/presse/artikel.php3?id=205 [Stand: 02. August 2004].

Herrentunnel Lübeck (2004): http://www.herrentunnel.de [Stand: 10. Mai 2004].

Lovells (2004): http://www.lovells.com/germany/ControlServlet/de/publication/pubId/660 [Stand: 11. Mai 2004].

RP-Online (2004): Grünes Licht für Deutschlands größte Brücke, 28. Juli 2004, unter: http://www.rp-online.de/public/druckversion/nachrichten/auto/56191 [Stand: 09. August 2004].

Spiegel-Online (2004a): Maut-Prophet Stolpe – Chronologie der gebrochenen Versprechen, http://www.spiegel.de/wirtschaft/0,1518,druck-286719,00.html [Stand: 17. Februar 2004].

Spiegel-Online (2004b): Maut-Desaster – „Es drohen Bauruinen", http://www.spiegel.de/wirtschaft/0,1518,druck-287982,00.html [Stand: 25. Februar 2004].

Spiegel-Online (2004c): Stolpes Liste für die Autobahn-Privatisierung, http://www.spiegel.de/wirtschaft/0,1518,300125,00.html [Stand: 17. Mai 2004].

Spiegel-Online (2009): Ramsauer macht Blitz-Rückzieher, http://www.spiegel.de/politik/deutschland/0,1518,659449,00.html [Stand: 5. Januar 2010].

Statistisches Bundesamt (2004a): http://www.destatis.de/basis/d/verk/verktab1.htm [Stand: 20. April 2004].

Statistisches Bundesamt (2004b): http://www.destatis.de/presse/deutsch/pm2004/p2520112.htm [Stand: 22. Juli 2004].

Statistisches Bundesamt (2008): Statistisches Jahrbuch 2008 für die Bundesrepublik Deutschland, http://www.bpb.de/files/33F300.pdf [Stand: 4. Januar 2010].

Warnowquerung GmbH & Co. KG (2004): http://www.Warnowquerung.de [Stand: 10. Mai 2004].

Zentralverband Deutsches Baugewerbe (1999): Herausforderungen an die Bauwirtschaft im neuen Jahrtausend Ansprache aus Anlass des 75-jährigen Jubiläums der Forschungsgesellschaft für Straßen- und Verkehrswesen, Rede von Fritz Eichbauer, Präsident des Zentralverbandes des Deutschen Baugewerbes am 21.10.1999, http://www.zdb.de/zdb.nsf/0/A7C27F2E6C043975C1256D2B00562C57?openDocument [Stand: 02. August 2004].

Zeitungsartikel

Bild (2004): „Ökosteuer! Benzinpreise! Jetzt auch noch Pkw-Maut? Wir haben die Schnauze voll!", 17. Mai 2004, S. 1.

FAZ (2001): Die Not muss ein gewisses Maß erreicht haben, 06. November 2001, S. 28.

FAZ (2003a): Bund macht Rückzieher bei privater Verkehrswegefinanzierung, 03. Mai 2003, S. 9.

FAZ (2003b): Privat finanzierte Autobahn-Projekte sollen 2004 starten, 12. November 2003, S. 14.

FAZ (2004): Die Chancen privater Betreibermodelle werden nicht genutzt, 03. März 2004, S. 15.

Handelsblatt (2003): Clement will Straßen und Schulen privat bauen lassen, 27. Mai 2003, S. 4.

Handelsblatt (2004a): Stolpe löst Debatte um Pkw-Maut aus, 17. Mai 2004, S. 4.

Handelsblatt (2004b): Risikofaktor Stolpe, 18. Mai 2004, S. 1.

Welt am Sonntag (2004): Stolpe will Maut für Pkw – „Sonst ersticken wir im Stau", 16. Mai 2004, S. 1.

Stuttgarter Zeitung (2009): Mautmodell für Albaufstieg vom Tisch, 5. Januar 2009, http://www.stuttgarter-zeitung.de/stz/page/205316604616-mautmodell-fuer-albaufstieg-vom-tisch.html

Süddeutsche Zeitung (2004): Private Straßenbetreiber über Auslastung enttäuscht – Warnowtunnel in Rostock weit hinter den Erwartungen, 14. September 2004, S. 6.

Süddeutsche Zeitung (2006a): Das Millionengrab von Rostock. Die Betreiber des Warnowtunnels standen fast vor der Pleite, 17./18. Juni 2006, S. 7.

Süddeutsche Zeitung (2006b): Hochtief steht zu Mautprojekten. Abschreibung auf Tunnel in Lübeck / Ergebnis kräftig verbessert, 16. August 2006, S. 21.

Süddeutsche Zeitung (2008a): Bitteres Ende an der Todsburgbrücke / Bau von Deutschlands erstem privat bezahltem Autobahnabschnitt gefährdet, 17. März 2008, S. 6.

Süddeutsche Zeitung (2008b): Der Umweg ist das Ziel / Tunnelprojekte sind nicht rentabel, 26. Juni 2008, S. 2.

Expertengespräche

Felix Beutler (Verkehrsreferent der Fraktion Bündnis 90/Die Grünen im Deutschen Bundestag) am 3. September 2004.

Tobias Eitel (Projektmanager bei Bilfinger + Berger BOT GmbH) am 3. August 2004.

Bernd von Glyszynski (stellv. Referatsleiter, Ministerialdirigent beim BMVBW – S 17) am 3. August 2004.

Wolfgang Schaible (Projektmanager der Bilfinger + Berger BOT GmbH Wiesbaden) am 13. August 2003.

Fragebogen

Dieter Grossmann (Referatsleiter beim Ministerium für Umwelt und Verkehr Baden-Württemberg, Abteilung 64).

Karl-Werner Schunck (Referatsleiter beim Ministerium für Wirtschaft, Arbeit und Verkehr des Landes Schleswig-Holstein, Abteilung VII 42).

Stichwortverzeichnis

Ulrike E. Berger

Engpässe bei Verkehrs-Infrastrukturen

Volkswirtschaftliche Schriften, Heft 503
Tab., Abb.; 343 S. 2000 ⟨978-3-428-09686-2⟩ € 62,–

Die Autorin analysiert in der vorliegenden Arbeit die Auswirkungen von Überlasten im Bereich Verkehrs-Infrastrukturen und konzipiert einen ordnungspolitischen Maßnahmenkatalog für eine effizientere Nutzung dieser Fazilitäten. Der ökonomische Basisvorschlag besteht in der Implementierung des Preismechanismusses. Der Preis würde die gegenwärtig möglichen Nutzungen wohlfahrtsmaximierend zuweisen und den Nutzen einer Infrastrukturerweiterung transparent machen.

Anhand von Praxisbeispielen (Slots und Straßennutzungen) wird überprüft, wie die Preise auch den Besonderheiten von Infrastrukturnutzungen, z. B. Ausschlußproblemen sowie plötzlichen und kurzfristigen Nachfrageerhöhungen, Rechnung tragen können. Unter wettbewerbspolitischen Aspekten werden etwaige Monopolisierungstendenzen, die möglicherweise durch die Implementierung des Preismechanismusses unterstützt werden könnten (Aufkauf der relevanten Slots durch finanzstarke Unternehmen mit dem Ziel der Schaffung von Marktmacht) betrachtet und Regeln vorgeschlagen, die das Monopolisierungsproblem lösen können.